消费者行为学

——概念、应用及案例

［法］多米尼克·夏代尔
（著）
［印度］M. S. 拉祖
李屹松　王　飙　（译）

特别感谢：Mohan Lal Agrwal

中国财政经济出版社

图书在版编目（CIP）数据

消费者行为学：概念、应用及案例/（法）夏代尔，（印）拉祖著；李屹松译．—北京：中国财政经济出版社，2007.9

书名原文：Consumer Behavior

ISBN 978-7-5095-0192-4

Ⅰ．消…　Ⅱ．①夏…②拉…③李…　Ⅲ．消费者行为论　Ⅳ．F713.55

中国版本图书馆 CIP 数据核字(2007)第 135259 号

中国财政经济出版社出版

URL：http：//www.cfeph.cn

E-mail：cfeph@cfeph.cn

社址：北京市海淀区阜成路甲 28 号　邮政编码：100036

发行处电话：88190406　财经书店电话：64033436

北京财经印刷厂印刷　各地新华书店经销

787×960 毫米　16 开　21.5 印张　350 000 字

2007 年 11 月第 1 版　2007 年 11 月北京第 1 次印刷

印数：1—5 000　定价：46.00 元

ISBN 978-7-5095-0192-4/F·0161

图字：01-2007-3937

序

对消费者行为的理解是当前经理人所能获得的最重要，也最有效的工具。有些人也许会认为对消费者行为的研究是最近才开始的，但是实际上，营销学长久以来都贯穿着对消费者行为的预测。经过多年发展，消费者行为学自身已经发展成了营销学中的一门分支学科。同时，学习消费者行为学也成为了营销学教育中的基本环节。此外，在其他领域，如人力资源管理中也涉及到了消费者行为学的知识。

大多数关于消费者行为学的书籍都是由美国作者或者少量英国作者所撰写的。这些书中都包含了该领域中多年累积的知识结晶。因此，新版本总是内容更加丰富，更加复杂。对于亚洲的老师和学生们来说，这些书就如百科全书般庞大。他们只好从中选取一些基本部分进行教学。而且，他们在选择时，还要尽可能找到与自己国家情况相似的部分。这种教学模式使知识的传递过程变得不流畅，而且可能会出现断层。从而可能导致对概念的理解和掌握出现偏差。而本书正是针对这一问题而特别推出的。本书按照逻辑顺序简洁地介绍了消费者行为学中的基本概念。

而且，本书取材自亚洲的实际案例。而许多此类的书籍对于美国和欧洲以外的读者来说，过于生僻和超前了。虽然由于全球化的影响带来了一些共同性，但是，我们还是应该意识到，消费者行为仍然是充满了地域特征和时间特征的。而以往的关于消费者行为学的书籍很少涉及到发展中国家。

本书的两位作者都有丰富的产业经验、营销实战经验和教学经验。作者们通过他们的辛勤努力使本书具有很强的时代感。本书分章节讲述了一些具体领域的消费者行为。这些领域有：组织购买、经由互联网的数字营销、农村营销、客户关系管理、女性顾客等。我相信本书必将受到亚洲和全球营销者的欢迎。

Warren J. Keegan
美国佩斯大学鲁宾商学院
营销及国际贸易系荣誉教授

东方黑匣子

俞利军

造化好弄人。远的不说，在我们的童年时代，人们生长在仇视西方的大环境下，崇洋媚外、里通外国那是罪莫大矣。到了我的青年时代，风向转变了，凡是跟西方有关的似乎都是好东西了。开头是家电等电子产品，出国带几大件几小件回国，那是值得炫耀的事情。再后来就是服装、生活奢侈品什么的，甚至出现了大量走私日本旧西装，最后干脆就是直接进口欧美的生活垃圾。

这是什么现象呢？这叫后殖民情节，是一个民族、一个国家在特定的历史时期不理智、不自信、不成熟的表现，回头看是要脸红的。这也是历史转型期的必然。古人云，“知耻近乎勇”。从一味仇外，到盲目亲外，再到反省和自强自立，这是一个民族找回自身身份的过程。其实，无论是个人还是国家都是需要坚持一点什么的，因为那就是你存在的理由和价值。比如，阿拉法特的头巾、金正日的夹克衫、卡斯特罗的军装，等等。要是全世界的男人都穿西装系领带，那这个世界是不是太单调了一点？（现在连美国总统在大型集会上也经常休闲打扮了。）

男女有别，东西不同。东方就是东方，以美国为代表的西方生活方式、政治制度和价值观永远不会一统天下。季羡林先生在2000年到来之前就曾预言说，21世纪是东方的世纪。

眼下许多事实表明，古老的东方文明确实正在全面复兴。有“四小龙”在先，尤其是近十年来，中国和印度作为新兴的经济体，两国在经济、科技、乃至军事和政治影响力方面的发展速度为世界瞩目。这便是所谓的东方的和平崛起。

本书的两位作者之一拉祖（M. S. Raju）就是一位印度学者。印度文明曾经影响过中国，最早是佛教，我国历史上第一次翻译高潮就是译经运动。近代就是泰戈尔的诗、甘地的政治哲学的传播。拉祖目前是印度高级管理学院的市场营销教授，在印度和美国的高校任教之前，他具有广泛和持久的实际商业经验。

本书的另一位作者夏代尔教授具有类似的经历，也是一位科研教学和实际商业实践结合得很密切的学者。夏代尔早年毕业于美国哥伦比亚大学商学院，获 MBA 学位，后来在巴黎大学获得博士学位。他曾经担任过多家公司的董事和高级主管。他担任巴黎高等商学院院长达 14 年之久，退休后被校董会返聘为学院负责国际事务的副院长，继续活跃在教学、科研以及国际合作的舞台上。

本人认识夏代尔教授很是偶然。有人希望我们合写一个市场营销专栏，于是就见了面。后来，在 2002 年的金秋，美国科特勒营销集团总裁、现代营销学之父科特勒博士的胞弟弥尔顿·科特勒来华，我们作为特邀嘉宾在中央电视台的“对话”栏目又一起做了一个节目，以后接触就多了起来。夏代尔是一位精力充沛的学者，还是一位具有相当水准的钢琴演奏家。从他签名赠阅的《音乐与人生》可以看出，他对职业、人生和音乐的理解非常深刻。在《自序》中他这样写道：“即使在商业领域内，人的因素仍然超越任何指数、财务分析或者市场计划。人们往往在感情冲动下做出决定，而非全然来自理性思考。”

理性永远是人类的理想，就像风和日丽的日子一样难得。其实，在性格方面，法国人最接近中国人。一样的诗意，一样的艺术，一样的好吃。

这段时间，我一直在看夏代尔教授送我的普鲁斯特的《追忆似水年华》。阅读这部法文巨著，我感觉法国人对生命、对时间、对细节的认识上和中国人多有共同之处。法国人的灵活和敏感跟中国人何其相似！

回头来看手头这本《消费者行为学》，这里凝结着印度和法国两位教授对市场营销的独特体验、深入思考和研究。首先，本书体例不同于欧美那种百科全书式的包罗万象，而是更加符合东方人追求简约的特点。其次，全书分为感知、分析、精确、回应、自调、应用六篇，体现了从感官到头脑的东方思维特点，明显不同于西方式的一开头就从分析宏观环境入手的做法。第三，本书针对妇女、农村、特殊领域消费者等进行的论述也是西方课本所缺乏的。消费者行为学是市场营销的前提，市场营销又是时间、地域和人群特定的行为，这解释了为什么我们在阅读欧美英文原著时会有隔靴搔痒的原因。

本书还有大量的案例，来源于实际商业生活，对读者加深理解书中的理论和概念大有裨益。消费者的头脑就像是一个黑匣子，而消费者行为学要做的就是破解黑匣子里的秘密，并对消费者的未来行为进行预测和影响。无疑，本书的学习有助于读者打开神秘的东方黑匣子。

简短地说，本书有两个作用：一是看看我们的邻国印度的学者和对中国很有研究的法国学者对消费者行为的诠释；二是引导中国学者认真思考中国本土消费者究竟有哪些特性，或者说，可乐和咖啡是否会代替豆浆和绿茶?

最近一段时间，有人一直在鼓吹中国式管理、中国式领导。国人向来认为“外来的和尚好念经”，所以强调本土管理是个好的转变。看来，风向确实在变了。君不见，“海归”变“海呆”？而英国有些中学开始把汉语课当作必修，德国出现了汉语热，韩国高中毕业生纷纷来中国留学。这些都是好的兆头。但是，什么时候欧美的大学除了东方哲学外，专门开设东方经济学、东方管理学、东方营销学、中国消费者行为学呢?恐怕还有很长的路要走。

然而本人坚信，在全球化的喧哗声中，各种美好的异域的声音不会消失。只有处理好全球化与本土化、标准化与顾客定制、走出去与请进来这些问题，市场营销的策略才会对路。要是全世界的人都只吃西餐，活在这个世界还有什么意思呢？要是地球人只说英语了，那么世界末日恐怕就要到了。

翻译是一件苦力活。我曾经开玩笑说，男人要想理解女人分娩的痛苦，就去写作或翻译长篇巨制。记得大约两年前，在北大光华管理学院见到本书译者李屹松女士时，就听说她开始翻译本书了。现在我终于先于读者读到了这部流畅的译著。这部市场营销领域具有开创性意义的作品之所以能出版，还应感谢中国财政经济出版社国际合作出版中心党海鹏主任。这是有益的尝试，也是很有眼光的举动。相信读者阅后，定会有所启发、有所收获。

俞利军
对外经济贸易大学
2007 年 10 月 8 日
yulijun630@ 163. com

中文版推荐人简介

俞利军，浙江嘉兴人。国际营销专家，著名翻译家。长期从事外经贸教学、科研和咨询工作。曾任伦敦工商会考试局协调人、北京新东方学校副校长等职。2002 年 5 月被对外经济贸易大学破格聘为教授。

主要社会及学术兼职：新剑桥国际商务英语系列编委、中国 WTO 研究院研究员（博导小组成员）、中国市场营销研究中心研究员、北京大学管理案例研究中心研究员、《北大商业评论》副主编、世界和谐基金会特聘专家等。

已在《管理现代化》、《美国研究》等核心刊物发表论文 40 余篇。在台湾五南出版社、英国牛津大学出版社等国内外一级出版社出版专著、译著、工具书 30 多部，其中《从优秀到卓越》获全国优秀畅销书奖。

目　录

前　言

本书共分成六个部分。前五个部分介绍了概念和概念的应用，而第六部分包含了案例分析、相关文章和广告。

前五个部分为读者提供了五个平台，通过这五个平台，读者可以有效地达成学习目标。本书目录包含了各个部分和章节的名称。此处，我们重点介绍本书的逻辑顺序。

第一部分（感知）向读者介绍消费者行为学，并将他们置身于消费者环境中。

第二部分（分析）帮助读者观察和分析消费者行为，并帮助他们洞察消费者的行为模式和内在动因。

第三部分（精确）启发读者掌握研究和分辨消费者的技巧，了解和应用一些最新的概念，如：数字营销和关系管理等。

第四部分（战略）向读者介绍所有可用的有效工具及其应用战略。

第五部分（自调）使读者明确了解消费者的权利和营销者的责任。这些责任包括消费者和营销这所分别承担的商业、伦理和社会责任。这些责任有助于建立一个负责任的消费者和营销者社会。

第六部分（应用）本部分由案例分析、相关文献和经典广告共同组成。每个案例都是精心挑选的，每个案例中都包含了本书所介绍的两个以上的主题，而且每个案例都源自现实生活，本书中没有采用虚构和假设的案例。

每个章节开头都有学习目标，结尾都介绍了一些新的相关词语。这些词语有助于读者熟悉更多相关词汇。每章后面都有作业题，以帮助读者测试对该章节的理解。本书中的图示都在相关位置标出，以便帮助读者更好地理解概念和战略。图示也包括一些最新的广告图案。

作者在此感谢如下朋友对本书所做的贡献：

- Warren J. Keegan 教授为本书作序；
- Mohan Lal Agrawal 博士为本书撰写了一些章节，并授权本书使用相关案例和论文；
- 那些为本书提供真实案例的作者和组织，及那些授权本书使用相关案例和论文的作者和组织；
- 授权本书使用相关广告的广告商和组织，特别是 Lowe Lintas；
- 本书的审校者；
- 印度维萨卡帕特南的前沿管理集成研究院（IIAM）；
- 印度维萨卡帕特南的前沿管理集成研究院（IIAM）的主席 M. Gopalakrishna Reddy 教授、秘书 K. Phanibhushana Rao 先生、主任 K. S. Krishna 博士、M. Chandrasekhar 博士和 S. Anant Ram 先生。

作者欢迎读者对本书中的不足之处进行批评指正，并将在新一版中加以改进。

M. S. 拉祖

多米尼克·夏代尔

第一部分

感　知

第1章　消费者行为学导论

"好书必定有好的主题。没有任何一本伟大的著作是关于鸡毛小事的——尽管有许多人试图去这样做。"

——赫尔曼·梅尔维尔

本章将：

- 回顾消费者行为学的历史发展过程；
- 阐述消费者行为研究在各种营销环境中的地位和重要性；
- 区分不同类型的消费者，并阐述消费者行为学所服务的消费者和营销者的共同目标。

引　言

对消费者行为的研究并非最近才开始的。早在1776年，亚当·斯密就在《国富论》中提到了消费者行为。然而，作为一门科学，消费者行为学在近20年里才得到了极大的发展。

1. 虽然消费者行为学在微观经济学中占有一定的地位，并得到了经济学家的重视。但是，早期的消费者行为学仅仅被看做是经济学中的一部分。经济学家仅将消费者的行为看成是经济活动的一种简单结果。
2. 早期的理论和随后的一些论文简单地假想消费者需要用有限的收入来满足需求。因此为了使他们的满足感最大化，他们必须做出选择。这些论文分析了消费者通过增加消费来提高他们的满足感和效用水平的情况。大多数的消费者行为理论都是基于这种分析产生的。这些分析同时暗含了一个潜在的假设，即消费者行为仅仅是一种经济学问题。
3. 20世纪末，随着市场营销日益成为一个重要的经济活动，市场营销者们开始更多地探索关于消费者行为方面的问题。早期的经济理论中关于消费者行为的描述显然已经不足以回答这些问题了。人们逐渐认识到消费者行为是非常复杂的。而且除经济学外，它还涉及到了其他一些行为科学中的概念，如社会学、心理学、人类学等等。消费者行为学开始得到了大的发展。

4. 自从营销学被普遍应用以来，市场营销者就不断地碰到这样一个问题：为什么有的产品比其他产品更受欢迎？起初，营销者仅仅对产品进行了调查，并通过比较竞争产品的利益点来解释为什么消费者接受某些产品而拒绝另外的产品。然而，他们发现即使对定位完全相同的产品，消费者的接受度也有不同。而且，有些例子还表明，有时看上去明显比较好的产品并不受欢迎，而看上去不太好的产品却受到了极大的欢迎。不久，营销者就发现对消费者的购买行为产生影响的因素并不仅仅来自外部，同时还来自消费者自身。因此，营销者开始更具体地研究来自消费者内部的因素。

消费者行为学的概念

消费者行为研究个人和组织如何识别和决定他们的需要，以及他们如何购买、使用和处置商品和服务以满足他们的需要。它包括消费者买什么、在哪里买、为什么买、什么时候买、买了以后怎么用等在购买和使用过程中的各种因素。对消费者行为的研究，探索和推动了对消费者行为进行定量、预测和施加影响的方法。

本书中，我们将主要研究消费者的购买行为和影响消费者购买行为的各种因素。我们还会研究消费者的意识和知觉等消费者行为的其他方面。同时也会研究意识和知觉对消费者寻找、选择、使用和处置物品（和服务）的影响。本书还将重点阐述消费者行为的合理性，及预测和影响消费者行为的工具。

消费者行为和市场营销

消费者行为学是市场营销学的一个分支。营销学和消费者行为学的关系非常密切，以至于我们可以说消费者行为学是使营销学完美的第一步。

营销学自身的发展也经历了几个阶段，也可以说是经历了几种方法的演变。早期的生产观念和产品观念被逐步证明是不完善且非常短视的，从而就产生了以消费者为导向的方法。目前看来这种方法更接近理想的营销方法。不对消费者进行研究，就不可能有以消费者为导向的营销方法。因此，消费者行为学变得日益重要。

从另一个角度来说，营销者最重要的同盟就是消费者行为调研和消费者研究。它们是激发新思想的发动机，它们推动了市场的发展，并引发了创新。市场越活跃，对消费者行为进行研究的需求就越大。

市场营销领域就像人生中的其他旅程一样，也有领导者和跟随者。领导者们进行研究，并将研究结果应用于实际的策略制定中，从而引领市场的发展。而跟随者们则是采取观望态度，然后再跟随着前进。随着国际化和信息化的大趋势，跟随者们跟得越来越快，也越来越好了。然而实际上，仍然只有一小部分公司真正在消费者行为研究上下工夫。而大多数的营销者们只是监测着这些变化，并从中受益。

随着人们将注意力从产品转向消费者，营销者也相应地将消费者对新产品和新服务的反映作为思考的第一要素。在公司的会议和营销学会议中，人们更多地讨论消费者而不是产品。

人们普遍认为对消费者行为的预测很复杂，而且需要付出很多的努力，但是它的确非常重要。同时，人们认为对消费者行为的研究对于制定营销计划非常重要。在过去的 30 年中，消费者行为学者已经将这个理论由对消费者行为的预测发展到创造一些管理工具和方法来影响消费者。

营销学的发展历程

营销学推动了对消费者行为的研究，因此我们有必要通过一个具体的产品来看一下营销学的发展和演变过程。

起初，消费者对首次推出的产品或服务只有一个最基本的选择：买或不买。

随后，随着竞争的出现，消费者有了更多的选择，他们可以决定到底买哪种竞争产品。

接下来，同类产品的营销者们开始互相观察，他们开始通过价格手段，分销手段等办法来区别各自的产品。产品变得独特起来，从而使消费者的选择似乎又变小了。而且，在这个阶段，另一个现象取代了产品形态的不同。产品的差异性大大加强，消费者的选择更为多样化，他们可以决定：

- 买什么；

- 到哪里买；
- 怎么买；
- 花多少钱；
- 怎么用；
- 怎么处置。

特定商品的营销者们必须通过以上所有方面来维护产品地位。因此，营销活动变得更为复杂了。

消费者行为学的应用

所有人毫无例外地都是消费者，所以我们可以说消费者行为学的应用是无处不在的。

人口的增长、人群的多样性、人们不断膨胀的选择权和自由欲望，促使营销者们必须加强对消费者行为学的研究。居于领导地位的营销者们会定期地对消费者行为进行了解和研究，不仅如此，他们还会定期地预测和影响消费者的行为。事实上，在由市场驱动的经济中，人们将消费者行为研究视为预测消费者需求的基本手段。

营销者对消费者行为学的研究及其发现主要应用于如下三个方面：

1. 消费者行为学研究帮助营销者理解消费者行为的合理性和消费者的真正需求。营销者们根据消费者的需求来设计产品和服务。
2. 消费者行为学研究帮助营销者研究和预测消费者对现有商品和新产品的行为和反应。通过研究，营销者可以勾画出那些有可能使用他产品的人群特征。营销者们将根据这些特征来引导他们的营销活动。营销者们还利用来自消费者行为研究的成果来改善产品。
3. 消费者行为学研究帮助营销者进行市场区隔，从而使营销者可以针对不同的消费者推出不同的产品，并采用相应的市场策略。消费者行为学赋予营销者打动目标消费者的灵感，而且更为重要的是消费者行为学可以引导营销者进行产品创新。

无论对于学生还是管理者来说，消费者行为学都提供了令人着迷的知识。对他们而言，消费者行为学不仅仅是在进行市场营销时有用处，在管理工作的其他方面，甚至在生活中消费者行为学都可以使他们受益。因此，本书中我们将用不少章节来对消费者行为学进行全面的描述，并引导消费者逐步深入。

消费者

我们有必要在这儿解释一下“消费者”这个概念。消费者的含义很广泛，任何一个使用了产品和服务的人都可以称为消费者。消费者并不一定就是购买产品或服务的人。不要将“消费者”和“顾客”相混淆。顾客的含义较窄，通常指产品的购买者。例如，如果你是一个销售茶叶的人，那么你的顾客很可能就是一家咖啡厅的经理，而所有在咖啡厅喝了这种茶的人都是你的消费者。

消费者这个概念通常涵盖了两大类：个人消费者和组织消费者。对这类消费者的辨别区分是很必要的。

个人消费者是指那些为了自己使用而购买产品和服务的个人或家庭。

组织消费者则是指那些为了生产运作的需要而购买产品和服务的经营体、组织和团体。

本书中主要介绍的是个人消费者，同时对于组织消费者也有相当篇幅的阐述。书中有一章将专门探讨组织消费者的消费行为，在案例讨论部分也有两个关于组织消费者的重要案例。

生产商、市场营销者、消费者角色的转变

人们逐渐意识到对产品和服务的制造及营销归根结底都是基于消费者而存在的。同时，人们所处的经济形态也逐渐转变成由消费者驱动的经济形态。图 1.1 描述了生产商、市场营销者、消费者角色的转变及这种改变的过程。

消费者行为学——还帮助了谁?

消费者行为学作为一门科学，除了为市场营销者服务外，还服务了其他好多类人：

市场营销者：如上所述，消费者行为学的研究对市场营销者达成其营销目的很有帮助。

创业者：创业者是潜在的未来市场营销者，消费者行为学将帮助他们正确地、及时地制定投资决策，并加大他们创业成功的机会。

经济学家：当经济学家和决策者在为社会和国家制定计划时，他们

图 1.1 角色转换

早期的角色

生产者：
经济中最重要的角色，他只生产那些他觉得有可能的产品。

商人：
作为第二重要的人，他有效地分配各种产品。他会遇到竞争，但是面对竞争，通常采取的手段是价格手段。

消费者：
在其生活模式所允许的范围内购买那些能买得到又买得起的产品。消费者行为是具有隐蔽性的。

现在的角色

消费者：
经济中最重要的人。通过购买产品和服务不断地提高生活标准。拼命挣钱以满足不断增长的需求。知道需求是不断增长的，昨天的奢侈品就是今天的必需品。进行选择，推动了产品和服务的发展。所有这些都表明消费者行为不再具有隐蔽性。

营销者：
不断地帮助和引导消费者去决定其所需要的产品和服务。调查哪些改进、发明和改变是可能的。明白这种探索是永无止境的，而且明白是竞争和消费者行为推动了各种创新和改变。

生产者：
根据市场和消费者的情况来确定其方向。试图生产出消费者需要的各种产品。拼命生产消费者需要的产品，并运用各种科技手段来达到这一目的。生产者如今最重要的工作是：创新、服务和关系管理。

需要考虑到消费者行为因素，而且消费者行为因素可以帮助他们策划节约成本的项目。

消费者：在这里特别强调消费者行为学对消费者的作用可能听起来

有些怪，但是消费者实际上是消费者行为研究的最大受益者。因为，首先，他们可以更深刻地了解隐藏在行为之后的理由。一旦消费者对消费者的行为有了理解，消费者就会发现并纠正不正确的态度、错误的概念和无逻辑的忠诚。也就是说当消费者更多地接触到消费者行为学，他们就会变得更以价值为导向、更聪明。

小　结

上面的论述清楚地阐明了在与消费者打交道的过程中，消费者行为学研究是很重要的一部分。它使营销行为更具多样性、更有深度，同时它在营销行为和消费者之间搭建了一座桥梁。不用全面的方法来学习消费者行为学通常都会招致营销灾难。

相关词汇

实证研究：证明消费者行为不仅可以被预测也可以被影响的理论。

可解释性：特定消费者所展现的复杂行为可以通过对其行为的主观部分的分析和解释来解读。

营销导向的演变：如下这几个阶段的不断推进引领我们的经济发展到了今天这个市场营销阶段：

1. 生产观念；
2. 产品观念；
3. 推销观念；
4. 市场营销观念。

作　业

1. “消费者行为学不是基于经济学的一种简单现象，而是一门跨多学科的科学。”讨论这句话，并试举两个消费实例来证明这句话。
2. 为什么在如下这些情况，对消费者行为的研究很重要：
   a）在生产能力过剩的经济环境中；
   b）在消费者的收入有限、购买力较低的经济环境中；
   c）在有多家厂商提供极为类似产品的激烈竞争环境中。
3. 列举出无视消费者行为研究的营销者所将面临的困境。

第2章 家 庭

“认识人类有两种方法：一种是走遍世界，另一种就是研究你身边的家庭。”

——拉 祖

读完本章，你将会：

- 了解家庭的重要性，认识到家庭是一个可以塑造和影响个人消费行为的实体；
- 了解家庭中的动态因素和家庭成员所扮演的相关角色；
- 了解家庭中的决策程序，以及营销者可用来影响家庭决策程序的策略。

家庭的概念

家庭是一个在人口学和经济学中经常被提到的单位。家庭的简单概念是指因血缘、婚姻、收养等关系而居住在一起的两个或多个人。就我们对消费者行为的研究而言，我们只关心人们是否住在一起，而不考虑他们之间的关系。因此，只要是两个或两个以上的人住在一起，我们就将他们看成是一个家庭。

家庭的三个阶段

西方的大多数学者将家庭看成三个不同阶段：

1. 基本家庭，由两个人组成，通常是夫妻俩人。
2. 核心家庭，通常由夫妻和一个或多个孩子组成。
3. 扩大家庭，包括了一到两名祖辈或其他长期居住在一起的成员。

图 2.1　联合家庭中的 De-facto 层级

本图展示了一个由 11 名成员构成的典型的联合家庭。该家庭中的层级是以年龄为基础来划分的，年龄最大的人在最高层。制定购买决策的决策者、影响购买决策的影响者和执行购买决策的购买者及他们之间相互重叠的职能形成了 De-facto 层级。如图所示。

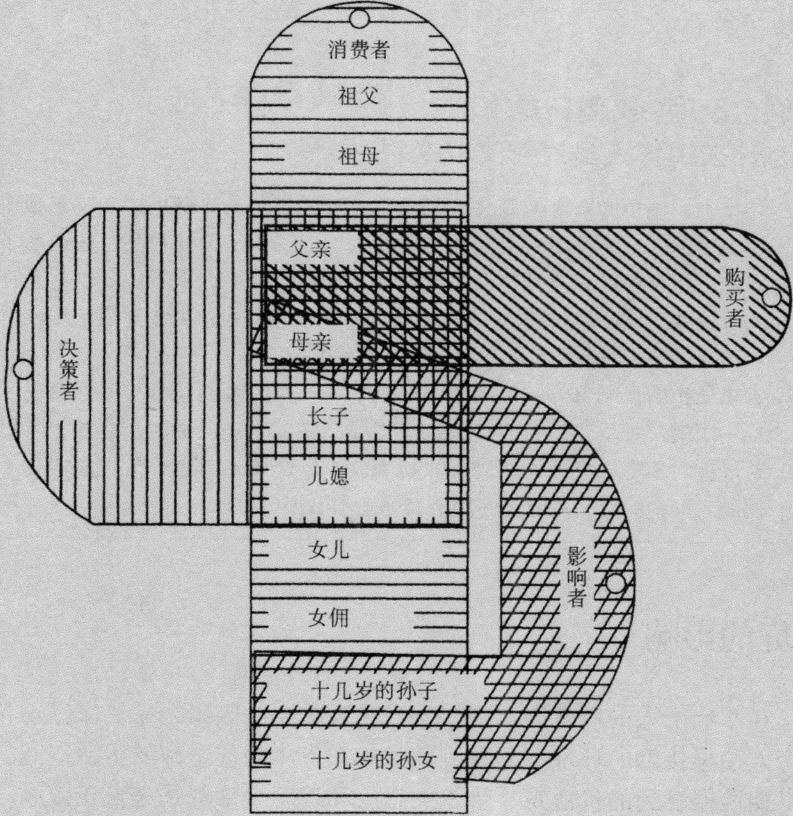

在东半球和南半球，研究消费者行为需要特别关注的一点是扩大家庭。这种扩大家庭通常由两对以上的夫妇组成，还有一些长期居住在一起的成员。虽然这种被称作联合家庭的扩大家庭已经逐渐衰落，但是我们还是会在世界上的一些地方看到，尤其是在印度、巴基斯坦、孟加拉国、尼泊尔，泰国等东方国家。这种联合家庭有其自己的特点：安全、能集思广益、相互之间有血缘关系是它突出的优点，但同时也伴随了一些缺点，如自由受限和对私人空间和时间的侵犯等。

在意大利、墨西哥、南美国家等拉丁国家也可以看到这种扩大家庭。无论是在东方还是西方，只要一个国家的文化传统中重视血缘关系，如印度、泰国和意大利等国家，那么它都会在未来很长一段时间内维持这种扩大家庭。

专栏 2.1

联合家庭，美酒还是毒药？
为什么销售人员对它又爱又恨？

1. 一个上门销售的销售人员敲开了一户人家的大门。他费尽口舌终于说服了家里的三个人，即三个儿媳妇。他向她们展示了他的产品，并说明了产品的用处和新颖之处。但是在最后一分钟，婆婆进来了。婆婆不允许购买这些时髦的东西。她认为凭她过去 50 年的经验，她才知道到底什么东西对这个家庭有用！
2. 家里最小的孩子 Ronaq 得到了一块新手表。接下来的几个小时，家里乱成一团糟。家里其他的四个小孩也想要同样的手表。最后没办法，只得从最近的零售店里买了四块同样的手表。但是如果销售人员是向四个不同的人推销的话，可能连两块手表都卖不出去。

家庭的影响

在影响个人的所有因素中，家庭是最重要的因素之一。家庭不仅仅是个人最早接触的环境，而且是其童年和青年时代全部的生活空间。个人早期所接触到的价值观、传统、态度和理念全部都是来自于家庭。幸运的是，家庭并不是一成不变的，而是在不断更新、充实和学习的。家庭成员总是相互接触，并互相吸收新知识和新影响。因此，很快地孩子们知道各种价值观和不同的行为方式是可以并存的。孩子们有很多机会可以去衡量和辨别长者的行为，并模仿那些行为榜样的做法。在这个辨别和模仿的过程中，母亲的意见通常比别的家庭成员的意见对孩子更具影响力。在孩子的成长过程中他通常会不自觉地选出一个家庭中的“英雄”，并在以后的日子里模仿这位“英雄”的行为。

家庭是实验室

家庭为个人提供了接触多种产品和服务的机会。即使不亲自参与，个人也有机会去观察购买、维护、消费和接受大量物品的过程。个人都是通过观察家庭其他成员的购买行为来形成自身早期的态度、品牌偏好和品牌选择的。随着年龄的增长，个人会逐渐形成自己的意识，并修正某些观念，特别是对品牌的选择。对于那些希望培养消费者早期忠诚度的营销者和那些希望向几代人销售品牌产品的营销者来说，了解家庭中的这种“学习型”成员对某些品牌的偏好和对其他品牌的厌恶是十分重要的。

一些品牌的产品成为某些家庭的常备用品，对这些产品的消费成为这些家庭中最受欢迎的消费行为，并且这种情况影响并延续了几代人。

家庭的社会化

家庭成员间的相互交流和不断的社会化是影响家庭成员消费行为的一个非常重要的因素。

在家里，孩子们从祖父母和长辈们那里学到一些最基本的价值观。家长也会不自觉地向孩子们传递迷信、偏好和态度等观念。

另一方面，孩子们在不断地与外界接触。他们从媒体和朋友那儿获取信息，并把将会对家庭购买决策产生影响的信息和因素带回家。现在，孩子能够对家庭产生影响的时间提前了。由于电视和电影的出现，孩子们不需要像以前一样要等到能阅读、能理解、能表达之后才可以对家庭产生影响。现在甚至两岁的幼童也可以从电视广告中获取信息。事实证明，孩子比大人更容易吸收和记住品牌的宣传。

那些让孩子参与室内和室外家务活动的家庭，为家庭的社会化提供了最好的机会。那些让孩子干一些厨房的活，或者洗衣服、整理书本、打扫房间、购物的妈妈们向孩子传递了产品用途和各品牌产品间的差异等信息。同样，那些让孩子干一些粉刷房屋、家庭修理和驾驶汽车等事情的父亲使家庭社会化了，并向孩子传递了一些消费行为方式。营销者经常以这些社会化活动为手段来向两代人推销其品牌和产品。

消失的祖母

营销者在推销婴儿香皂、gripe mixtures、营养饮料等类似产品时，采用得最多的方式是使用来自祖母的专家意见。祖母随时出现在女儿身边给她帮助，甚至在女儿当了妈妈以后也是这样。有时，在女儿的家里，她们能感到更加充实。她们的意见得到了充分的尊重，而且她们会告诉晚辈们 Woodwards 牌的止痛水可以减轻疼痛，而强生牌的爽身粉可以使婴儿感到舒服和高兴。

但是现在只有非常少的妇女在产后可以得到母亲的照顾。现在，人们生活得更孤独了，他们天天只穿梭在家庭、办公室和集市之间。新妈妈带着自己的宝宝在家时，她只能自己做购买决定和使用决定。

所以，今天的营销者需要在妈妈身上做更多的工作，而不是做祖母的工作。将妈妈们培养成专家，使她们回忆起宝宝的兄长和姐姐们都是 Woodwards 止痛水和强生爽身粉的消费者。

图 2.2　孩子作为直接消费者的现象日益增多

过去，孩子消费的东西大多数都是由长辈选择、购买并拿回家的。

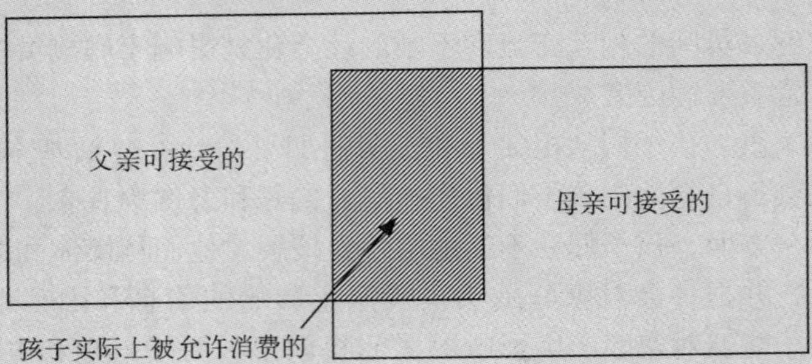

今天的孩子不再是间接的或被动的消费者，他们更多地进行消费，并影响购买和选择，有时候甚至自己购买他们的消费品。

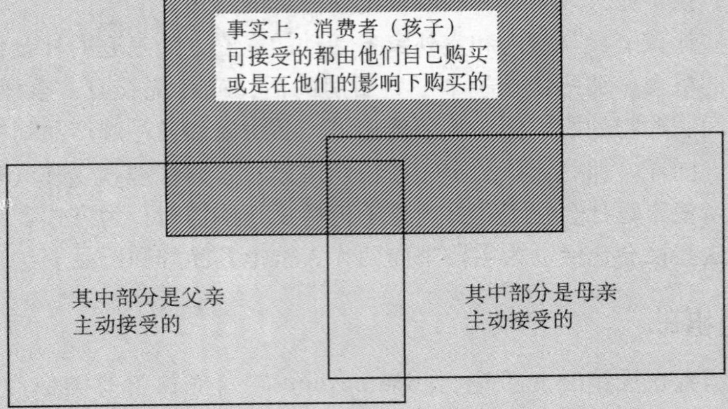

家庭的决策过程

一个团结的家庭通常会根据需求来统一进行购买。家庭内部会通过一系列程序来决定他们的需求，审查各种购买选择，最后进行购买。

家庭中的重要成员被非正式地指派了各种角色。通过观察家庭成员间的相互交往以及他们在消费过程和维持家庭中所起到的作用，我们可以更清楚地了解他们各自所扮演的角色。

希夫曼和卡努克曾经指出，在家庭的购买决策中有八种不同的角色。而我们认为其中的四种角色就基本包含了大多数家庭通常会遇到的角色。

决策者：家庭中有权决定是否有某种需求，并决定哪种产品能够满足这种需求的人。

使用者：家庭中真正使用产品的人。他们会影响产品的消费数量，并会发表一些对某种产品偏好的看法。

购买者：那些真正去购买产品并将产品拿回家的人。他们对于产品购买的数量几乎没有发言权，但是有时候可能会对选择某个品牌发表一些意见。

影响者：那些收集产品信息和更新信息的人。他们会和家庭成员分享这些信息。通常这些影响者会从媒体和朋友那儿获取信息。他们逐渐形成了寻找新产品、比较各种产品和评估产品价值的习惯。

需要注意的是，某个家庭成员可能担当的角色不只一种。同时，也可能有几个家庭成员共同扮演一个角色。例如，所有的家庭成员都可能消费同一种产品，如大米。在这种情况下，所有的成员都是使用者。另一方面，一个家庭成员也可能集等多种职能于一身。如母亲作为家用产品的购买者就是这样的。

不同家庭中的家庭成员以及他们所扮演的角色都是各不相同的。

营销者和家庭

营销者应当认识到每一个个体消费者都属于一个家庭，是家庭中的一员。在影响个体消费者时，如果忽略了他与家庭的联系，那么这种影响是不会长期有效的。以针对十几岁孩子的自行车广告为例，可能采取的办法就是直接吸引那些十几岁的孩子，希望这些“使用者们”的意见可以对购买产生影响。然而，将目标锁定在整个家庭上，让家庭来向孩子推荐自行车的方法更为有效。在多数情况下，这种方法都很有效，并且可以保证整个家庭都对购买会有一个正面的决定。对于服装、假日计划、音乐和一系列其他产品来说，这种方法都很奏效。因为这类产品虽然属于个人消费，但是其他家庭成员都需要容忍它。

无论在构建哪种产品的客户群时，营销者都应将消费者的家庭环境因素考虑进去。除了组织购买和带有明显个人特色的购买以外，对家庭环境的调查对营销者制定定位政策和促销政策都是十分有价值的。

图 2.3 “丈夫—妻子—孩子”各自所决定的领域

家庭中的购买决定并不一定是基于全家人的一致意见而做出的，这并不是什么秘密。事实上，大多数产品的购买是由家庭中的一个成员决定的，或是丈夫、或是妻子，现在甚至有可能是孩子。虽然一个家庭可能一直消费相同的产品，但是每个家庭成员的决定权却是随着时间和地域而改变的。精明的营销者会经常更新他的“领域图”。

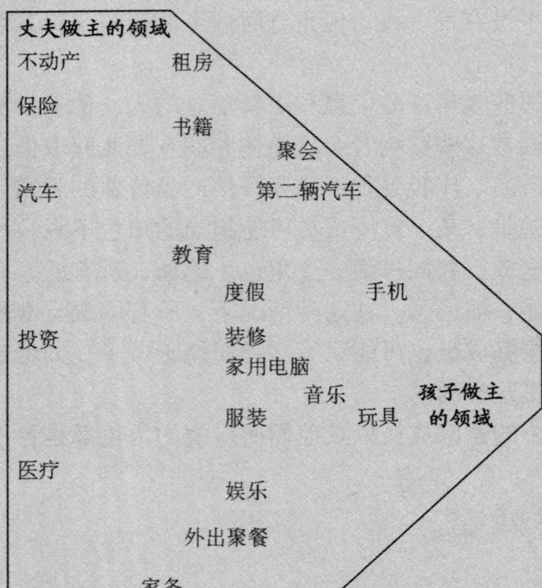

图 2.4　家庭生命周期

1958 年，X 先生住学校宿舍里，开始独立生活。他是一个消费者，但仅有很少的父母给的一点钱。（他的消费水平是 1）

1960 年，X 先生开始挣钱，住在公寓里。有了一些收入，但仅够单身生活需要。（他的消费水平是 3）

1963 年，X 先生结婚了，有了一些收入，同时也有了一些需求。（他的消费水平是 5）

1966 ~ 1984 年，X 先生有了孩子，同时有大量的需求。（他的消费水平是 7）

1985 ~ 1977 年，孩子们离开家住到了寄宿学校。（他的消费水平降到 5）

1998 ~ 2001 年，孩子们全都搬出去住了。（他的消费水平进一步降到 3）

2002 ~ 2008 年，X 先生退休了，开始老年的休闲生活，消费需求和购买力都降低了。（他的消费水平进一步降到 2）

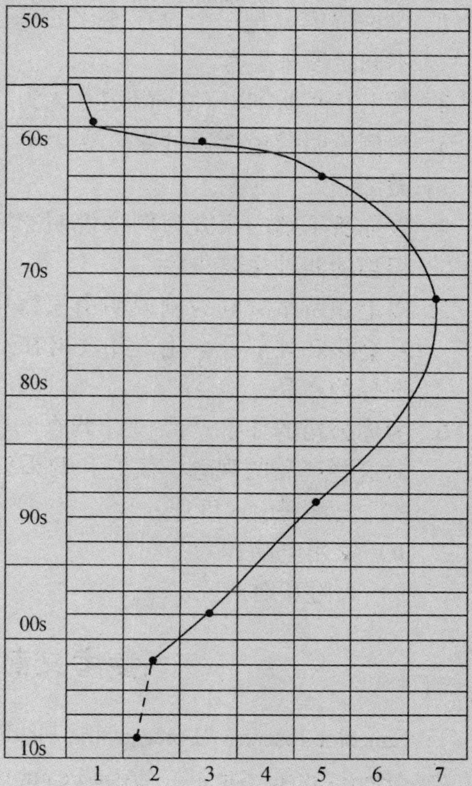

相关词汇

家庭生命周期：家庭所经历的各个不同阶段，如单身、婚姻、为人父母、老年。

一起购物：家长带孩子一起购物。他们不仅仅是有时间呆在一起，而且孩子还有机会学习一些购物技巧，并形成一些购物态度。

戴钥匙的孩子：当父母工作时独自在家的孩子。他们构成了电视广告的一个目标群体。

夫妻间决定的认同：夫妻相互认同某些产品的购买由丈夫决定的，而另外一些则由妻子决定的。

作 业

1. 讨论“家庭是一个总在变化的单位”这句话。结合家庭的各个不同阶段来思考。
2. 举出五种适合以家庭而不是个人为宣传目标的产品，并给出理由。
3. 举例说明营销者通过家庭这个平台来向几代人推销品牌产品的做法。
4. 以你所了解的家庭为例来说明家庭成员在购买产品和服务时所担当的四种主要角色。
5. 以上题所举家庭为例说明由家庭中年轻成员所引起的家庭内部社会化和外部社会化，并举出在这个社会化进程中年轻成员所选择的产品。
6. 为你公司的如下产品设计调查问卷，通过访问家庭来确定人们对这些产品的观念、偏好和购买意向：
   a）全家到山区度假；
   b）家用电脑；
   c）火险和财产险。

参考文献

1. Lancelot Joseph, “Force of the Field”, *Business India*, 14 April 2002.
2. “Here Comes Santa” – Asia Features, *The Hindu*, 23 December 2001.
3. Corporate Close-ups Amul, *Day After*, 16 May 2002.
4. Stanton, Etzel and Walker, *Fundamentals of Marketing*, McGraw-Hill Intl., 1994.
5. Phillip Kotler, *Marketing Management*, 5th edn, Prentice Hall, 1984.
6. Rating Mom and Pop, *American Demographer*, June 1995.
7. Schiffman and Kanuk, *Consumer Bebavior*, 6th edn, Prentice Hall, 1997.
8. Family Purchasing—Family Roles, *Management Horizons Survey*, 1983.
9. Family Buying etc., Block Notes 3 – 10, SOMS, IGNOU, New Delhi, 1997.
10. K. S. Thomas, Marketing Healthcare, *The Week*, 7 July 2002.

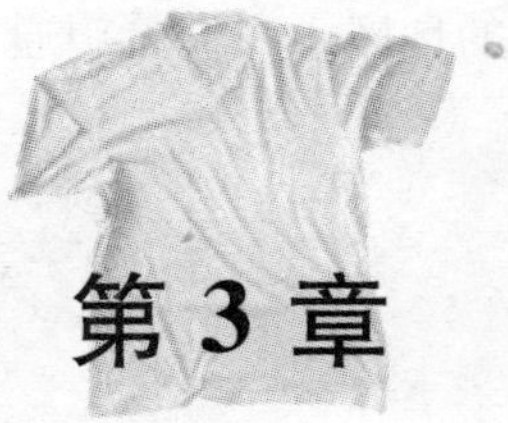

第3章　女性消费者

“当女人开始意识到妈妈是对的时候，她自己的女儿却开始怀疑她的正确性了。”

——Charles Wadworth（有修改）

在本章的学习中：

- 你将了解女性消费者消费行为的细微差别；
- 你将了解由女性主导的购买行为——为自己购买或为其他人购买；
- 你将了解女性消费者的价值观念，以及营销者如何影响女性消费者的消费行为。

女性作为消费者和决策者

用单独的一章来研究女性的消费行为需要一定的勇气。我们咨询过一些专家，有男性也有女性，他们认为将性别作为一种基础来研究消费者行为，并将女性看做特例来研究是一种退步。然而这些专家也承认，事实上女性确实表现出一些特殊的特点和行为。因此，我们认为将女性作为单独的群体来讨论，对市场来说有益无害。事实上，营销者已经将女性作为一个单独的市场区隔，并针对她们推出了许多的产品和服务。系统地研究性别因素对消费者行为的影响只是对这种市场区隔的一种延伸。

除了由其天性影响而产生的一些行为以外，我们必须承认每一种社会都会对女性设定一些基于其性别的行为。西方社会可能不会用一种明显的方式为女性设定一些行为，而在世界上其他的文化形态和社会形态下，情况可能就不一样了。

在本书中，我们不可能穷尽世界各地女性消费者各种不同的消费行为。所以，我们只能选取那些有着广泛代表性差异的地区。我们希望通过这种分析可以帮助营销者来引导消费者。

由女性主导的购买行为

显然，即使是在男性主导的社会里，也有一些特定的产品和服务是由女性决定的，或者至少是由女性来购买的。这些特定产品包括食品、女性服装、孩子的服装、珠宝、厨具和其他家庭用品。然而，在购买高价值产品时，家庭中的男性还是会做预算控制，并做最终的决定。

必须承认的是，家庭中还是有很大一部分购买决定是由女性做出的。虽然目前还没有证据表明这个现象有增多的趋势，但是随着人口的增长和市场的扩大，由女性购买的产品数量有所增加。然而，目前并没有证据表明女性掌控了更大的份额或更多更新的领域。

而且在过去的十几年或二十几年中，如下这些产品逐渐被纳入了个人和家庭消费的主要领域：

1. 不动产：别墅、公寓、普通住宅
2. 交通工具：汽车、摩托车和小轮摩托车
3. IT 产品：电脑、电话、手机、网络通讯设备
4. 家用电器：冰箱、洗衣机、吸尘器等

除最后一类产品外，其他几类产品在很大程度上仍然是由男性决定的。但在印度存在着一个非常有趣的现象：据统计数据显示，第一类产品，即不动产中很大一部分是由女性购买的。这种具有高价值的产品区隔显示出女性在产品购买总量中所占的份额。但是如果进行更深入地研究，我们可以发现：实际上不动产的购买还是由男性决定的，只是购买文件上登记的是家庭里女性的名字罢了。这种做法只是作为男性逃避家庭财产税和收入税的一种办法而已。

所以，我们仍然需要通过观察女性所主导的购买行为是否有所增加来判断女性解放所带来的真正影响。

女性消费者及其价值观

和男性一样，女性价值观的形成也依赖于她的背景、成长环境和教育情况。然而即使是处在同一个社会阶层中的不同女性，价值观也会有些不同。

图3.1 女性购买者

女性在购买个人产品和家庭产品时所考虑的因素是一致的。这种考虑并不是肤浅的，而是基于一种既要满足需求又要省钱的经济理念。一个看似简单的“购物”过程似乎并不那么有趣。

一次性的尽可能多地购买产品（直到下一次购物）

认为大包装更经济。考虑到一些隐含的成本：浪费、储存、滥用、损坏等

只选择合适的包装量……

对包装量合适的产品，还要考虑品牌因素

对于品牌，考虑那些熟悉的（电视广告、平面广告、口碑等）

考虑质量保证和退货可能性等

比较价格，选择单价最低的

逛商店，看看有没有打折信息。估算免费赠送产品的真正价值

考虑包装的可再利用性

为了放心，询问零售商是否还有类似的其他选择

关注价签上的信息，如营养价值、科技信息、保质期、特别保证等

专栏 3.1

美国的汽车市场被女性垄断了吗？

早在1988年11月就有预测说，在美国的汽车市场上，十年内女性购买者数量将超过男性。下面的报道是选自1988年2月18日的《美国市场报》（American Marketplace）和1988年11月的《美国人口》（American Demographics）。

汽车制造协会称“到1998年，美国的汽车购买者中有一半以上将会是女性”。汽车制造协会还指出，在针对这一目标市场的营销活动中，有一项是针对经销商的培训项目。培训的目的在于帮助经销商为女性汽车消费者提供更好的服务。培训录像带教给经销商如何吸引和服务女性顾客。有些经销商还举办一些特殊的活动来吸引女性顾客去参观他们的展厅。文章中说经销商正在努力吸引女性汽车消费者的注意力。相关的电视广告和平面广告反映了女性新的消费模式和兴趣。文章中还指出汽车制造商们正在努力消除女性在融资方面受到的歧视。

目前看来，以上的推测从表面上看好像已经部分实现了。但事实上，女性购买的只是家庭中的第二辆车。哪怕是在为自己购车时，女性也会征求丈夫或男性朋友的建议。

女性形成价值观时考虑到了整个家庭，而不仅仅只考虑她自己。我们可以说女性更加无私。另一方面，这种无私也使女性容易将她自己的价值观传递给她可以影响到的人。例如，一个诚实的母亲看到自己的孩子也很诚实时就会觉得很满足。在女性的眼中，一个有良好的道德行为、同情心和纯洁的人看上去很伟大。由男性统制的社会在很大程度上对女性强加了这种行为观念。因为如果每个妻子都认为自己的丈夫和父亲很伟大的话，社会将会很单纯。此外，人类进化的需要和女人的天性使她们对每个孩子的爱都是平等的，而不是偏爱受宠的那一个。这是建立在人类生存机制之上的。如果每一位母亲都不爱丑的、弱的和低能的孩子，那么人类的进化史就要改写了，并且人类社会将充满了残酷。值得注意的是，某些动物物种，如狮子、老虎，当父母的会吃掉那些病弱的幼崽，而这种残酷的行为通常都是由雄性来实施的。另一方面，女性对任何形式的残忍的行为，如狩猎和流血运动等都感到厌恶。

你可能已经注意到在看《角斗士》这部影片时，有很多女性在电影院中为流血的角斗士们尖叫。然而，这只不过是一场没有事实根据的电影罢了。并且，在电影院里每有一名女性尖叫可能就有一百名男士尖叫得更厉害。

感知上的差异

从迦梨陀娑到莎士比亚，伟大的作家们早已告诉我们，女性可以看到灵魂深处的美。我们看一看迷人的姑娘是如何崇拜相貌平平的小伙子就可以知道这个事实了。又回到了那个“一百万美元”的问题：女性到底看重男性的哪些方面？看看那些在女性眼中很有魅力的男性吧，如果从外表看不出什么迹象的话，那么我们必须承认女性不只是注重形体的美，而是更加看重男性内在的魅力。营销者感到要找一个能抓住女性注意力的男模特是一个大难题。营销者一直以来都在不断地寻找，并且已经尝试过的模特类型有：具有幽默感的男士、强壮的男士、会饶舌的男士和有性格的男士等。

女性在沟通时的表达能力和接受信息的能力

一段时间以来，有种看法认为女性的发音、肢体语言和用手势交谈等都比男性好。在收听广播新闻和看电视新闻时，这都表现地很明显。现在，认为女性天生具有这种能力的看法已经得到了科学的证实。女性在发音和语言表达时获得的成功是因为她们天生具有比较宽的音域。BBC早在2000年10月29日的节目中报道了澳大利亚声音研究所艾伦·皮尔斯博士的研究结果。该结果表明，女性可以发出28000个不同的音调，而男性只能发出7000个；即使是作为听众，男性辨别和区分音调中细小差别的能力也比女性弱。该报道总结说，由于能力的限制，男性每次只能注意并接受一个信息，而女性能同时传递和接受好几个不同的信息。

对于那些希望通过广播或电视广告来吸引女性注意力的营销者来说，这是一个警示。在试图抓住女性消费者时，营销者不应该错误地认为男性的声音和形象更能抓住女性的注意力。事实上，聘用一个女性来担当播音员、评论员或模特更有意义，她们能更好地传达信息。

在女性的心里，最看重的因素是经济实惠。她们在购买任何商品时首先考虑的因素之一就是经济实惠。如果要让女性在产品的形状或色彩是否吸引人和产品是否经济实惠之间做选择的话，她们会首先考虑后者。

同样，产品耐用意味着经济实惠，因此女性比男性更看重产品的耐用性。她们认为，耐用不仅意味着经济实惠，同时还反映了产品的内在质量。所以，要说服女性去接受因为产品自身的不足而特意将产品设计成不超过其保质期的办法是非常难的。营销者应该用极其诚实的态度来告诉消费者产品存在自身的不足，同时他们也应该告诉消费者产品成分的最佳使用期限。

女性在重复使用和减少浪费上更加在意。在印度，女性更中意那些有可再利用包装的产品。包装是否可以被再次利用是影响她们选择的因素之一。

专栏 3.2

包装的再利用

直到上世纪 90 年代塑料制品得到普遍应用以前，玻璃和金属是主要的包装材料。在许多东方国家，玻璃饮料瓶和装婴儿食品的铁罐是厨房中最常用的储藏器皿。同样，装食用油的 5 升桶状带把罐子是用来装井水的最好器皿，装浓缩牛奶的空罐常被当作买卖米和谷物的容器。

专栏 3.3

东方就是东方

今天，被营销者赋予了很多思想的时髦包装仍需要满足女性消费者希望包装可以再利用的需求。

东方的消费者，尤其是女性消费者，下意识地觉得为单独的时髦的包装多付钱有一些浪费。因此，在扔掉这样的包装时，她们会有一种罪恶感。当扔掉珍珠头的大头针、T 恤衫的包装和牙刷的泡沫包装时，即使是男性也会时常感到有罪恶感。

女性对广告的态度

女性看广告的目的和男性一样，都是希望获取产品信息。然而，在竞争环境中，长时间的经验告诉我们，广告首先要吸引人才可能传递信息，而且吸引人注意力的手段和方法可以与产品本身毫无关系。在开放的西方社会，性观念和性主题常常被用来吸引人们的注意力。即使是在东方，由于电影和电视的影响，对性的接受程度也在逐渐增加。因此，在广告中使用性概念的频率也逐渐增多。广告中使用的主要是女性的性符号和女性形象，即使是在受众为女性的媒体上，如女性时装杂志和电视剧。对这种现象的惟一解释就是：

1. 女性的体形更美；
2. 女性形象可以吸引男性的注意力，并可以对他们产生刺激；
3. 女性也会被吸引，虽然被吸引的程度较小。

显然，带有女性形象的广告不仅可以吸引男性也可以吸引女性，而带有男性形象的广告则只能吸引男性，对女性则没有吸引力。

另一方面，带有儿童形象的广告更容易获得女性的注意，因为儿童的形象唤醒了她们的母爱天性。

由于女性自我保护的天性，她们会比男性更多地注意带有“恐惧”和“安全”主题的广告。这方面的广告例子有：强调因不使用某种产品可能会造成危害的广告，关注健康隐患和火灾隐患的广告。

对于那些以幽默、恐惧、愤怒、地位、阶层、成就等为主题的广告，女性的反应和男性是一致的。然而，那些以关注经济性和耐用性为主题的广告更能抓住女性的注意力，原因在前面的章节中已经讨论过了。

为其他人购买

当女性为别人购买物品，而不是为自己或其他女性购买时，她身上所具有的特质也是不变的。也就是说，对产品的耐用性、产品质量等的关注是不会因为是替别人购买而改变的。另一方面，由于女性有很强的观察能力，因此她会尽量按照产品实际使用者的需求来购买。

女性的特点

长期以来，人们认为女性的大脑比男性的大脑更发达的说法是不科学的，这种说法只是一种讨好女性的办法而已。大多数人在说类似的话时都是为了讨好女性，他们并不一定真正认为女性的大脑更发达。而诸如女性、贤内助、女士优先、家长之类的词其实也是出于虚伪的想法，营销者从来没有把这些说法当真过。

然而，今天的科学证据显示在生命早期，女性的发育重点是大脑，而男性的发育重点是身体。大自然可能是有意这样安排的，因为女性大脑的发达有利于全人类的进步。从这个意义上说，我们现在对女性大脑能力的开发还处于非常原始的阶段。随着体力在维持生存中所起到的作用的逐步降低，对女性重要性的认识应该逐渐加强。

因此，今天的营销者开始意识到女性作为消费者和决策者的重要性。他们也尝试着用4P理论来解读女性的特质。这些特质有：

爱美之心：只有真正的美，男性美、女性美或其他物品的美，才能够吸引女性的眼光。而要吸引男性的注意力只需要展示一下产品就可以了，并不需要展示产品的美丽所在。

迅速捕获信息：在孩童阶段，女性就被教育不要盯着别人看。因此，她们练就了在一瞥中抓住信息，并将信息很好地储存起来的能力。广告商非常高兴地发现女性有卓越的对品牌广告的回想能力。这样，他们便可以利用很短的广告片来达到目的。

耐心：不要期望你的女性顾客会冲动地购买产品。如果想要证实这种说法，你可以去一个精品店随便看看。你会发现，对于那些店员没有耐心对顾客进行解释和说明、对顾客缺乏热心的店，它们损失的将不只是这一次的购买，并且还将永远地失去客户。

经济眼光：女性会用一种非常复杂的方法来判断购买是不是经济实惠。她们会考虑购买的时间是不是及时、使用过程中是否经济，以及是否可以再出售等。

看中口碑：女性是口碑最好的接听者和传播者。忽视这一点的营销者是非常危险的。

专栏 3.4

对口碑的内容进行监测

监测是否有口碑在流传，以及口碑造成的影响是非常必要的。例如，可口可乐公司就对所有向公司投诉的人在投诉之后所进行的传播进行了调查：

1. 12%以上的人会将他们所接受到的公司的反馈告诉20个以上的人；
2. 那些对投诉完全满意的人，会将他的正面体会告诉至少4到5个人；
3. 那些对投诉完全满意的人中有近10%的人，会增加购买该公司的产品；
4. 那些觉得自己受到不公平待遇的人，会将他的体会告诉至少9到10个人；

（续）

5. 觉得投诉没有受到很好受理的人中，有近 1/3 的人不会再购买该公司的产品，另外 45% 的人会减少购买量。尽管参与性是造成社会影响的一个先决因素，但是即使是对于那些可参与性非常少的产品，如软饮料之类的产品，口碑都是非常重要的。最近的可乐战更证明了这一点。绝大部分消费者都不喜欢“新可乐”，而且他们也毫不掩饰他们的这种情绪。

相关词汇

妇女解放：带有一点贬义的、过时了的描述妇女解放的词。
营销女士：对女性市场进行营销。

作　业

1. 选取三种的女性专用产品，并讨论：
   a）是否可以采用平面媒体来发布广告；
   b）选择电视媒体的哪个时间段来发布广告；
   c）制造一个可以产生广泛口碑的促销战役。
2. 举出你所了解的一个家庭中由女性所决定购买的产品，并讨论她是如何做购买决策的。
3. 选取两则针对女性的广告——一则你认为好的广告，一则你认为是不好的广告。将两者进行比较，并讨论。

参考文献

1. Loudon and Della Bitta, *Consumer Behavior*, McGraw-Hill.
2. “Contemporary Women-Evaluation etc”, *Journal of Consumer Marketing*, 1991.
3. *Family Purcbasing—Family-Roles*, *Management Horizons Survey*, 1983.
4. “World of Women’s Work”, Annie Lindbergh’s Work Reviewed

by S. Uma Devi, *Economic and Political Weekly*, 20 April 2002.

5. Avenging Angels and Marketing Mothers, Manisha Seth, *Economics and Political Weekly*, 20 April 2002.
6. Of an ongoing battle—Interview Asha Krishna Kumar with Taslima Nasreen, *Frontline*, 12 April 2002.
7. Women on top—Monica Bathija quoting Govitrikar and Vaz by *Deccan Chronicle*, 31 May 2002.
8. Schiffman and Kanuk, *Consumer Behavior*, 6th ed., Prentice Hall, 1997.
9. "What Works in India," *Business Today*, 20 January 2002.
10. " Psychographics of Indian Consumers—Women-Men-Consumer Azadi, *Business Today*, 20 January 2002.
11. "How do Women Think" Eberhard Zaugger as reported by *Business World*, July 2002.
12. Interviews/Critiques—M. L, Sehabai, Women Welfare, M. Kanakambujam Teaching Profession, Rani Gopal, Economics; B. V. Suryakantam Women's Movement; P. Jaganmohani, Legal Profession; B. S. Kalyani & B. Rama Vani; Medical Profession; Padma Gudipati, Psycho Medical Profession, D. S. Madhumathi, Journalism; T. A. Srimathi, Collegiate education; Madhulika Kaushik, Marketing Management; A. Vanajamani; Management Education and Sulochana Devadas Computer Engineering.
13. C. Assissi & S. Prasad, "Tech Goes Rural", *Business World*, 17 June 2002.
14. Vidya Srinivas, Beauty Spread, *Business India*, 7 July 2002.
15. Surviving Women, Jerry Pinto quoted by *Deccan Chronicle*, 31 May 2002.

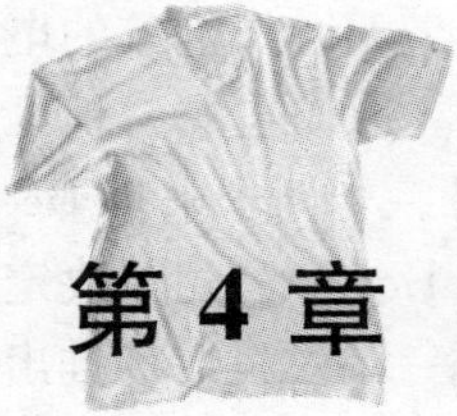

第4章　农村消费者

农村是印度的生命之源。

——马哈特马·甘地

印度有2.3亿农村人口，他们对某几种产品的需求超过了印度城市中所有中产阶级的消费量。这被视作一种爆发。

本章将：

- 阐述农村消费者在印度市场中的重要性；
- 罗列农村消费者的各种消费模式；
- 勾画农村消费者的特点；
- 制定为农村消费者服务并使他们满意的战略。

引　言

请思考：截至2000年，印度市场中16%的缝纫机，51%的摩托车，74%的自行车，37%的压力锅，66%的洗衣粉、肥皂、袜子、炊具和46%的饼干卖给了农村消费者。

起初，在整个市场上都可以应用营销学原理。然而随着市场划分变得越来越细，营销者发现将产品定位在经过精心挑选的细分了的市场上将更为有利可图。根据其大小和特点的不同，细分了的市场又可以称作市场区隔和市场利基。同时，营销者也在不断地寻找新的市场区隔和利基。

在很大程度上，印度的农村市场是一些印度营销者非常重视的细分市场。相对于缓慢增长的城市市场来说，营销者认为向农村市场供应产品给他们提供了一个机会。他们甚至认为这是缓解慢速增长的城市经济

本章由 Mohan Lal Agrawal 供稿。

的一剂解药。Onida 电视就是一个很好的例子。面对毫无增长迹象的电视业，Onida 电视的营销者决定把重心偏向农村市场。他们在农村地区展开了宣传活动，并且很快就取得了巨大的成功。另一个例子来自 Hero Honda。由于城市两轮摩托车市场行情低迷，Hero Honda 公司就决定自己创造一个市场区隔。他们成功地向这个市场区隔——农村市场推出了 Hero Honda 6. s. 款摩托车。

让我们先来看看农村市场，然后再研究一下农村消费者的心理特征。

农村市场—— 一个不断变化和增长的市场区隔

农业生产力低下、购买力差、缺乏基础设施和基本的通信及交通工具是传统印度农村市场的特征。在此基础上起步的印度农村市场一直处于不断的变化中。在 20 世纪 80 年代和 90 年代，日益增多的商业活动和新农艺技术项目一起推动了农业技术的提高，这使得农村消费者的可支配收入也有了很大的提高。绿色革命和商业活动进一步加速了农民生活水平的提高。季节性移民到城市的行为也使农村消费者有了更多接触市场和产品的机会。

与上文所述的落后状况相比，90 年代末期的统计数据显示印度的农村取得了极大的发展。75% 的乡村通了电，乡村土地灌溉面积已经达到了 7000 万公顷，比 50 年代的 2000 万公顷增加了不少。今天，农民们逐渐开始种植高风险、高边际收入的非粮食作物。同时，他们也在尝试将短期作物和长期作物相结合的经济模式。这种灵活的方式极大地提高了耕作模式的效率。因此减少了季节性收入的差距，从而增加了农民的可支配收入。

今天，印度 40% 的乡村地区开通了全天况路段。道路覆盖面积的增加促进了通信联系的加强。这使那些想要打开农村市场的公司和营销者可以更多地接触到农村市场。道路网络的建成使得根据边远农村的需求及时全面地提供产品成为了可能。而在此之前，公司只能是保持一定量的库存，再由乡村零销商隔周采购少量产品运回农村市场。而这样是远远不能满足农村市场需求的。道路网络在提高了产品流动性的同时也增加了消费者的流动性。一方面，农村消费者有了更多接触产品和服务的机会；另一方面，这种接触的增多使也消费者有了更多的选择。农村消费者同时也是农业产品和服务的供应者，这种接触可以使他们经常更新自己的农艺技术，并不断提高农产品的产量，从而获得更好的回报。

历届印度政府都致力于提高农民的文化水平。农村学习活动正在逐步演变为农村创收活动。这对大家庭的可支配收入有着直接的影响。农民文化水平的提高使农民可以接受到更多的信息。这对大家庭的购买决策产生了极大的影响。对营销者和广告商来说，这是一个很大的值得开发的市场区隔。农民文化水平的提高使农民有了更强的品牌意识。同时，农村消费者在更多地接触营销者和品牌后，农民个人在村组织中的作用发生了很大改变：逐渐从一种集体主义的想法转变成个人行为。

农村市场上的产品所涉及到的行业和产品用途有了很大的改变。目前农村市场的消费量显示，过去的农村市场仅仅是将来农村市场的一个雏形，并且将来的农村市场必将是一个产品数量大、品种齐全的市场。农村市场上的产品份额已经从过去的28%上涨到了42%。在某些特定领域，农村消费份额已经占到了70%。那些有关正在急速发展的农村市场的数据也令人大吃一惊。例如，农村市场上经过包装的消费品总额超过了210亿卢比。所有产品加在一起的市场总量应该在500亿卢比左右，这个数目相对于农民的净收入来说只占了很小的一个比例。而且，农民真正的收入是无法预测的。这也揭示了营销者热衷于印度农村市场的真正原因。

农村购买者——差异性

作为一个市场区隔，农村消费者有着极其鲜明的特色。农村消费者的价值观、期望值、需求等文化特征与城市消费者有着很大的不同。例如，尽管事实上随着农民文化水平的提高，农民的认识也增多了，但他们的购买决定通常还是由外人做出的。农民普遍是根据有影响的排名情况来决定他们的购买。向农民推荐新产品和非传统的新潮产品是很难的。

确定农民收入和潜在收入的过程也是不完善的。同样，计算收入的方法也极为不同。因此，可想而知当营销者发现有一个具备极强支配能力的农村市场时是多么的吃惊。季节性的收入和季节性的依赖仍然是最主要的差别，但渐渐地农村市场和城市市场的差异逐步减少，在不久的将来，印度市场将达到均衡。

迎合农村消费者

营销者一致认为进军农村市场这件事说起来容易做起来难。对农村市场的战略既需要本土化又需要市场化，其成功与否可能取决于是否能将全国的农村市场划分为有限的几种市场类型。不同类型的市场具有一些不同的特征，因此所采用的战略应针对各种具体的市场类型而决定，并且需要满足特定类型消费者的特定需求。下面我们列举了一些用来迎合消费者的战略。

专栏 4.1

如何迎合消费者

通过销售战略来迎合消费者

在 **Onida 电视**首次冲击农村市场失败后，它通过销售战略实现了定位的转变。公司决定采用款式很平实的电视进军价格敏感的黑白电视市场。这个市场的潜在消费量为 100 万台。公司将这个战略活动命名为“Gramin Bharat”(即印度农村)。Onida 建立了一个由 30 家分销商和 2800 家零售商组成的强大销售队伍。很快，Onida 电视机遍布整个乡村，所涉及的人口超过了 1 万人。而其他品牌的电视机成为了历史，Onida 电视机走进了成百上千的乡村。与此同时，Onida 成为了农村消费者心目中值得信赖又买得起的知名品牌。

与 Onida 不同，Hero Honda 的故事是这样开始的。首先，Hero Honda 发现农村地区的对产品认可和接受率是非常令人鼓舞的，并且值得去开发。然后，他们专门针对农村地区推出了 CD SS 100 型摩托车，并在农村地区建立了经营点以展示产品和提供服务。更为重要的是，这些经营点的建立更加方便了零配件的供给。良好的销售渠道、样品展示、产品充足、良好的服务使 Honda 在农村市场很快拥有了极佳的信誉，同时公司对农村市场也充满了信心。该公司现在仍然强调服务，在其流动摩托车工作站中的技工全部是经过了专门培训的。

通过向消费者宣传来迎合消费者

Eicher 拖拉机公司的单缸拖拉机的销售状况处于停滞的状况。于是该公司进行了一场市场调查来了解消费者的想法。通过调查发现，大多数消费者认为双缸拖拉机比单缸拖拉机的马力更大。为了向消费者宣传自己的产品，Eicher 公司组成了一个面包车队来播放产品录像带，录像带演示了拖拉机的使用方法并用简明的语言说明了拖拉机的技术特点。据报道，通过这个市场培育活动，单缸拖拉机的销售情况很快就步入了正轨。

通过传播渠道的整合来迎合消费者

Godfrey Philips India（**GPI**）公司发现它的香烟品牌很难打入农村的销

（续）

售点。虽然公司在电视上做了广告，但是在农村市场上并没有足够的电视机。于是，该公司想出了一个聪明的办法。他们在5辆自己的货车上安装了电视机，并播放一些娱乐节目，同时也播放一些产品信息。他们将货车开到商店、农村商业区、集市等地方。他们在货车上装上香烟，直接卖给那些农村的销售点。这个方法提高了GPI公司的市场知名度、鼓励了对该品牌产品的试用，并且监测了市场。

Hero Honda也利用它的流动工作站来播放专门的服务和维修方面的录像节目。Hero Honda的宣传活动中还使用了户外广告牌、招贴牌和用当地语言录制的电台广告等。

通过包装来迎合消费者

针对农村市场的消费者，**宝洁公司**在其非处方药“Vicks咳嗽糖浆”中特别制作了小包装的咳嗽糖浆。与传统的大包装20包起卖相比，人们可以只购买一小包Vicks咳嗽糖浆。显然，这增加了农村市场的销售量。因此，宝洁公司在其他产品中也广泛地应用了小包装的策略。

Asian Paints公司更是精于包装策略的大师。Asian Paints公司通过调查发现，农村消费者不愿意将钱花在购买大桶油漆上，于是他们就向农村消费者提供了可手提的小包装油漆。从而公司为自己开创了一个独特的市场利基。

通过针对目标客户的广告来迎合消费者

为进入农村市场，**Onida**公司不得不对其以城市消费者为目标的广告攻势进行重大改革以适应农村市场。

Dodrej Soaps公司发现农村消费者常常漠视那些在城市有很好反响的广告攻势。因此，他们特别针对农村消费者制定了独特的广告攻势，并应用于市场。

图4.1　INFORT——农村消费者的信息满足模式

原创的还是复制的？	是店长推荐产品吗？	他们做广告了吗？
我在市场上见过吗？	我从收音机里听到过吗？	其他人是怎么说的？
它有质量保证吗？	他们的销售人员还会再来吗？	
我应该问谁？	我可以拿到便于存储的小包装产品吗？	他们会说我的语言吗？

通过多种不同的销售点来迎合消费者

- Melas（乡村节日）是农村市场一个重要的盛会。每一次的 mela 都为农村消费者提供了一个在全地区购物的机会，并且每次 mela 都有一个的商务主题。农村妇女更是希望节约尽可能多的钱用于购物。她们陶醉在 mela 之中，这也使 mela 变得更有意义。
- Haats（每周的集市）。以农村市场为目标的营销者应该好好利用 haat，因为通过 haat 可以很方便地接触到农村消费者，而且成本也不高。
- 印度市场研究局的报告显示，只有 60% 的农村商店和小店铺里有全国性品牌的产品，而对这些产品购买的 80% 都是发生在大中城市。这可能是由消费者在农村无法购买到喜欢的品牌造成的。

希望进入农村市场的公司应该针对农村消费者制定单独的年度计划和销售目标。这些计划和目标应该是完全针对农村这个市场区隔的，同时也应该制定以地域范围或乡村发展程度为标准的农村市场的规则。在经济允许的情况下，为每个市场区隔制定相应的政策是最理想的。营销者应该注意到农村消费者是最忠诚的。在农村市场上，一个品牌极有可能成长为一个世代相传的品牌。

城市和农村市场在购买时间上的差异日渐缩小。消费概念在印度农村市场已经生根发芽。我们有理由相信这个进程会更快。HLL 和 Union Carbide 已经达到了他们的农村销售计划，虽然他们在渗透农村市场上花费了不少的费用。农村经济在国家经济中所占的比重很大，国家经济中的许多重要活动都是由农村市场来完成的。

小　结

要参与农村市场变革的进程，就需要在早期创建一种发展模式，不然就只能等待各种变化的出现，直到各种变数达到平衡后，再来融入这种变革。从营销者和制造商的角度来说，那些早期进入者必然会成为赢家。这是因为他们对农村市场有更透彻的了解，而且他们是农村市场发展中游戏规则的制定者。从消费者的角度来说，我们可以明确地说，在世界上绝大多数的地方，农村消费者将是 21 世纪中最让人兴奋的消费群体。

相关词汇

这里我们解释一些在印度农村使用的词汇：

Shandy（也称作 Santha） 是每周市场的另一种称呼。

Mukhia 村长，他很可能也是一个意见领袖。

Sarpanch 村委会（Panchayat）主任。

作　业

1. 走访一个农村集市，列举出市场上所出售的一些品牌商品。观察交易的过程并写报告。
2. 调查在农村地区播放过的一个电视或广播节目的流行程度。请被调查者回忆节目中的广告，并调查有没有什么广告是由于它本身所传达的信息而流行起来的？
3. 农村消费者被认为有更高的品牌忠诚度。请给出这种说法的理由。

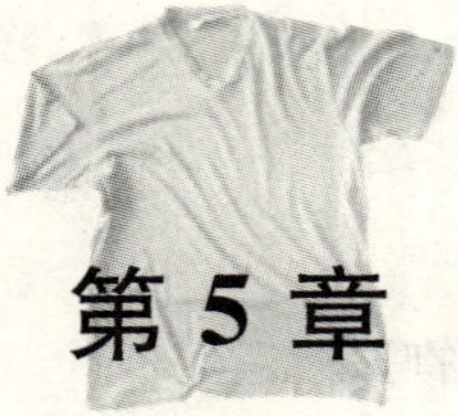

第 5 章　特定情形中的消费者

"完美的服务并不是指在一件事情上好 100 倍，而是在 1000 件事情上都好 1%。"

——Jan Carlzon

本章将：

- 指出在一些特定情形下，消费者的特点和行为会有所不同。这些特定情形有：行业/组织进行采购、购买服务和购买礼物等；
- 分别详细地阐述如上三种情形的特点，并分析在这些特定情形下，营销者应该如何对待消费者。

引　言

本章中我们将分析一些特定的情形，并研究消费者在这些情形下的行为。本章将阐述的情形有：

1. 行业/组织采购；
2. 购买服务；
3. 购买礼物。

值得注意的是，如上三种情形并非是惟一需要进行特殊研究的情形。然而，本章我们研究这三种情形是因为：第一种情形频繁的出现，以至于营销者早已经开始了对它的特殊研究；而第二和第三种情形正日益增多，成为了值得特别关注的领域。

学生和老师都应该注意到，本章中所讨论的内容是对全书的有益补充，而不应将其仅仅看成是对消费者行为本身所进行的全面性的研究。前面各章中所讲述过的各种基本原则在讨论个体和组织的行为时都适用。

行业/组织采购

如果单从采购数量和消费数量上来看，我们可以说在任何一个国家的经济中，行业/组织采购都占了很大一部分。

在行业/组织采购中，采购是集中进行的，而消费却是分散的。例如，公司的物资经理或公司指定的采购人员可能每天都在进行购买。但当产品或服务送达以后，则是由组织中很多不同的人来消费的。针对这类采购，产品或服务的营销者必须了解如下的特点才能制定相应的营销策略、传播手段和广告攻势。

1. 消费者和采购者是不同的人，但这他们都会对购买决策产生影响。
2. 采购要求是由消费者提出的，同时他们大概会说出一些产品品牌。但是，消费者通常不会考虑价格因素，他们总是希望买最好的产品。也就是说，在某种程度上，营销者最理想的办法就是向消费者灌输产品的独特卖点。
3. 但最终做出购买决定的还是采购人员。采购员会更多地考虑产品的价格和送货的及时性等因素。同时，他们也会综合比较各家竞标者的产品质量和卖点，看看是否达到了消费者所提出的最低要求。在这种情况下，营销者首先需要考虑产品的卖点是否达到了最低要求。随后，营销者可以报一个非常有竞争力的价格。这个价格应该是可以满足消费者最低要求的最低价格。

营销者必须理解采购者所受到的约束。因为采购者使用的是消费者的钱，因此他不希望因为某个品牌或某个竞标者而受到消费者的责难。

在大多数情况下，当营销者所报价格不是最低价格时，他仍然有机会强调他报价的优势。但是，所有这些优势都应当可以被解读成具有经济性的，只有这样他才能说服采购者。这是一种艺术，与行业和组织做生意的营销者尤其需要好好学习这门艺术。

图 5.1 扔骰子

与有形的固定产品相比，服务是无形的，具有极大的灵活性。营销者可以像扔骰子一样，对不同的消费者提供不同的服务。对于可预期的服务，营销者不仅可以演示而且可以实现消费者各种不同的要求。同时，营销者还可能向消费者提供一些消费者完全想象不到的服务。

让我们通过民航服务这一典型的服务行业来看看消费者在购买前和购买后所考虑的因素。

购买前考虑的因素：

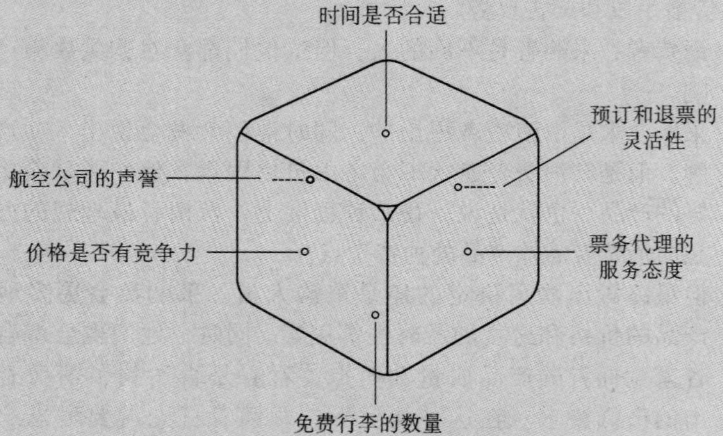

购买后考虑的因素：

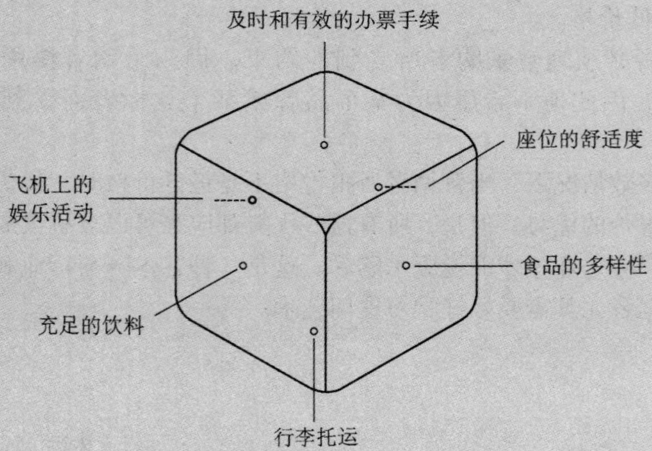

专栏 5.1

宇航员与最低竞价

下面的故事可能并没有真正发生过，但是它却揭示了政府采购或公司采购中的一大特点。

当第一位成功驾驶宇宙飞船环游地球的宇航员安全返回地面后，一大群记者都争相采访他，希望见证这个重要的历史时刻。当引人注目的宇航员走出简报室时，记者们举着话筒和闪光灯蜂拥而上，采访他。

一个新闻记者问宇航员："在你按下那个可以带你穿梭时光隧道的火箭按钮的那一刻，你心里最真实的想法是什么？"

宇航员思考了一下，周围一片静寂。所有的媒体记者和上百万的电视观众都屏住了呼吸。他们都认为宇航员在那重要时刻的想法必定是充满激情的、人性化的、崇高的。

但是宇航员的回答却使大家爆发出了笑声。

"我当时想的是，这个火箭和这个动力装置上的重要部件居然都是报价最低的产品。"

购买服务

购买服务就是购买无形商品。消费者对服务的期望是很难定义、也很难描述的，甚至，不同的消费者对同一时间提供的相同服务的期望也是不同的。让我们以预订同一班飞机机票的旅客为例来说明这个问题。如果问旅客们，他们希望获得什么样的服务，你肯定会得到不同的回答。毫无疑问，他们最主要的期望是到达目的地。但是，如果人们的期望仅仅是如此简单的话，那么就不会产生竞争激烈的运输业，也不需要向消费者提供多种选择了。事实上，消费者有很多的次要期望。这些次要期望是如此重要，以至于消费者对航空公司和航班的选择都要取决于这些次要期望。

航空业的情况也同样适用于酒店业和快递服务，甚至在很大程度上适用于整个服务行业。

营销者如何来区隔一个表面看上去几乎一样的市场呢？他们可以采用两种方法：

让每个人得偿所愿

首先，一个好的营销者应该让他的每一个雇员都认识到：每一位消费者都是不同的，每个人都有不同的期望。好的营销者应该尽力做到任何事情都不刻板地复制，任何事情都不想当然而为之。将这一点发挥到极致就是：每一个雇员在面对顾客的每一次购买时都进行实际的、坦诚的调查，从而发现顾客的需要，并根据他们的需要来提供相应地服务。

问问那些经常旅行的人，你就会发现这一点是区分好航空公司和好酒店与一般航空公司和一般酒店的最重要的依据。

建立关系

其次，好的营销者能够找到那些值得保有的好消费者，并对他们进行特殊对待。营销者会试着向这些消费者提供一些超出他们期望的服务。营销者通过提供个性化服务、保持联系、提供意外惊喜等手段来做到这一点（可参见消费者认知和数字化营销等章节）。简单地说，这就是关系营销。在不久的将来，关系营销极有可能成为所有服务营销的基础。更重要的是，目前所有大的航空公司和酒店已经开始进行关系营销了。

在购买服务时，消费者行为的差异

要想仔细研究服务业的消费者行为需要更多地篇幅来进行讲述。但是，为了简化我们的学习，在这里仅列出了服务业的消费者行为的重要特点或者说是与其他消费者行为的差别。

1. 售前行为相对来说简单。因为消费者所面对的选择或选择标准是有限的。由于服务是无形的，所以没有很多值得消费者寻找的特点。供应商和购买者都不知道如何完整地、全面地描述服务。营销者应该记住的是，他不应该将时间浪费在对产品进行描述上，而应该是注重提供服务的过程。
2. 因为服务没有很多值得消费者寻找的特点，从而减少了消费中的“寻找环节”。当消费者选择了一个特别的供应商时，他一定是为了寻找更好的体验。消费者总是希望发现之前的消费者对服务有着良好的体验。我们可以说在购买服务时有一个重要的“体验环节”。营销者应注意到“口碑”在购买服务时有着非常重要的作用。

3. 我们应认识到服务的购买和提供并不是发生在特定的时间点的。整个服务过程发生在一段时间里。例如，旅客并不会在购买了机票后对这个交易做出结论。事实上，这个交易才刚刚开始。营销者应该认识到销售服务将一直延续到旅客到达目的地。营销活动应该贯穿整个过程。
4. 提供服务的人员组成了一个供应链。这个供应链最薄弱环节的问题可能会导致整个链条的断裂。因此，营销者必须对供应链上的所有人员进行培训，以使他们按照顺序提供所承诺的服务。与有形的产品不同，所有服务的提供人员都要付出努力。
5. 在服务的购买中，售后的行为复杂得难以想象。甚至，如果消费者对服务的体验不够理想，那么服务的购买者可能会受到一定的责难。营销者恰恰可以利用这一点。只要事情顺利，他们就可以不断地表扬那些选择了正确（他们的）服务的消费者。我们大家可能都听过"我们的酒店是明智而繁忙的商务人士的第一选择。"这句话吧。
6. 服务领域是进行关系营销最好的场所。
7. 服务领域的竞争并不是无限的。毕竟，服务存在一个到达问题，从而阻止了远处的竞争者加入。

专栏5.2

飞行的乐趣——维珍航空公司

最成功的关系营销案例来自英国维珍航空公司及其总裁 Richard Branson 先生。Branson 先生的商业信条是：

1. 提供有品质的服务；
2. 保持竞争性；
3. 不断创新；
4. 使飞行充满乐趣。

当提到他在1984年所创办的维珍航空公司的营销战略时，Branson 说："我们将诚信、创新和友好引入到航空业中，而之前的业者没有提供这些。每次新营销攻势的启动都使我们的品牌更加强大。这证明了我们的模式是成功的。"

Richard Branson 认为顾客们的期望并不局限于旅行本身，而是希望可以有娱乐享受，可以有快乐的体验。1997年，在一份航空杂志的采访中，Branson 说：

（续）

“作为一个商人，我经常旅行。但是，几乎毫无例外，每次旅行都不令人愉快。传统的航空业者认为他们所从事的是运输业。而来自娱乐界的我并不这么看。如果你需要在飞机上花12个小时，他们不能指望你除了吃饭的时候以外都是盯着空白的墙壁。航空公司应该向你提供娱乐服务，应该使你的飞行经历更有趣，应该给你提供打发时间的多种选择。因此，当我们创办维珍公司时，我希望将它办成可以为我自己提供最好服务的航空公司。如果你希望为自己建一个最好的航空公司的话，别人也会欣赏它的。”

经营航空公司，顾客满意率是取得成功，甚至说是获得生存的最重要的因素。每当Branson乘坐飞机时，他在整个飞行过程中都会一直和顾客交谈。如果维珍公司的航班晚点了，Branson先生都会亲自站在到达厅的出口向旅客道歉。Sam Hill先生在其著作《异类行销》中回忆到：“他有一个政策就是，每月都要找50位旅客来聊一聊，听听他们的反馈。”（《Harper 商业》,1999）

为了使顾客高兴，使他们愿意再次购买维珍航空公司的机票，Branson意识到首先要使他的员工快乐。他说：“如果你没有一个快乐的、积极的工作团队的话，顾客的满意率就会很低，顾客就会溜走。如果你不能使顾客满意的话，那你也就没有生意可做了。”

娱乐性和充满乐趣是维珍品牌中极为重要的特征。“如果你工作得不快乐，你的员工也不会快乐，那么在链条末端的乘客就更不会快乐。快乐是这个组合中一个非常重要的元素。在一个人员更新非常快的行业，维珍公司快乐的氛围和工作场所、充满乐趣的声望是吸引人员的重要因素。这一点对空中乘务员来说尤其重要。”

专栏5.3

客人们喜欢待在非正式场合
——来自一个法国酒店公司的例子：诺富特酒店

诺富特酒店创立于1967年，当时它的两位创立人Paul Dubrule和Gerard Pelisson在法国北部城市里尔开设了第一家酒店。30年后，该公司的雇员达到了144000人，其业务遍及132个国家。公司的创办人在1983年组成了一个新的集团——雅高集团。在新的集团中，诺富特的名称被保留下来，用于集团中的三星级连锁酒店。

到1995年，作为一个全球性的集团，它在非洲、美洲、亚洲和太平洋

（续）

地区都开展了业务。今天，诺富特在 50 多个国家拥有 300 多家酒店，雇员有 3 万多人。与大多数公司一样，在诺富特的发展过程中，它也需要面对竞争。长期以来，寻找可以创造新价值的方式都非常重要。

创造新价值的目的就是为了使诺富特连锁酒店与其他酒店不同。因此，公司的管理人员就拟订了公司的使命——诺富特精神，它包含了创业家精神，对员工和顾客的承诺以及对诺富特品牌形象的自豪感等。

诺富特精神

诺富特连锁酒店是那些因为个人生活喜好或职业需要而经常旅行的人愿意考虑并且喜欢的地方。

诺富特对它的顾客进行忠诚的承诺。为了更好地服务顾客，诺富特形成了一个简单而可靠的模式：在每间饭店都提供一样的房间。同时，配有会议设施、餐厅和方便的停车场。除了这些相似点之外，诺富特在地点选择上千变万化（机场、主路旁、城市中心、海边等）。诺富特还有多种额外服务。正是由于所有诺富特员工的友好态度和热情服务，使它真正成为了宾至如归的地方。

在诺富特，你总是可以看到新鲜事物。新的一年会带来新的视觉形象，降低价格、翻新或区域性调整等。

诺富特，一个永不停歇的连锁机构。

为了拟定公司的使命，诺富特首先需要回答一些基本的问题：

顾客——谁是我们的顾客？他们需要什么？为什么？什么时候需要？

竞争者——谁是我们的竞争对手？他们主要的优势是什么？我们怎样能与他们区别开来。

公司——我们的优势是什么？我们充分利用这些优势了吗？

成本——我们预期的收益是多少？我们的成本是什么？

环境——我们遇到了什么困难？有没有陷阱？

通过对上述问题的思考，诺富特公司发现了如下这些因素和特点：

1. 诺富特处于一个变化的市场中。在许多国家，价格会因为供给过量而下降；
2. 旅客的期望是很复杂的；
3. 诺富特的房价很高；
4. 诺富特的管理变得越来越不个性化；
5. 诺富特对市场需求的变化越来越缺乏了解。

因此，诺富特制定了一个新的计划以指导各个部门的工作：

1. 开展团队合作；

（续）

2. 改变工作程序；
3. 降低姿态，亲近顾客；
4. 对顾客的态度随和一些；
5. 迅速回应顾客的投诉或建议；
6. 改变每间酒店管理者的态度；
7. 向顾客提供娱乐活动。

购买礼物

消费者在购买用作礼物的产品和服务时有一些特定的消费行为特点。与购买普通消费品不同，购买者在选择礼物和决定购买礼物时有一些特殊的想法。有时，个人用作普通消费的物品也可以用作给自己的礼物。但消费者在这两种情况下的行为却是不同的。礼物通常都有一定的含义。因为如下这些原因，礼物显得很特殊。

礼物是一种沟通手段

尽管没有任何一种方式可以代替有效的沟通，但是人们有时在传递“感情”时还是喜欢省略语言。当人们希望更好地表达感情时，仅仅用语言也是不够的。在这些场合下，选择恰当的礼物可以起到良好的效果。礼物传递出了情感信息。与其他方式的信息相比，礼物更容易被注意。当别人把鲜花当作礼物送给我们时，我们每一个人都可以体会到那种美妙的感觉。正因为送花的普遍性才产生了诸如“国际送花组织”这类的组织，也才有了“用花说话”这样的谚语。

购买礼物时最基本的行为是购买者会站在接受礼物者的角度来思考当收到礼物时对礼物有什么印象或礼物传递的信息是什么。购买者很清楚地知道礼物会代表他，他也希望礼物将他表现成一个好人。与购买其他物品相比，购买者购买礼物时有一种更大方、更崇高的情绪。注意到这一点的营销者在产品的使用性之外，应特别强调产品的崇高性。

在很多情况下，礼物也需要有一定的使用价值。中产阶级更是这样认为的。送礼物的人希望接受礼物的人可以在礼物被使用的整个时间段

图 5.2　购买礼物时消费者行为的差异

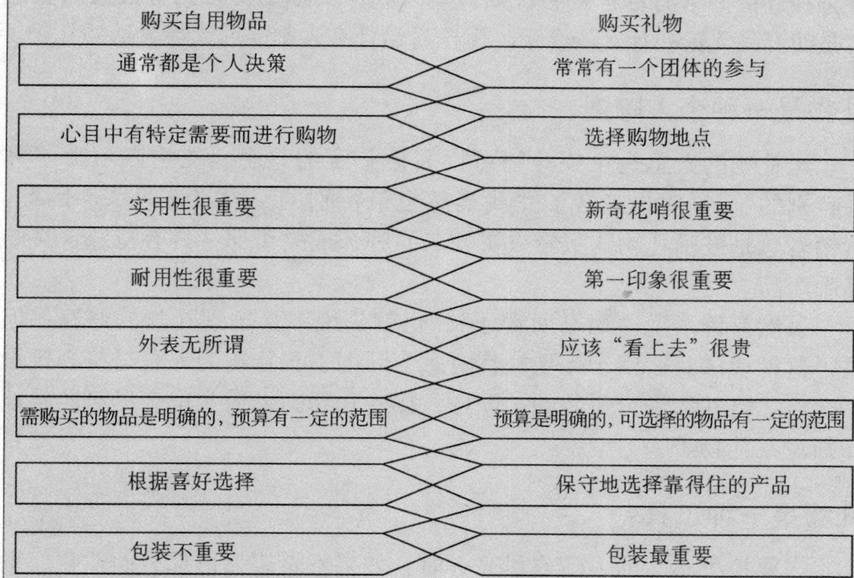

店主秘籍

- 物品陈列方式应新颖独特。
- 在购买者难以做出决定时，随时准备着向购买者提出建议。培养良好的礼物感觉。
- 允许礼物进行退、换货。
- 提供礼物包装。

里都感受到礼物传达出的信息。换句话说，礼物的购买者希望礼物有更长的时效性。而且，礼物比现金更有价值。例如，当你收到来自朋友的 100 元现金礼物时，你会感到很高兴。你会想到朋友的好处，这种感觉会持续一段时间。另外，如果你收到的是等值于 100 元的钟表的话，你的这种好的感觉会持续更长时间。而且每次你看到那块钟表时，你就会想到朋友的好处。因此，耐用的日常消费品成为了普遍受到欢迎的礼物。那些生产和销售耐用产品的营销者经常会搜索新的礼物创意。礼物的创意空间是广泛的。营销者在促销和广告攻势中会投入很大的预算来宣传产品是可以被用作礼物的。在一定程度上，营销者推动了礼物交换的行为。如果你想一下的话就会发现，礼物行业会用同样的热情来庆祝圣诞节、万圣节、灯节、修殿节和凯旋节等节日。礼物行业从来不会忘记母亲节、父亲节、情人节、兄妹节等特殊日子。营销者会早早地做好准备和宣传，给消费者足够长的行动时间。实际上，营销者最大的梦想就是使产品无论在什么场合下，无论送给什么人都能成为最合适的礼物。

礼物是一种个人陈述

送礼物的人总是希望礼物可以表达一定的意思。礼物表示出“你是特别的”，同时也隐含了“我当然也是特别的”含义在里头。因此，营销者总是鼓励礼物购买者去买知名品牌，或去买那些具有特殊含义的品牌产品。

虽然有谚语说“赠马勿看牙”，也就是说不要挑剔礼物的好歹。但是，这种说法只适用于接受礼物时。实际上，买礼物的人总是精心挑选了之后才将礼物进行包装的。同样，接受礼物的人通常也会尽可能早地仔细观察礼物。

礼物是一种工具

当要拉关系、回人情或尽义务时，如果不希望显得那么商业化、世俗化的话，没有什么东西比送礼更合适了。因此，各种价值的礼物就出现了，礼物可以小到是一枚徽章，也可以是大而豪华的物品。因此，任何形式的物品、服务，甚至是可转让的票据都可以当作礼物来进行营销。保险合同、股票期权、现金证明、购物礼券、体育赛事的门票和俱乐部会员资格等都可以被用作礼物。由于收受礼物的特殊性质，礼物应该是可以让送礼者和收礼者都高兴的物品。为达到这个目的，营销者需要付出努力。当然，营销者也可以从这个工作中受益，因为购买礼物的人通常都希望礼物是安全质优的产品，所以通常他们都不会砍价。价值是买者购买礼物时最看中的因素，因此，重视产品价值的营销者通常都会在礼物市场上取得更好的业绩。

礼物可以帮助建立关系

在何种场合下交换礼物的行为受到文化传统的影响。节日、假日、典礼、宗教仪式和活动等生活中的各阶段与学校和工作中的各种活动都是有礼物相伴的。这种活动是无穷无尽的，如：毕业、就业、实习、得到肯定、晋升、调动、退休、欢迎、送别等等，还有国际性的大型活动，如灯节、圣诞节、新年等。当然最重要的活动是生日、订婚、结婚和生育等。有趣的是，用礼物可以建立关系。反过来，它也会带来更多的礼物。我们以庆祝生日为例来说明这一点。那些受邀来参加生日宴会的小朋友会送礼物给过生日的小朋友。过生日的小朋友在生日宴会上回赠礼物给参加宴会的小朋友的情况在现在来说也是很普遍的。这种回赠礼物的情况在印度当代婚礼中也流行了起来。举办婚礼的主人家会给来参加婚礼的朋友回赠个人礼物。

非营利和公益营销领域

在过去的几十年中，营销的概念和它所使用的领域都扩大了很多。今天，在发放那些不是出于商业目的，而是出于非营利和公益目的的产品和服务时也应用了营销手段。这些手段包括产品设计、促销和建议消费等。世界上很多公司、组织、机构和政府部门都参与了这种营销活动。接触到这种非营利和公益性的产品和服务的消费者有时比营利产品的消费者还多。鉴于此，研究消费者在这种情况下的消费行为差异是非常重要的。

全球性的，特别是发展中国家所遇到的非营利营销和公益营销活动包括如下这些情况：

- 扫盲；
- 成人教育；
- 计划生育；
- 保健；
- 疾病预防和控制；
- 慈善工作；
- 宗教推广；
- 政府赞助的社会活动。

许多消费者行为理论也适用于这个领域，但是在这个领域内，由于没有了追逐利润的自发因素，因此要用特定的方式去对待、劝说、鼓动消费者和分销渠道就更难了。这个领域内的主要几种鼓动消费者的办法是：

- 创造知名度；
- 传播可信的信息；
- 对项目进行解说；

- 通过说明项目的利益点来鼓动；
- 通过说明不参加项目的风险来鼓动；
- 激励（正面的）；
- 欣赏和承认（正面的）；
- 处罚（负面的）——针对那些以法律为基础的政府项目。

广告，尤其是在大众媒体上的广告在上述这些手段中起到了重要的作用。媒体对这个领域一般都持同情态度，因此如果和媒体的关系培养得很好的话，媒体也可能会给予免费的社论支持。如要长期寻求媒体的支持，非营利组织和公益性组织的营销者需要建立良好的公共关系，并在保持诚实可信的同时具有一定的积极性。消费者很可能会怀疑组织和广告的目的。在这种情况下，媒体的社论支持和社论导向对消费者来说有很高的可信度。就如谚语所说，一盎司社论比一吨广告还值钱。然而，营销者不应该忘记媒体是依靠多样性、新奇性和新闻价值生存的。因此，营销者在宣传项目时应注重宣传新特点、新奇的事件以及如何对消费者、公众和整个社会带来利益。

专栏 5.4

点燃生命之光的人

承蒙美国休斯敦 Stress International 的 Vissa Rammohan 的好意，从网上摘选 2003 年 5 月 13 日美国《每日先驱报》（Daily Pionneer）中 Claude Arpi's 的文章。

最近我遇到了一位应当被看做是印度人民楷模的 G. Venkataswamy 医生（V 医生）。V 医生生于 1918 年。由于严重的关节炎，他应该在 1948 年就从印度军方医疗机构退休。但是，凭着百折不挠的精神，V 先生在获得了眼科的硕士学位后，开始了根除可治愈失明的运动，并已进行了 100000 次眼睛手术。他的理想是：无论病人的贫富，都按照西方的标准提供统一的服务。

他的爱尔文德眼病医院有 5 个分院，最新开张的 Pondicherry 分院有 600 个免费床位，只有 150 个床位是付费的。该医院已经接待了 100 万名门诊病人，并为 20 万病人施行了手术。V 医生运用了积极的手段来营销他的非营利性医院。他的办法是到乡村去给病人做免费的检查，并将病得很严重的病人带回他的医院做治疗。V 医生将这种征召病人的行为管理得很好，以致于美国的许多大学都学习他的这种模式，希望在世界各地复制这种模式。

（续）

这一切都是开始于10年前V医生对他一位朋友的询问。他向他的一位哈佛商学院的朋友请教："请告诉我，白内障手术也可以像汉堡包一样做营销吗？这种营销是公益营销吗？在美国，麦当劳已经掌握了大众营销的艺术，我们是不是也可以用同样的手段来影响印度2000万失明人士呢？"

问题在于那些没有文化的可怜病人们甚至不知道他们可以重获光明，而且一切都是免费的。如果不用营销的手段，如何才能使V医生的想法实现呢？

印度前总统Kalam为最新开张的爱尔文德眼病医院剪彩，并且为V医生题诗一首。这首表彰V医生的诗的题目就是"点燃生命之光的人"。

相关词汇

公司礼物市场：公司每年照惯例给客户赠送礼物。

配送礼物市场：由公司的营销者大量购买礼物形成的巨大市场。例如，Pharma分销公司购买大量礼物用于促销。

换货政策：零售商向购买者承诺礼物的接收人可以用礼物换其他等值产品的政策。

作　业

1. 假想你向一家大型的国防组织进行销售。有没有场地可以宣传产品特点？可以采用直邮广告吗？
2. 请为下列需要营销的服务设计广告主题：
   a）事故保险；
   b）快递服务；
   c）计算机维护；
   d）度假胜地。
3. 找到两个以礼物购买者为目标市场的广告。讨论广告的有效性。
4. 请讨论：买礼物是不是比给自己买东西更难、更花钱？
5. 假想你是一个钟表零售商。假如一个购买礼物的消费者和一个为自己购买产品的消费者都购买了同一款产品，他们两个中哪一个更受你的欢迎？给出理由。

参考文献

1. Omkar Goswani CII, "Whither Marketing?", *Business India*, 25 April 2002.
2. "Here Comes Santa" —Asia Features. *The Hindu*, 23 April 2001.
3. Valarie Azeithmi, *Mary Jo Bitner—Services Marketing*, McGraw-Hill, 1996.
4. Services Marketing Lecture Excerpts of Madhulika Kaushik IG-NOU.
5. Services Marketing Mohan Lal Agrawal—several papers.
6. Marketing Insight—Walter Vieira—MAS India, 1993.
7. Philips Koder, *Marketing Management*, 5th edn, Prentice Hall.
8. Subhash C. Mehta, *Marketing*, Tara McGraw-Hill.
9. M. R. Czinkota and I. A. Ronkainen, *Intemational Marketing*, Dryden Press, 1993.
10. Warren J. Keegan, *Global Marketing Management*, Prentice Hall, 1995.
11. M. S. Raju, "Tendering Strategies", *JIMS Journal*, 8 December 2002, New Delhi.
12. Dominique Xardel, *Data Base Marketing* (*French*), McGraw-Hill.

第二部分

分　析

第 6 章　个性特征及其影响

“如果从明天起世界上的婴儿生出来都是一个样儿的话，这个世界还有什么意思呢？”

——拉祖

本章将：

- 对“个性”下定义，并论述个性与人的关系以及个性对人的消费行为的影响；
- 解释产品也可以拥有个性，并说明如何将人的个性与产品的个性相结合；
- 对个性特征进行辨别、归类和测量。阐述如何影响和改变个性特征；
- 阐述营销者如何通过沟通和广告等手段来吸引消费者潜在的个性。

个　性

个性是一个被许多理论学家和心理学家出于各种不同的研究目的而普遍研究的一个主题。这些研究的主要目的是为了对人类进行观察、探究和分类。

本书的主要目的是研究消费者行为，因此我们将通过对个性的探讨来研究作为消费者的个人。

关于个性的理论

许多杰出的学者把对个性的研究作为他们对人类心理学研究的一部分。下面这些理论是所有理论中最有影响的：

* 弗洛伊德理论　　　　　* 新弗洛伊德理论
* 荣格学说　　　　　　　* 特质论

弗洛伊德理论被认为是个性理论的基础，并被以 Ernest - Dichter（此处英文原书错误——编者注）为首的科学家发挥到了极致。然而，其他 3 种理论也有着广泛的应用。特质论通过定量方法来区分和测量个性特征，从而在事实上使人们对心理学有了更多更好的理解。而且，特质论将影响行为的特征鉴别了出来。因此，从这个角度上来说，它对于学习消费者行为学更有意义。

个性的定义

个性的学术定义是人的内在特征的总和，它决定了人对外部社会的反应。

同时，学生们也应该注意到个性是一个很常用的词汇，它有多种层次的含义和多种通用的说法，例如我们经常在交谈和写作中提到："个性很好"、"个性很强" 等。然而，在本书中我们将使用在前面提到的学术定义。

特　质

如果我们要根据学术定义来判断一个人的个性的话，我们只有了解这个人的全部内在特征才能看到全貌。但是这样做并不实际，也没有必要。因此，我们需要找到那些对一个人的行为影响最大的特征。特质论解决地恰恰就是这个问题。特质论将一些重要的特征命名为个性特质。这些个性特质通常都是与生俱来的，而且是互不相同的。人的这些特质会对人产生影响，并在其长期行为中表现出来。我们可以通过观察人的特质来区分不同种类的人，从而来预测人们的消费选择和购买偏好。

个性是高度自主的

因为人是有很多内在特点的，而且每个特点对人的影响都不同。所以这些特点就可以有无限的组合，从而形成了无限多的个性。两个人有相同个性的概率是非常低的。然而，我们还是有可能看到相当多的人拥有一些共同的特质，从而使我们可以根据个性区分不同的人，进而对行为进行预测。

个性改变

个性从性质上来说是长久不变的。但是当人们遭遇到自由受到控制的环境和事情时，个性有可能会隐藏起来。但当重新获得自由时，个性又将显现出来。总体上来说，个性是终生的、与生俱来的、至死消亡的。当然，也存在个性变化的特殊情况。

个性变化的第一种特殊情况是，个性会随着年龄的增长和人的逐渐成熟而变化。显然，生活丰富的人比生活平静的人个性变化大。例如，我们可以肯定地说一个受过大学教育、换过工作、常常旅行、经常进行社会交往的人，其个性会有一定的变化。他的消费观念会变化，他的价值观和消费感知也会转变。另一方面，我们也会发现另一个处于同一社会阶层的人并没有随着年龄和成熟度的不同而改变个性。十有八九，这个人有着高度的自制力或者过着稳定的生活。

个性变化的第二种特殊情况是，生活中遭遇到突然的变故。大部分的变故是由灾难引起的。战争、分离、不幸、地震、事故、突然死亡等一系列类似事件会导致个性的改变。

个性相吸

由于个性的影响，一些人会表现出一定的互相吸引。特定个性的人通常会与同一类型的人相互吸引。当他们感到一些无机物和抽象事物与他们的个性相和的话，他们也会对这些无机物和抽象事物表现出亲和性。我们以具有“男子汉”或“男子主义”个性的人为例来说明这个问题。具有这种个性的人会被有着同样个性的团体所吸引，而且他们还会选择具有这种个性特质的商品和服务。这就是为什么骑摩托车的人喜欢滑板车，而某些人只穿格子和纯色的 T 恤衫。

有时，个性相吸的情况会以看上去完全相反的方式表现出来。最经典的例子就是有大男子主义倾向的男孩经常和典雅、温柔的女孩约会，柔弱的人通常喜欢选择马力强大的汽车。第一种情况被称作个性完善，第二种被称作个性补偿。在这个例子中，出现这种现象深层次的原因是个性希望通过对比来增强他的男子汉特质。

产品的个性

精明的营销者发现了个性相吸的现象，进而为自己的产品设计了个性取向。你只要看看那些报刊杂志就可以知道我们今天有多少种产品是有着自己的个性：男性的、女性的、年轻的、冒险的、运动的、流行的、大方的、成熟的、全球化的等等。这些产品被设计成可以展现你最好的一面，可以帮助你向世界发表宣言，甚至帮你达到人生的巅峰。

为了给产品设计个性，营销者必须对市场进行细分。因此，营销者需要小心，不能将细分市场设计得太小。通常的策略是：为同样的产品设计一些稍微有些不同的型号，给予每种不同型号的产品不同的个性。这就是为什么我们有适合运动型人士的 Lifebuoy 香皂，也有为优雅的女士设计的女士型香皂。

一段时间以来，人们已经知道自我形象和所使用的物品之间有很强的联系。希夫曼和卡努克举了很多这方面的例子，而 Russell W. Belk 等学者强化了这个理论。

自我形象

每个人的自我形象和自我意识都是不断发展变化的，一旦成为消费者，自我形象就成熟起来。人们可能没有场合来表现自己的自我形象，但是他们可以通过自己的购买行为和消费行为来展现自我形象。由于学者们在自我形象和消费者行为之间的关系上不断有新的发现，因此，形成了对自我形象的详细研究。消费者为这些研究提供了他们的意见和观点。由于很多观点都是直接来自于受访者，因此这些研究发现受到了很大的重视，即使这些观点与事实不符，但是它们仍是影响消费者行为的因素。从这个角度上来说，消费者的自我形象对营销者很重要。

自我形象的形成

自我形象的成熟是以个人成长为消费者为标志的。当消费者的成熟度和所处的社会阶层发生了变动时，自我形象也会随着时间的改变而发生变化。当消费者在进行购买选择和消费选择时受到经济因素和社会因素的影响，他将会抗拒这些影响并根据个性来进行选择。因此，自我形象比理想更接近人的实际成就和能力。自我形象偶尔也会有一定的虚假性。研究者用了很多精力来设计问卷，从而通过交叉调查来找出那些虚假因素。

如前所述，很多人在进行消费选择时受到了经济因素的影响，同时也有一些选择受到了社会因素的影响。在这些限制条件内，消费者仍然可以有很多选择。当进行选择时，消费者会有一个自我评价。例如，当消费者在平价市场购买肥皂时，他可以挑选不同的品牌，也可以挑选不同的卖点，如去污性更强的还是味道更香的等等。一旦确定了，消费者就会认为他的选择是正确的选择。

自我评价有三种类型：

- 真实的自我评价基于自我偏好。
- 反思后的评价基于周围人的认同，如家庭、朋友、同事和同类人等。
- 社会评价基于所属社会阶层的认同。希望所属的社会阶层尊重他的选择的人通常会做出这个阶层中大部分人都会做的选择。同时，他也试图在消费的质量和数量上比大部分人做得更好。学者托尔斯坦·凡勃伦（Thorstein Veblen，此处英文原书错误——编者注）总结到，在这种因素的驱动下，人们通常会购买比实际的需要更多的物品或服务。在他的“有闲阶级论”中托尔斯坦·凡勃伦（Thorstein Veblen，此处英文原书错误——编者注）提到，在得到物品和服务时，如果可以用某种方式与其他人相比较的话，这将比得到物品和服务本身更重要。

自我形象在消费者行为中的作用

尽管消费者希望在价值观和消费选择方面保持自我形象，但在消费时他也会对市场上的产品形象进行评价和感觉。在这种评价中，消费者受到其他消费者对产品评价的影响，同时也受到营销者对产品形象设计的影响。在本章的前部分，我们已经提到产品被看成是具有个性的。因此，产品也会具有形象特点，而消费者也试图将自我形象与产品形象相契合。营销者利用这种情况来鼓励上流社会的消费者，也就是那些拥有较高社会地位的人，通过消费某些产品来传达某些信息。同时，营销者也鼓励消费者去定义、修正、维护和深化这些信息。这种行为并不仅仅局限于上流社会的消费者，营销者同样也为大众开发、定制和推销一系列的产品以适合各种不同的自我形象。

例如，消费者的自我形象可以有如下这些类型：

- 我是一个积极的人；
- 我是一个贵族；
- 我有经济头脑；

- 我是前卫人士（引领时尚的人）。

营销者相应地为其提供一些特殊的产品：

- 供积极的、有活力的人使用的产品；
- 供上流社会人士使用的产品；
- 经济价值高的产品；
- 最新的时尚产品。

一个精明的营销者会将产品系列设计得很广，产品与产品之间仅有微小的差别。为迎合各种不同的自我形象，营销者会提供不同的品牌、子品牌以及同一品牌的各种不同类型的产品。“向每一位消费者提供特别的产品。”已经成为被广泛采用的营销战略。

新品牌的产品在短期内会去迎合市场上消费者的自我形象。然而时间长了，品牌稳固后，消费者的自我形象反而会来追逐已建立的品牌。

有些东西看上去明显是人的外延，如：

- 衣物；
- 首饰和手表；
- 鞋帽；
- 佩戴物。

这些物品都是作为人的外延展现出来的。

事实上，还有很多物品也都是个人的选择和个性的外延：

- 房子；
- 车子；
- 音乐习惯；
- 书籍；
- 电脑；
- 宠物；
- 艺术品等。

酒、香皂和滑板车都可以有个性

很长一段时间里，酒类产品很遗憾地被认为是社会中的“解脱产品”，因为人们认为酒可以使人忘记忧虑和孤独。后来，社会逐渐认可了酒在仪式中的作用，从而提高了酒类饮品的地位。在不同场合，为了不同目的而调配不同的酒逐渐发展成一门艺术。酒类最主要的目的是为了庆祝、欢呼和放松。淡酒、女士酒、适合不同季节或者一天中不同时段喝的酒都出现了，还逐渐形成了烈酒、葡萄酒、淡酒和软饮料等适用于不同个性的人和不同场合饮用的一个饮品层级。作为淡酒的啤酒以及软饮料处于这个层级的最低端。这并不是对啤酒的贬低，啤酒的营销者对所处的位置感到很高兴。让我们以啤酒和软饮料为例来看一看营销者是如何适应这个层级的。

从啤酒被受到关注以来，一个称作“相对力量”的概念就被创造了出来。这个概念还与饮用啤酒的人的个性相联系了起来。考虑到要迎合不同消费者的情绪，许多子品牌啤酒出现了。Haywards 啤酒的子品牌是 Haywards 1000，Haywards 2000，Haywards 5000 等。Haywards 5000 的电视广告是：一个很强壮的男子踩着滑板车快速地冲进酒吧。酒吧里的人都在喝白酒，而这个人却招呼酒保给他来一杯 Haywards 5000。

软饮料在创造“个性”方面也不落人后。THUMS-UP 可乐就是一个好的例子。THUMS-UP 可乐在刚推出时被百事可乐打败了，但通过广告宣传——“THUMS-UP 可乐是年轻人的可乐”，它又反败为胜了。

“白先生”劲百洗衣粉定位于白领人士。而“速跑小姐”自行车可以让十多岁的女孩轻松地驾御而且无损小女孩的柔美形象。这些都是营销者适应产品层级划分的例子。

个性特质的测量

营销者对一些特定的个性特质很感兴趣。他们感兴趣的这些特质就是可以影响消费者行为的特征。因此这些特征就成为了我们学习的重中之重。这些特质决定了一个人将是：

- 实际的或教条的；
- 创新的或保守的；
- 冒险的或平静的；
- 寻求变化的或维持现状的；
- 自主的或依赖别人的。

无需说，上面五组特征中前面的特质都是积极正面的，对营销者来说是很有用的。利用这些特质，营销者可以细分市场，并向这个市场推销利基产品、新的创意和新概念。当营销者创造出利基产品或新产品后，他需要预测在现有的消费者中将有多少人会成为这个新产品的消费者，有多少人不会成为新产品的消费者。他需要将目标设定在那些实际的、富于创新的、勇于冒险的、有自信的人身上。事实上，推测并找到那些负面特征更加容易一些。它们同样可以帮助营销者预测在市场进行细分以后，有多少人不会转变成新产品的消费者。

营销者寻找的测量个性特质的方法是进行测试。这个方法基本上是一个心理测量方法，并运用了定量技巧。常用的测试方法和技巧有：

- 对选定个体的直接观察；
- 投射技术，如词义联想、图片归类、故事补充等；
- 自我评测报告。

测量中使用的工具（除了纸和铅笔外），有录音机、录像摄像机、便携式摄像机、视线记录仪、笔迹/声音分析机等等。这项工作需要由经过专门培训的研究人员进行，这样才可以使接受测验的人感到舒适，使测验的真正目的得以达成。对测验人员的专门培训还包括进行验收考核，即在测验结束以后，将结果与标准相比较。

自我评测报告

在所有这些测量个性的方法中，“自我评测报告”是值得特别注意的方法。

自己做的评测比别人所做的评测更接近人内在的特质。自我评测也可以提供每个特质背后所隐藏的理由。甚至当某人承认某一个性看上去不是很积极的时候，他也会说明为什么会有这一个性特质。有时这些解释反而比特质本身更能说明人的个性。正如，在一个组织中任何的个人评价对组织都有价值和作用一样，人的自我评测对分析人的个性也有其价值和作用。因此，营销者会尽可能地去收集目标消费者的自我评测报告。这就是为什么那么多的调查问卷中都包含有要求被调查者回答关于个人评价和个性特质的部分。当然，在同样的调查问卷中也会包含其他问题，从而交叉检测自我评价的真实性。例如，有人可能会将自己描述成更注重产品功能而不注重产品外观的人。但是，同一份表中的其他问题却显示出这个人经常购买同一款式的鞋，这显示出他更注重的是外观而非功能。另一个需要通过调查才能确定的自我评测是关于冒险的。一个人可能将自己描述成是勇于冒险并勇于创新的。但事实上，他可能更喜欢购买那些安全的、经过时间验证了的品牌和型号。诸如此类的矛盾并不能否定整个调查的可信性。相反，后面这个例子恰恰可以帮助营销者推断出不具有创新精神的人所向往的东西。这方面的信息可以帮助营销者设计广告和传播方案。

自我评测的重要性还体现在，利用自我评测提供的线索可以判断一个人是视觉型的人（喜欢可视信息），还是描述型的人（喜欢书面文字和口头传达信息）。这可以帮助营销者在设计广告时，在可视信息和文字信息间进行协调，同时它还可以帮助营销者选择合适的媒体。

相关词汇

精神分析理论：是由西格蒙德·弗洛伊德开创的创世纪理论。该理论认为，人的动机和个性的实质是人的潜意识需要、生理需要和性需要。

新弗洛伊德理论：该理论不赞同弗洛伊德理论的说法。它认为人类个性和动机的实质是社会认同、克服弱点等。

霍妮分类法：将个性分为进攻型、分离型和顺从型。

种族中心主义：是驱动人在消费时选择民族产品的特质。

作　业

1. 举例说明看上去没有道理的消费者行为是可以追踪到人的个性特质的。讨论一下这些特质哪些是受到了生活的影响，哪些是与生俱来的。
2. 举例说明你身边的朋友和亲戚的个性改变。找出这些改变出现的原因。
3. 下面这些产品是按照传统方式进行市场拓展的。为它们创造一个产品个性会对市场有帮助吗？（考虑创造产品个性的劣势和优势两个方面）
   i. 浴巾；
   ii. 咖啡；
   iii. 发油。
4. 设计或描述一项快递服务的广告。设计两种完全独立并完整的广告——一份针对那些视觉型的人，一份针对那些描述型的人。
5. 你可以发现，在问卷调查中被访者通常都会说他们重视质量超过一切其他因素。设计一或两道问题来交叉测验这项自我评测。

图 6.1 人的外延的物品

衣物、首饰、手表、鞋帽、佩戴物等物品都是作为人的外延展现出来的。

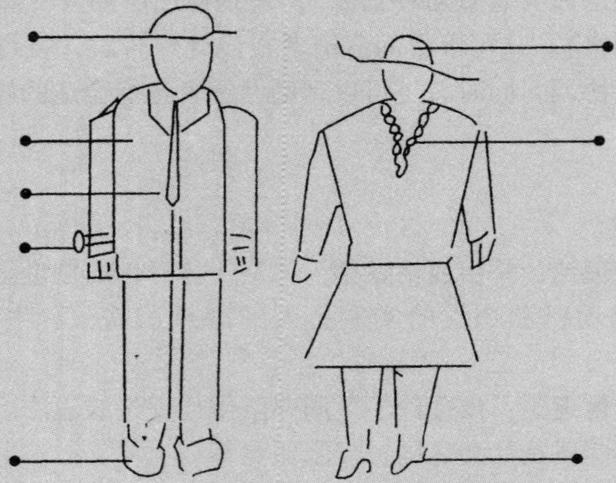

其实还有很多被认为是个人选择的物品也都是个性的外延：房子、车子、音响、电脑、艺术品、宠物和书籍。

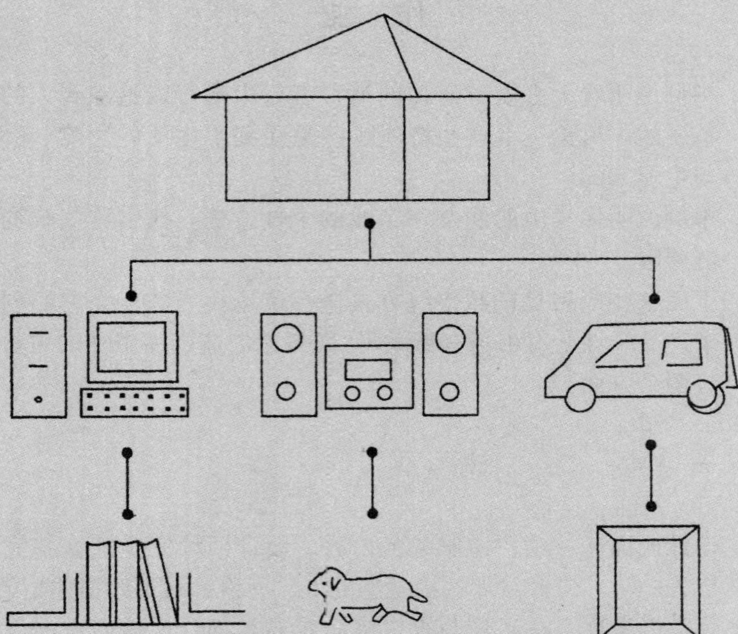

图 6.2　个性逐渐变得越来越圆

随着年龄的增长，人的个性逐渐变得越来越圆。当然，发生这种变化的人一定经历过不少事情。教育、爱情、旅行、工作经验、成就、阅读习惯、家庭的认同和家庭的扩大等事件都会对个性产生影响。

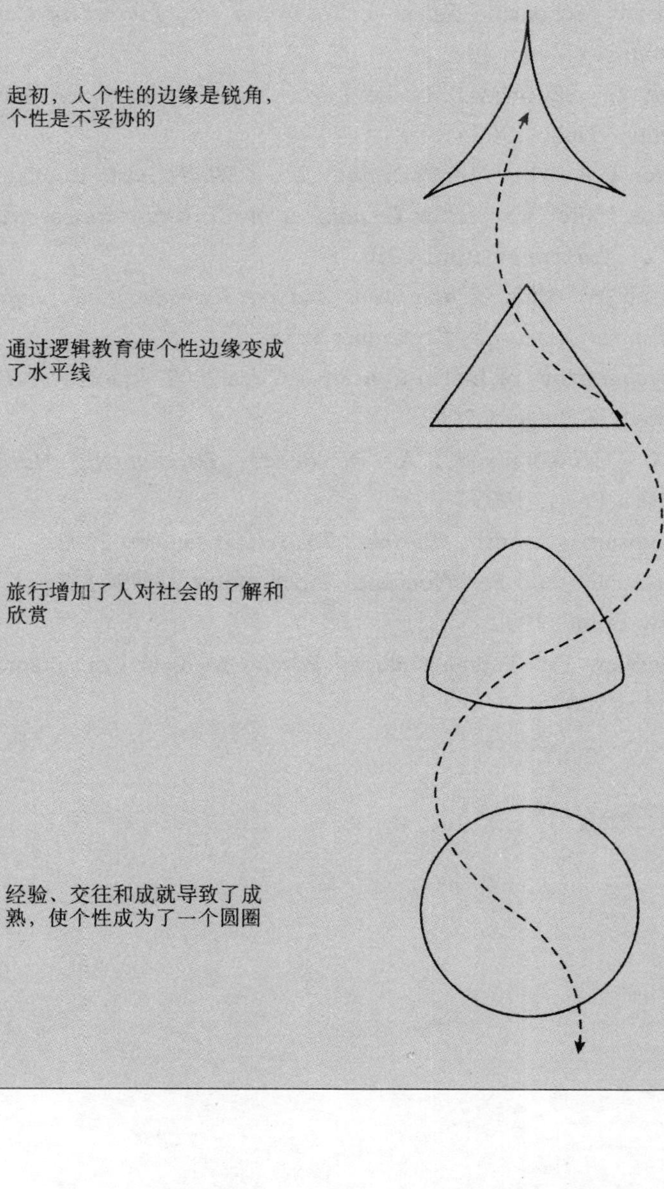

参考文献

1. Ernest Dichter, *Handbook of Consumer Motivations*, McGraw-Hill, 1964.
2. J. P. Gailford, *Personality*, McGraw-Hill, 1959.
3. John W. Schouten, *Selves in Transition etc*, *Journal of Consumer Research*, March 1991.
4. Leon G. Seiffman & Leslie Lazor Kanuk, *Consumer Behavior*, Prentice Hall, 1997.
5. Milton Rokeach, *The Open and Closed Mind*, Basic Books, 1960.
6. Mason Haire, *Projective Techniques in Marketing Research*, *Journal of Marketing*, April 1950.
7. Russell W. Belk, *Possessions and the Extended Self*, *Journal of Consumer Research*, September 1988.
8. "Psychgraphics of Indian Consumer Circa 2002" quoted in *Business Today*, 20 January 2002.
9. M. C. Czinkota and I. A. Ronkainen, *International Marketing*, Dryden Press, 1993.
10. "Consumer Azadi", *Business Today*, 20 January 2002.
11. Personality and Self Concept, Block Notes 2/8-SOMS, IGNOU, New Delhi, 1999.
12. Interview Dr. Padma Gudipati Psycho Medical Consultant, September 2003.

第 7 章　消费者感知

"只有看到的东西才是事实的，剩下的都是信仰。"

——拉祖

"我们确信的事情并不一定是真实的。"

——蒙田

"产品和服务之间的分界线只存在于营销者心中，营销者应该把它去掉。"

——斯坦·瑞普（有修改）

本章将：

- 说明消费者的全部认识都是来自消费者的感知；
- 了解感知是如何形成的，以及感官适应和感觉是如何形成的；
- 了解营销者在感知的形成和改变过程中可以起到的作用；
- 了解沟通、广告和品牌营销对感知的影响。

感　知

感知是人们解读接收到的各种刺激，并将之形成对于世界的看法的过程。

刺激由眼睛、耳朵、鼻子、嘴和皮肤等感觉器官接受，并经过大脑的过滤后作为信息储存起来。在这个过程中，大脑会用自己的逻辑和以往的经验来对信息加上颜色和标签。事实上，世界的面貌和周围的一切都取决于人的感知。因此，不同的人对同样的事件/物体可能有不同的认识。

消费者感知的重要性

人随时随地都在形成感知，并将它储存起来为以后做参考。当消费者需要做出消费决定时，已形成的感知就会起作用。因此，消费者头脑中对产品和服务的感知是决定产品和服务是否可以在市场上取得成功的重要因素。

因此，精明的营销者会耗费很大的精力来研究感知是如何形成的，以及如何可以改变感知。

感知的形成

尽管我们说在人的一生中，人会不停地接受到各种感觉刺激，但刺激并不总是会被记录下来的。实际上，感觉器官感觉到了但并没有被记录下来的刺激占了大多数。

首先，刺激没有被记录下来是因为刺激很单调而且固定。例如，我们经常可以看到，当灯光、声音、抚摸或运动经常性的在固定的时间以固定的强度运行时，人是能感觉到的，但并不会去注意它们。人能感觉到羽毛轻柔地触摸皮肤，但是却注意不到他的脚在不停地被地板挤压和触摸。同样的，当人驾驶汽车通过街道时，如果路边树满相同的广告牌的话，那么人只会注意到第一块广告牌，而且当他一路开下去的时候，最初看到的形象也会消失。

刺激没有被记录下来的第二个原因是，虽然刺激有增加和减少，但是这些改变还没有大到足够可以引起注意的程度。我们将在讲述“最小可觉差”的段落中较详细地讲解这个问题。

刺激没有被记录下来的第三个原因是，人拒绝接受信息。当人在很长的一段时间里大量地接受到某种信息时，这种拒绝就会自动产生。例如，当人一遍又一遍地看到某个电视广告时，他就会自动屏蔽它，不会再注意到它。如果只通过改变声音和亮度而不改变内容来迫使这个人注意这则广告，那么这个人只会更讨厌它。

通过观察这个现象，营销者可以学习到很重要的一课，从而避免无效的沟通，也避免在广告上浪费精力。

感官适应

正如前文所说，人会拒绝一些虽然存在但没有变化的刺激。这种现象出现的原因是感官适应。那些需要经常进行重复性的传播以及经常需要对同一种产品或服务广告的营销者应该好好地处理这个问题。营销者运用了如下这些战略来排除这种拒绝：

- 对于平面媒体而言，营销者不是重复同一个广告而是采用成系列的互不相同的广告。也就是说，连续的广告是通过改变内容来确保吸引读者的注意力。当然，具有涵义的商标、标识、图标或符号等是不变的。即使是在这种只涉及到影像的情况下，也加入了很多的变化因素，如尺寸、颜色、位置和参照物等。
- 对于广播等声音媒体而言，在信息开始和结束时的声音效果和音乐声是不同的，而且播音员也是不同的（或男性或女性或小孩等）。这种改变可以有效地消除听众的感官排斥。
- 对于电视媒体而言，虽然说每一次重新拍摄都会增加制作成本，但是做改变仍然是必要的。对连续的广告片来说，至少应该通过工作室的制作对它进行一些改变。因此，一个广告最好不要在一小时内重复播放两次。然而，现在我们却可以在许多有赞助的节目中看到这个规则屡屡被打破。广告商似乎更愿意花大价钱购买大段的广告时间来播放同一个广告，而不愿意将钱花在拍摄不同的广告上面。赞助商通常只拍摄一两个广告并反复播放来填充已购买的广告时间。最终，这种方式只会使得消费者对产品产生反感。
- 含有喜剧元素的电视广告是最容易过时的，因此最不适宜反复播放。内在的原因就是，一个笑话被反复说的话也就不再可笑了。好的营销者会对含有喜剧元素的电视广告进行改变，他们会拍摄四五个版本用以循环播放。
- 在电视广告和平面广告中通常都会加入一些激励因素用以引导观众去注意广告的细节。因为只有注意细节，他们才可以对激励因素进行回应。例如，香皂广告可以让消费者注意广告里出现了多少种颜色的香皂。对于回答正确的观众给予一块免费香皂予以奖励。

最小可觉差和韦伯定律

当一个人连续接受到两个相同的刺激时，他根本不会注意到第二个刺激。除非第二个刺激在强度（亮度）上与第一个刺激稍有不同。这种最小的可以注意到的差别被称作最小可觉差。

早在几百年前，德国科学家恩斯特·韦伯就已经发现：第一个刺激越强，第二个可被注意到的刺激所需的额外的强度就越大。这被称作韦伯定律。因此，最小可觉差不是一个绝对量，而是第一个刺激的强度函数。例如，我们可以看到当飞机票从10000卢比涨到10500卢比时，虽然价格提高了500卢比，但是人们完全注意不到这个变化；另一方面，当进入机场大厅的价格从20卢比涨到40卢比时，就可能引起一片喧哗，而实际上价格只涨了20卢比而已。

韦伯定律并不是只适用于价格—价值感知，而是适用于其他一切感觉。当营销者想要在数量、质量、利益等做出变化并且希望这种变化受到关注的话，他必须考虑应该用多大的最小可觉差。

例如，蚊香的生产商认为一个普通蚊香应该可以用8小时。几乎所有品牌的生产者都认为8小时已经足够长了。然而，Godrej公司希望提高它的蚊香质量和长度。经过仔细研究后，该公司发现最小可觉差是50%，也就是说蚊香应该至少可以持续使用12小时。根据研究，该公司推出了可持续使用12小时的蚊香并取得了巨大的成功。如果该公司只是将蚊香的可持续使用时间延长到10小时的话，他就可能面临这种变化不会被消费者注意到的风险，就更不用说消费者愿意花更高的价钱来购买这种蚊香了。

各种干电池生产商面临的最大问题就是最小可觉差。即使是那些能将电池边际可持续使用时间提高的市场领导者也期待着能找到正好在最小可觉差上的增长量，从而带来行业的大突破。

包装—价格感觉

适用于各种刺激和感觉的最小可觉差在营销者改变包装时有着特别的重要性。在维持包装不变的情况下，将产品的数量或质量的减少控制在最小可觉差之内是不道德的（请参见章节：道德—包装—价格欺骗）。有时，迫于成本的上升，营销者会采用这个办法。如果希望在保持价格不变的时候降低成本，营销者其实还有很多更诚实的办法，如减少包装上的装饰、减少附加品等。营销者通过这些办法来做感知管理。许多时候，我们会发现营销者可以侥幸地成功欺骗消费者，使消费者忽略那些比最小可觉差小的改变，并使消费者忍受这种情况。我们可以看到很多缩小包装的情况，如铅笔、火柴、尿不湿，毛巾等。

图 7.1　包装—价格感觉

无规矩的，不一致的用语和营销者的浮夸之词使消费者失去了对包装上信息的信任。

而在特定的市场，如在美国市场上有具体的规定和实践措施来要求超市等零售商用统一的模式来标示价格信息。例如，在货架上有各种厂商生产的不同包装的糖，零售商需要为每个包挂上价签，同时需要标示出每一磅糖的价格。

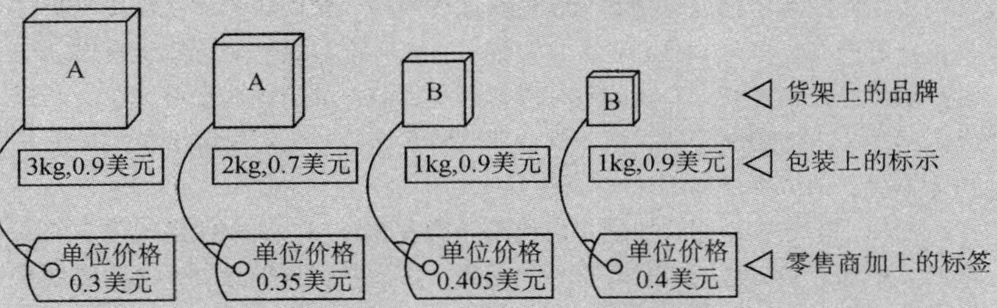

与美国的情况相比，印度市场在包装与价格感觉方面的发展是包装与价格欺骗。不然，如何解释，像牙膏等物品在同样大小的包装下含有的物品重量却是不一致的，在包装上的说明也各不相同。店主需要花时间研究这些说明，并用计算器来计算单位价格以进行比较。

下例是 2003 年在一个典型超市（Bazar Vizag 超市）发现的 5 种品牌（从 A 到 E）牙膏的 15 种包装。

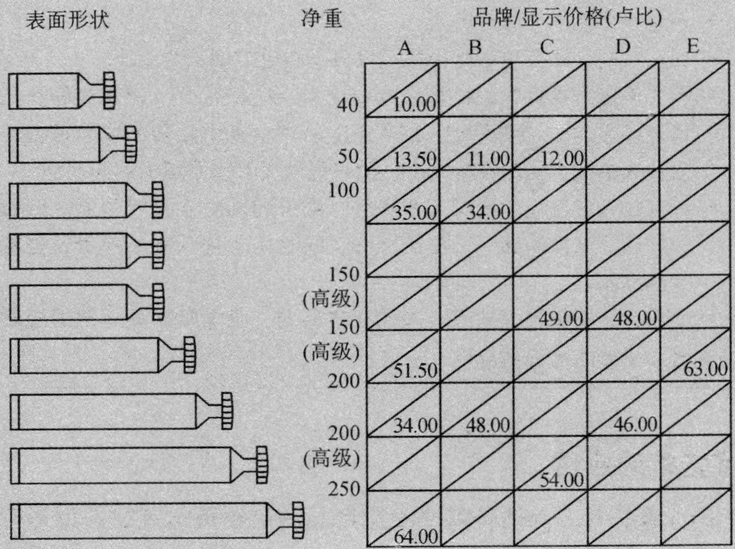

专栏 7.1

辛先生的甜甜圈与最小可觉差的故事

辛先生在南德里开了一个小吃店，名叫学院咖啡屋。他的主要客源是附近学院里的大学生们，他们会在中午的时候来到他的小店。学院咖啡屋的甜甜圈是最受欢迎的产品。

由于在顾客中已经建立起了物美价廉的声望，学院咖啡屋就需要维护这一消费者感知。但是每当面粉、食用油、牛奶、电、煤气等成本上涨时，这种声望就会面临考验。每当成本上涨时，与他竞争的当地速食店就会自动提高价格。每次他们涨价的时候，就会通知顾客涨价并告诉顾客涨价的原因是由于原材料的成本增加了。

然而，辛先生却明智地测算出他的消费者的感知，从而使他的生意更受欢迎、更加成功。他的消费者有一种感知，认为学院咖啡屋是普通人的聚集地。消费者们高度欣赏辛先生很少涨价的做法。

事实上，消费者对价格非常敏感。辛先生知道即使价格发生很小的变动，消费者也会注意到。价格的最小可觉差真的非常小。公平地说，将价格维持在一个水平上的做法也会很容易被注意到并会受到认可。另一方面，每份食物的份量却有足够大的最小可觉差。

根据这种情况，辛先生制定了应对成本上升的策略。首先，他尽可能地减少涨价的次数；其次，减少成本。他的策略是：

- 永远不做第一个涨价的人；
- 每次在同一张菜单中涨价的条目决不超过二到三个；
- 首先通过减少食物的份量来减少成本。这种减少一定是控制在最小可觉差之内的。事实上，在辛先生的竞争者中流传的说法是说辛先生从来不减少甜甜圈的大小，他只是增大了甜甜圈中的洞而已；
- 只有在无可避免的情况下才涨价。涨价的同时恢复产品原有的份量和质量。涨价的那一天要让消费者同时也感觉到产品的价值也有很大的提高；
- 最后，在每年暑假结束、大学迎来新的一批学员、重开他的咖啡屋时，尽可能地提高价格。

最小可觉差的应用

在下列情况下，营销者需要决定产品的最小可觉差，并通过广告等渠道很好地传递给客户。

价格的增加

如果价格的增长超过了产品的最小可觉差，那么就需要同过广告或其他手段进行特别地说明。并且这种沟通还需要及时进行，最好是在涨价之前。这种做法有助于展示营销者的开放性，从而维护良好的商誉。

产品更新

如果在产品更新的同时营销者希望涨价的话，通常会引起消费者对产品的负面感知，即产品更新是为了增加利润。在这种情况下，最好的办法就是证明产品得到了实质性的更新，而价格只是提高了一点而已。这种做法也未必就能起到好的影响，但是可以阻止负面影响的产生。

例如，一个干电池生产商在推介新型号的电池时可以说：电量增加了12%，而价格只提高了5%。

不需要增加成本就可以提高产品质量的情况也是存在的。这种情况给了营销者一个很好的机会以建立良好的商誉和改进消费者对产品、品牌和公司的感知。利用这个机会，营销者可以迈入一个新的里程。然而，精明的营销者应该首先确定产品质量的最小可觉差，然后在可能的情况下分阶段推出产品的更新。主要的办法就是，每个阶段的更新都比最小可觉差高，从而使产品的更新可以多次被注意到。每次理想的更新不应该比最小可觉差高很多，因为那样将会很浪费，而且缩小了下一次更新的空间。

阈下感知

有些刺激是微弱的或是暂时的，因此常常不被注意到。但是研究者发现，即使是微弱的刺激也可以形成阈下感知。这种刺激会在大脑的阈下意识层中被记录下来。当有更强的刺激不断加强原有的刺激记录或重复原有的记录时，阈下感知就会浮现出来，对个人进行引导。这种可以形成阈下感知的刺激有：

1. 耳语或低幅的声音信息；
2. 持续时间小于一秒钟的闪动视觉形象；
3. 隐藏的或潜入的形象或文字。

心理学家并不赞同营销者运用潜在信息来刺激消费者大脑的做法。心理学家认为这是一种侵略手段。但事实上，无论是有意的还是无意的，潜刺激都已经被应用于现在的广告中。例如，电视剧中闪动的形象和广播广告中的背景音乐。最典型的例子是我们都不会忘记的在高速公路和铁路两边一闪而过的广告牌。

感知的形成过程

人们随时都处于各种信号的包围之中，并不停地受到刺激。大多数反击都是同时进行的。让我们来看一下消费者到各种商店购买日用品的例子。无论在哪个商店，都有 1 万到 2 万种商品在展示它们的品牌和包装信号。同时，在消费者所接触到的范围里还有灯光 、声音、味道和触摸等刺激，它们不仅来自备选商品还来自各种的其他产品和事件。如果消费者需要接受、感知所有这些信息并做出反应的话，消费者肯定会应接不暇，甚至会疯掉。然而，消费者通常都可以很自如地、比较愉快地完成采购任务。人们可以完成任务是因为人脑中天生具有了以下这些能力：

- 将要选择的信息预先调整好；
- 信息过滤，以加强部分信息、阻止部分信息；
- 将接受的信息放大以形成感知；
- 将部分被阻止的信息储存起来备用。

那些熟悉调整和放大信号的技术人员会很容易理解这个过程。

营销者的关注

公司在对其产品进行营销时总是努力使消费者对公司和产品形成正面的好印象。因此，公司通过传递的信息、使用的包装、制作的广告和产品本身而产生的刺激都应该突出。所以，这些东西都应该被设计得比其他刺激更加引人注目。使刺激突出的策略有：

对　比

通过将广告主体与背景在形状、色彩或者形式上进行对比来吸引人们的注意力是比较常见的做法。我们时常还会看见一些更新颖的对比方式。广播广告中的短暂停顿、打满了字的打印纸中的大块空白、黑白广告中的亮丽色彩都可以形成强烈对比。将打印信息倒置、使用不同的语言和符号、打印一个可笑的信息等都是常用的对比手法。

制造“意外”

吸引注意力的另一个办法是将产品最低能达到的标准告诉别人。明智地运用“不要买……”，“我们很抱歉……”，“我们为什么不能……”等说法的广告的确能吸引人的注意力。它们成功地吸引到目标人群，使他们通过完整地阅读广告来解决疑问。

能够揭开流行的秘密或者改变预先看法的刺激总是会被很好地注意到。事实上，人们总是会很容易地注意到与普遍认同的想法相反的信息。例如，如果你看到一则广告说迪拜是一个凉爽的绿色城市，而曼谷是一个适合家庭度假和朝圣的地方，那你很可能会仔细地阅读这则广告。

鼓 动

在单独讲述“鼓动”的章节中，你将看到失望带给人的打击和找到解决办法后人所能受到的鼓舞。广告商可以通过良好的设计来抓住那些对某种情况不满的人的注意力。他们可以找到引起不满感知的原因，从而形成正确的解决办法。

例如，HORLICKS 医院的广告就描述了一个正在康复中的病人的不满，以及他的问题在 HORLICKS 是如何得到解决的。热带国家的软饮料广告通常都会先描述人们是多么的渴，然后再说他们的软饮料可以解渴。

服务领域中的消费者感知

当从产品领域转到服务领域时，对消费者感知的理解和使用将更加复杂。

普遍认为，消费者在衡量服务质量时比衡量产品质量更难。因为服务是无形的、易消失的，并且没有既定的物理标准，所以消费者对服务的感知通常都是建立在理想化的期望上的。服务的供应者也会对服务标准形成一种感知。消费者的感知和供应者的感知之间几乎没有交集。这说明了消费者和供应者从来都没有坐下来讨论一个大家都能认可的感知。结果就造成了，当供应者提供了服务后，消费者感到非常失望或者大吃一惊。而这完全是可以避免的。

例如，我们可以看一看旅行公司向第一次参加旅行的消费者推销假日旅游套餐的例子。供应商没有在旅行开始前，当消费者咨询的时候告诉消费者这个旅游套餐的一些特定限制。因此消费者自己对这次旅游的期望非常高，他认为：

- 下榻的酒店提供的应该是单人床；
- 茶水和早餐是免费的；
- 信用卡费用和博物馆的门票是包括在旅行团费里的。

但是所有这些想法都没有得以实现。由于没有实现以上三项期望，可想而知，旅行就变得令人难受和失望起来。而那些早已经知道旅游套餐中的限制条件，因而没有过高期望的旅游者对同样的旅行则是感到非常愉快的。

感知和品牌

品牌的确可以让消费者想起品牌和质量间的联系，从而加速消费者的购买决策。然而，消费者在这里预先假定了：品牌是可以保证产品一定能够达到以往已经得到认可的品质。事实上，这种期望在品牌产品的购买中是很高的，而它的缺点就是这种期望不容易被忘记。因此，营销者应该牢记的金科玉律是：只要涉及到品牌就一定要提供高品质的产品。

消费者的风险感知

每一个消费者都知道购买决策是存在风险的。但是他们并没有公开表明对风险的忧虑。即使交易在没有风险的情况下顺利完成了，消费者还是有可能觉得有风险存在。他们感觉到的风险有：

- 功能上的风险——产品不能正常运转；
- 财务上的风险——付的价格比需要的价格高；
- 精力和时间上的风险——担心失败的产品购买，从而把精力和时间浪费了。

出王牌

在商店、在网上或在家里，你都可以发现那些因为害怕风险而犹豫不决的消费者。面对这种情况，销售人员有责任正确地引导消费者。他应该；

- 找到消费者真正的需求，并向他们推荐能满足其需求的产品；
- 鼓励消费者相信品牌产品；
- 对各种品牌进行中肯的对比；
- 对售后服务以及保证的范围和限制条件进行解说；

- 当有疑问时，就“出王牌”，也就是说推荐最好的产品，将价格因素放在一边。

相关词汇

界限：刚能产生感觉或被感知或刚达感觉限的刺激强度。

定型：消费者印象中理想的产品和服务的样子。

光环效应：已确立的品牌将它的可信度借给新产品使用，允许它在营销时使用同样的品牌名称。

图 7.2　从光影学习中获得感知

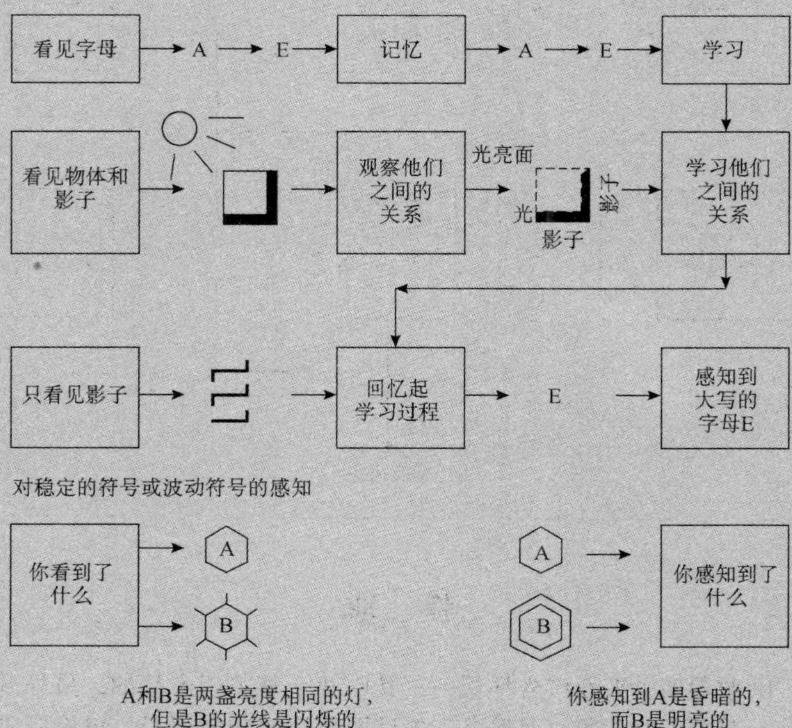

图 7.3 消费者感知到的风险应该得到营销者的关注

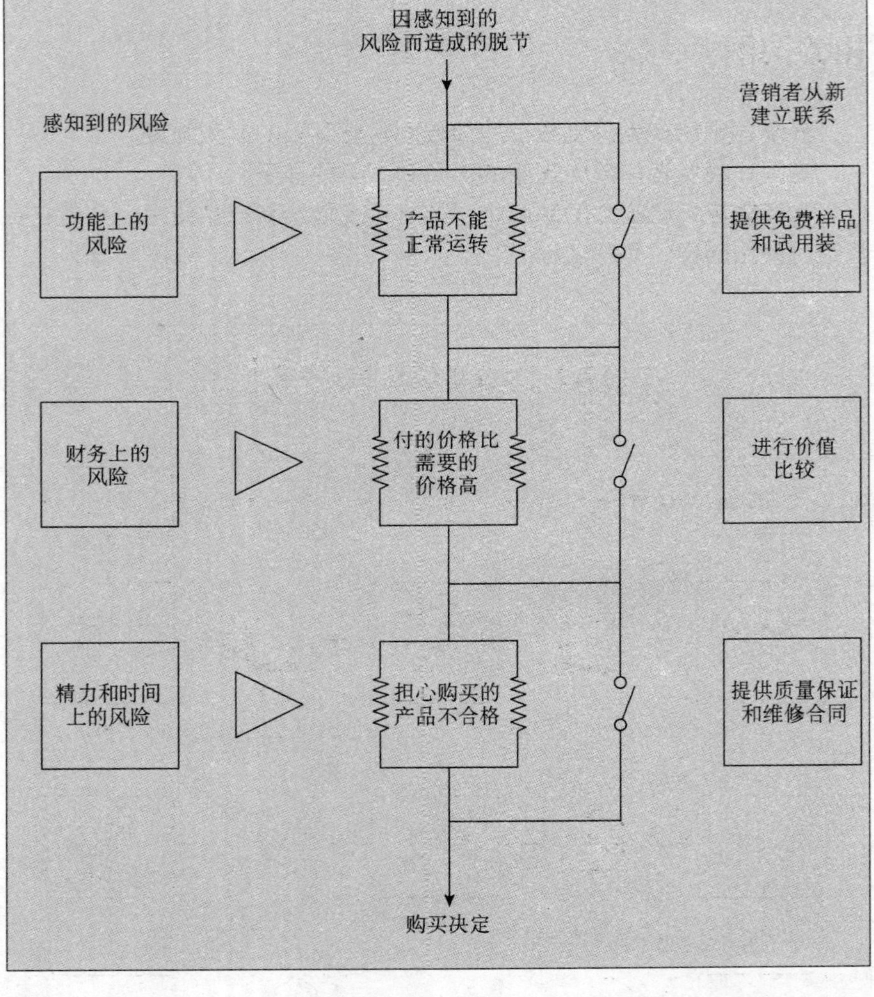

作　业

1. 收集四个平面广告样板——其中两个是关于产品的，另外两个是关于服务的。列举出广告试图传达的刺激因素。讨论广告所应用的吸引人的注意力的方法。
2. 找到你认识的三个人，可以是家人，也可以是朋友。观察他们的感官适应性。用一个表列出你和其他三个人所选择、过滤和放大了的刺激。同时列举出每个人在最近一个月内的购买情况。讨论在购买决策中感知起到的作用。

3. 访问四位经常到你用餐的餐馆或食堂用餐的人。找出他们对食堂的期望和对食堂的感知。总结分析他们的感知，并和你自己的感知加以比较。为餐厅的老板写一个行动计划，以推动可能的改变和交流。

参考文献

1. A Banerjee and S. Divakar, "Decision", *IIMC*, January-June 2000.
2. Schiffman and Kanuk, *Consumer Behavior*, 6th edn, Prentice Hall, 1997.
3. Loudon & Della Bitta, *Consumer Behavior*, McGraw-Hill.
4. Walter Vieira, *Marketing Insights*, MAS India, 1993.
5. Subhash C. Mehra, " Consumer' View ", *Marketing*, Tata McGraw Hill, 1984.
6. Perceptions, Block Notes 2/4 SOMS, IGNOU, New Delhi, 1999.
7. "Stay within your Swing", *Business Today*, 6 June 2002.
8. Jeanie Ghost, "Consumerism as Patriotism", *Frontline*, 6 June 2002.

第 8 章　消费者学习

"知道自己什么也不懂的人是学生——可以教育他；
不知道自己什么也不懂的人是傻瓜——可以欺骗他。"
——Vivekananda（改编）

通过学习本章，你将：

- 了解消费者学习的过程；
- 探讨关于学习的理论；
- 学习理解、保留、遗忘、记忆和逻辑思维的过程；
- 赏析营销者和广告商如何帮助和影响消费者的学习。

学　习

学习就是获得知识，它是伴随人一生的过程。显然，在所有的学习过程中，消费者的学习过程是营销者最感兴趣的。消费者的学习就是消费者获得关于消费的信息和知识的过程。深刻了解消费者是如何接收、储存、回忆和找回他所学到的知识将有助于营销者制定他们的战略和传播信息。

在很大程度上，消费者的学习是一个无规律的、个性化的过程。不同的人会通过不同的渠道来学习：观察、阅读、倾听、讨论或者亲身体验等。

消费者学习到的知识并不是忘不掉的。在消费者的学习过程中，新接受到的知识或体验会替代原有的知识。因此，在这个意义上来说，消费者学习到的知识中有一部分是会被清洗掉的。学习到的知识也是会被渐渐淡忘的。因此，消费者在某个特定时间的行为只受到当时他所拥有的知识的影响。这就说明了为什么营销者总是不遗余力地为消费者洗脑。他们通过广告、交流和信息等渠道不停地强化消费者对他们产品的认识。

学习理论

学者们认为，通常学习的过程和人们如何进行学习是非常重要的。

他们通过长期的研究形成了两种理论：刺激—反应理论（又称行为学习理论）和认知学习理论。营销者应了解这两种理论，并运用所获得的启示来策划有效的传播信息。

刺激—反应理论（又称行为学习理论）

所有的人，甚至所有的生物都在不停地接受刺激。对其中大多数的刺激，人们会做出反应。而在做出反应之前，人们通常会将刺激与以往的经验相联系。刺激—反应理论就是基于这个事实形成的。

起初，刺激的接收者只发现了体验和刺激是同时出现的。经过一段时间后，当同样的刺激重复时，相同的体验也会出现。接收者的大脑就逐渐学习到原因（刺激）和结果（体验）之间的关系，并在它们之间形成一个纽带。因为有了这个纽带，当遇到同样情形时，大脑会在体验还没出现时就做出快速反应。这种联系使人一旦发现刺激就会期待同样的体验出现。

让我们看看当人们头一次接触到一种特定产品——香槟酒的例子。这个人首先会注意到产品信息：它的形状、颜色和其他特征。在他品尝酒之前，他可能就会回忆起一种愉快的、令人喜欢的体验。经过几次重复后，知识就出现了。一旦这种知识被储存起来，它就会像一根纽带一样发生作用，使人一旦受到哪怕是最弱的刺激，甚至只要想到它就会体会到那种感觉。

在更为复杂的情况下，并不能很明显地看到个人所学习到的体验和刺激之间所存在的联系。但是，当人遇到刺激时会立刻做出相关反应的行为已经证明了这种说法。而且，在这种情况下的刺激可能很弱，或只是建议性的而并非是不真正存在的。

在学习过程中，大脑会将几次的重复体验储存起来，实际上大脑需要至少一次以上的重复体验。

概　括

有这样一种现象：当接收者在对接收到的营销信息进行概括时，常常会忽略品牌信息，或者没有注意到信息的出处。这对希望通过信息发布来强调其产品或服务的营销者来说非常不利。为了避免这种由于概括而丢失信息的可能，营销者在设计信息时应该将信息中的刺激点设计得非常独特，使消费者能够将它区分出来，而不被概括掉。例如，一则广告需要传达的信息是一种汽水可以解渴。如果消费者将信息概括成“任何一种”或“所有”的汽水都可以解渴的话，广告商除了可能争取到一部分茶和咖啡的市场份额外，将一无所获。另一方面，如果消费者可以将解渴和特定品牌的汽水联系起来的话，营销者的工作就完成得很漂亮。

而次等产品、非品牌产品和模仿产品却可以享受到概括带来的好处。他们的贸易增长依赖于主流产品广告拉动需求的总体增长。个人电脑市场是这种现象最好的例子。IBM、东芝、惠普、HCL，Wipro，Zenith 和戴尔等厂商的广告推动了个人电脑市场的扩张。这些厂商并不会声称只有他们自己的品牌好，而且他们也不会隐瞒产品的组件是由希捷，英特尔和三星等公司提供的。因此，消费者心目中就出现了一些混淆和概括，他们认为个人电脑是值得拥有的，但是他们会觉得所有的个人电脑都是一样的，而组件和部件决定了产品的质量。这就给了那些价格低廉的非品牌个人电脑和组装个人电脑一个极大的市场空间。

图 8.1

第一次获得的体验是很自然的，来自于身体刺激和生理反应。

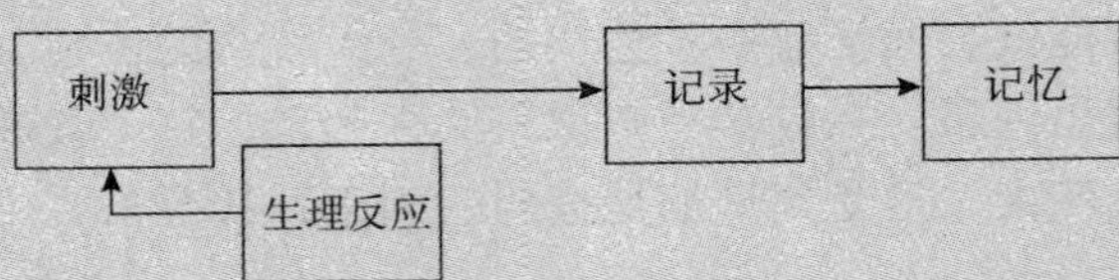

第二次的重复体验就不是很自然了——刺激被很快地认知和记录，这更像是一个配对的过程。体验产生了，感知也就形成了。

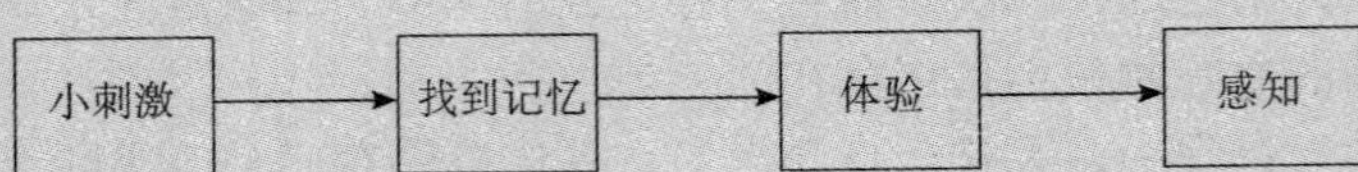

后续的重复体验就更快了，刺激的标识就可以引发体验。

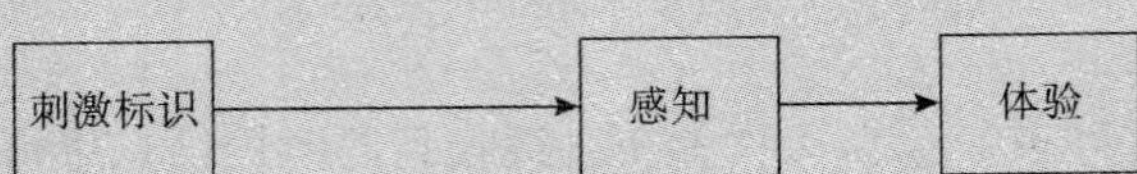

只有在学习了先进的理论后，才可能完全掌握刺激—反应理论。然而为了我们的研究目的，研究一些与学习的后续效果有关的特征是非常重要的。这些特征有：概括、遗忘和保留。营销者不应只局限于理解这些特征，还应该掌握如何使用这些特征。

遗　忘

学习了一次的东西并不是永久的、不可消失的。因此，为了更好地掌握所学习到的东西，印度学者普遍认为应该让消费者至少接触信息（或广告）达三次以上。即使是在知识被植入以后，经过一段时间，即便在没有接收到任何相反信息的情况下，学习到的知识也会逐渐被遗忘。因此，营销者不断地更新、加强消费者已经学习到的有利于产品的正面知识。

保　留

营销者的最终目标是使消费者通过学习获得的对产品的喜爱永远保留在消费者心目中。不断地使用产品和不断地想起品牌的形象才可以使产品在消费者心中得以保留。新的创意和革新可以更新消费者对品牌和产品的印象，从而使消费者更好地保留产品。

牙膏和止痛药膏这两类产品是最好的范例。营销者不懈努力，希望将自己的品牌呈现在消费者眼前，他们的办法是进行创新，哪怕是做很小的改变如：改变包装、改变外貌，从而使产品被注意到。因此，哪怕在淡季营销者也会投放一些广告。这就是为什么在冬季也可以看到软饮料的广告，以及全年都会看到用于祝贺新年、圣诞节贺卡的广告和灯节的烟花广告。

认知学习理论

认知学习理论认为学习者真正学到的东西是建立在他对信息的主动搜索、主动参与和主动思考的基础上的。与刺激—反应理论不同，认知学习理论假设个体不是信息被动的接受者，而是主动寻找和参与信息，通过实际经验和感知来学习的。个体会在心目中对事物形成一个印象，并根据这个印象来做决策。

要对这个理论进行深入地了解，需要参阅相关的学术论文。在这里，本着学习的目的，我们需要了解如下这些大脑的重要功能：

- 记忆；
- 逻辑思维；
- 信息回放。

记 忆

认知学习理论方面的专家认为，个体接受到的所有信息都被暂时地带入了大脑，但是只有很小的一部分信息得到了认知，其他信息则被屏蔽了。被认知的信息在重新排序、包装后被放入记忆中。依据信息的重要性，记忆中的信息有的可以长期存在，有的只是短期存在。

对营销者而言，使营销信息得到认知，并在快速地排序后被当作重要信息长期储存在记忆中的这一过程是最重要的。

逻辑思维

大脑中的逻辑思维并不是在记忆之后才开始工作的，而是在记忆过程中就开始了。首先，无论信息是否得到认知，逻辑思维都会根据刺激的强度和新鲜度来选取信息。（参见“消费者感知”章节）。一旦信息被认知了，逻辑思维就会进一步决定是将信息放入长期记忆中，还是放入短期记忆中。

下面我们举例来说明这个问题。如果你坐在公园的长椅上，你可能根本就不会注意到你背后有两个人正在走向对方。如果其中一个人开始喊叫，你就会产生认知，如果你听到这个人提到一个你认识的人的名字，你就会转过身去看，并将获得的形象储存在你的长期记忆中。通过学习这个例子，营销者应该认识到信息应该大声而且清晰，并且应该可以与消费者心目中已有的信息联系起来。

信息回放

信息回放会在大脑逻辑思维的命令下出现。信息回放就是消费者将所学习到的全部知识和形象从对自身有利的角度出发，重新演示一遍。回放过程就像录音机被按下了倒带键，然后重新播放一样。

回到我们刚才在公园里的例子。如果在那之后，你在电视上看到关于那两个人在公园里这一事件的报道，那么你肯定会试图回忆起你所看到的全部景象。

营销者意识到在让消费者学习以后，他们还需要让消费者在适当的时候想起所学到的东西。在随后的信息中加入一些之前信息中出现过的主要元素将促进这种回放。

品牌——最好的工具

品牌是促进消费者学习的最基本工具。然而品牌本身可能并不包含任何信息，它更像是一个奇妙的标签。你可以使消费者选择这个标签，与之相随的是消费者所学习到和已储存的关于这个标签的全部信息。

营销者的最终目标是为品牌创造内涵。如果可以使消费者想起或回忆起品牌，他就已经完成了一半多的工作。而且，每次营销者向消费者发布信息时，他以前所学到的全部信息都会浮现出来。

相关词汇

三击理论（Three hit theory）：该理论称，至少需要将信息向消费者展露三次以上，消费者才会将学习到的东西植入脑中，或是真正学到信息。

品牌转换：消费者为了获得新体验而更换品牌的现象。

品牌权利：消费者根据所学习到的信息为特定品牌确定的价值。

作　业

1. 在你最近所读到的广告中选取三则广告，被选择的广告应该包含一定的信息。讨论一下你所学到的信息。
2. 举出一些你很感兴趣的广告。但是你只对广告的主题感兴趣，却不记得广告的品牌。这是因为你注意到了广告，并对它进行了概括。
3. 举出一些你已经用了 10 年以上的消费品品牌，想想它们在 10 年间做了那些改变或创新。作为一个忠实的消费者，你喜欢这些改变吗？

参考文献

1. Schiffman and Kanuk, *Consumer Behavior*, 6th edn, Prentice Hall, 1997.
2. P. D. Bennett and H. H. Kassarjian, *Consumer Behavior*, Prentice Hall.

3. W. Bennet, "Subliminal Stimulation etc.", *Psychological Bulletin*, 1964.

4. Learning and Memory, Block Notes 2/7 SOMS, IGNOU, New Delhi, 1999.

5. C. Assissi & S. Prasad, "Tech Goes Rural", *Business World*, 17 June 2002.

第9章 态 度

> “由于品质低劣酿成的苦酒在低价带来的甜蜜被遗忘后的很长时间内还会长期存在。”
>
> ——John David Stanhope

通过本章的学习，你将会：

- 理解在涉及到消费者和购买行为时的态度的含义；
- 了解态度的形成和它对消费者行为的影响；
- 审视营销者的策略是如何使消费者的态度退化、改变和消亡的。

态 度

在消费者行为学中，态度是被研究得最多的，也是理论体系中最健全的一个主题。由于其不安定的天性，态度总是值得人们去仔细地研究。因此，世界各地的心理学家对态度的形成过程进行了详尽的研究。本书中，我们将接触所有关于态度的基本观点。但是学生如果要更深入地学习和了解态度，他们还需要参考更高层次的书籍。

态度的概念及说明

在英语中，态度这个词的使用频率很高，而且在不同的情形下有不同的含义。有些含义与消费者行为并没有直接的关系。由于态度是一个常用词，所以它在被学者当作消费者行为学中的一个概念之前，就已经有了好几种含义。因此，学生们应该将那些关于态度的早期含义放在一边，而用开放的心态去接受态度的新定义。

一个被普遍接受的定义认为，态度是对事物的，也包括抽象思想的一种姿态或导向。

在消费者行为学中，态度是消费者心目中一种不变的倾向，它使消费者对既定物品总是会用好的或不好的方式来处理。这里所说的倾向并不是与生俱来的，而是消费者在他的认知过程中逐渐学习到的。

态度起源于沉睡的信念

在人的一生中，尤其是在成长期，人们会根据所处的环境、教育、文化及其他因素形成一整套的信念。这些信念会与相关的事实和真理一起储存在大脑中。人们一般不会花费力气去证实这些信念。人们通常将这些信念看成是个人的隐私，甚至不愿意去讨论这些信念的合理性。

好在大多数的信念是中性的，它们不会使人采取任何行动。例如，一个人可以有这样的信念：认为所有的跨国公司都是殖民主义者、掠夺者。这种信念可能在他很小的时候就已经植入他的头脑中了。如果没有相应的态度出现的话，这种信念将不会对他产生任何影响。然而在一定的时候，这种信念自然会催生一种态度。在刚才的例子中，带有这种信念的人很可能会产生一种认为所有跨国公司生产的产品都是不受欢迎的态度。

人的大脑中会有很多沉睡的信念，并不是所有的信念都会派生出态度来。如果我们做一个类比的话，信念就像是父母，而态度就像子女。每一种态度都可以追溯到一种信念。然而，与信念不同，态度不再是中性的。态度或者是积极的，或者是消极的，它会强迫消费者按照它的指引行事。当带有某种态度的消费者需要做决策时，态度就会跳出来并影响消费者的决策，使消费者对产品和服务做出喜欢或者不喜欢的决策。由于受到态度的影响，消费者的判断是偏颇的，因此，影响了他对产品的选择。所以，对营销者来说，研究和改正消费者的态度是非常重要的一个任务。

积极的态度和消极的态度

我们已经将态度定义为一种学习得到的倾向，这种倾向是消费者在针对某种特定物品时总是会采取与以往一致的或好或坏的方式。这个概念的重点是“一致”。例如，如果一个消费者形成了这样一个态度：认为国产产品肯定没有进口产品好，那么这种态度将使他看不到在某些特定的产品上，国产品牌已经优于进口品牌。

在消费者行为学范畴中，积极的态度和消极的态度都是态度的表现形式，这两种态度都是不受欢迎的。积极的态度是指消费者认定产品是好的，而消极的态度则是指消费者认定某种产品是不好的。在这两种情形下，消费者的观念都是确定的，而且是没道理可言的。

学习消费者行为的学生不应该想当然地认为，积极的态度一定比消极的态度好。这种错误是很可能产生的，因为在生活中我们常常使用"积极"和"态度积极"等词语。那些对变革和对好事物思想开放的人常被称为"态度积极"的人。这种解释的有趣地方在于，一旦态度是针对好的事物的，那么态度本身也变成了好事。

但是，对于消费者行为学来说，所有的态度，无论是积极的还是消极的，都是不受欢迎的。例如，如果一个人对坏事的态度很积极，那么这个态度就是不好的。例如，社会成员对披头巾这件事的态度都很积极（而披头巾就是强迫妇女在公众场合必须将身体和脸盖住）。

当听到某人，通常是雇主，描述他最好的雇员的态度很好（很积极）的时候，学习消费者行为学的学生常常会很迷惑。实际上这里积极的意思是指该雇员的行为很好。

营销者关于态度的考虑

因为态度会影响消费者的购买行为。因此，营销者总是会去理解和修正消费者的态度。事实上，对消费者态度的发现、理解、分析、清除和教唆都是营销的重要功能。由于态度是无形的，因此营销者只能通过消费者的实际行为或消费者对模拟环境的反映来推测消费者的态度。通过模拟反映的研究，科学家们已经发现了很多种方法来检测消费者的态度。

态度的形成

首先，我们需要知道态度是如何形成、发展、表现和改变的。所有态度都是通过学习而形成的，即使是通过购买行为表现出来的态度也不例外。消费者学习的过程是由消费者对产品的直接体验构成的。消费者是通过如下这些环节来获得体验：

- （对产品和服务的）观察；
- 获得的信息和受到的影响；
- 接触媒体；
- 自身信仰的反映。

态度驱动

态度不仅性质上不是中性的，在人们选择物品时它还会驱使甚至强迫人们选择相应的物品。

态度是始终如一的，但是有时可能会被推翻。

一旦态度形成后，只要它还存在于消费者的心目中，它就会使消费者的行为始终保持一致。事实上，一致性是所有态度的共同特点。一旦，营销者发现了消费者的态度，他就可以预测消费者的决定和选择。例如，如果发现一位消费者的态度是认为法国制造的设备很优雅，但是没有德国制造的设备结实的话，那么当他在购买机械产品时，他就很有可能会选择一个德国的非品牌产品，也不会选择法国的知名品牌产品。

图 9.1 态度的形成和改变

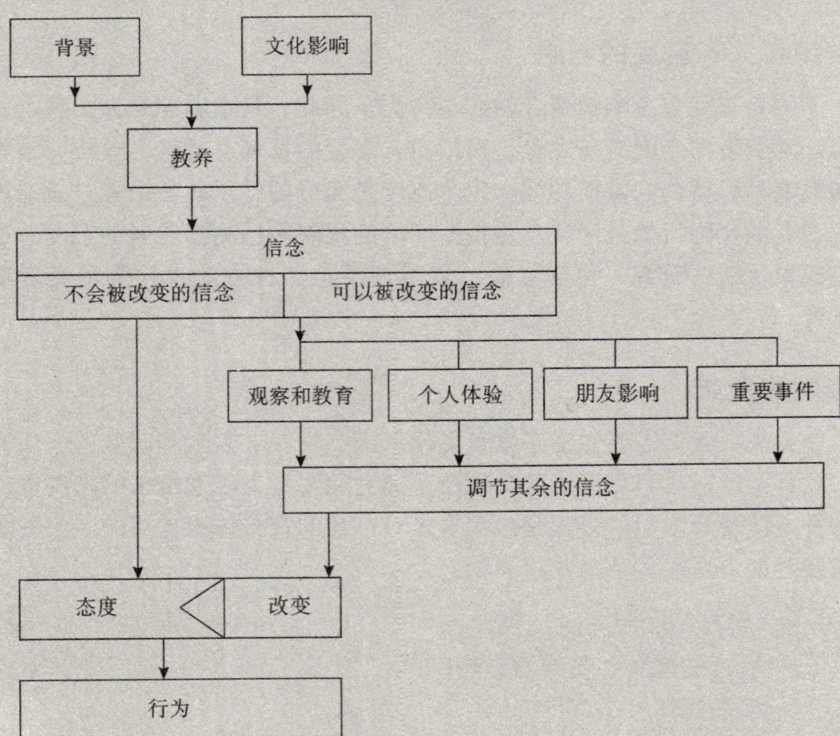

图 9.2

态度是营销者开拓市场的巨大障碍。积极的态度并不见得就是好事（对喜爱的产品的积极态度除外）。

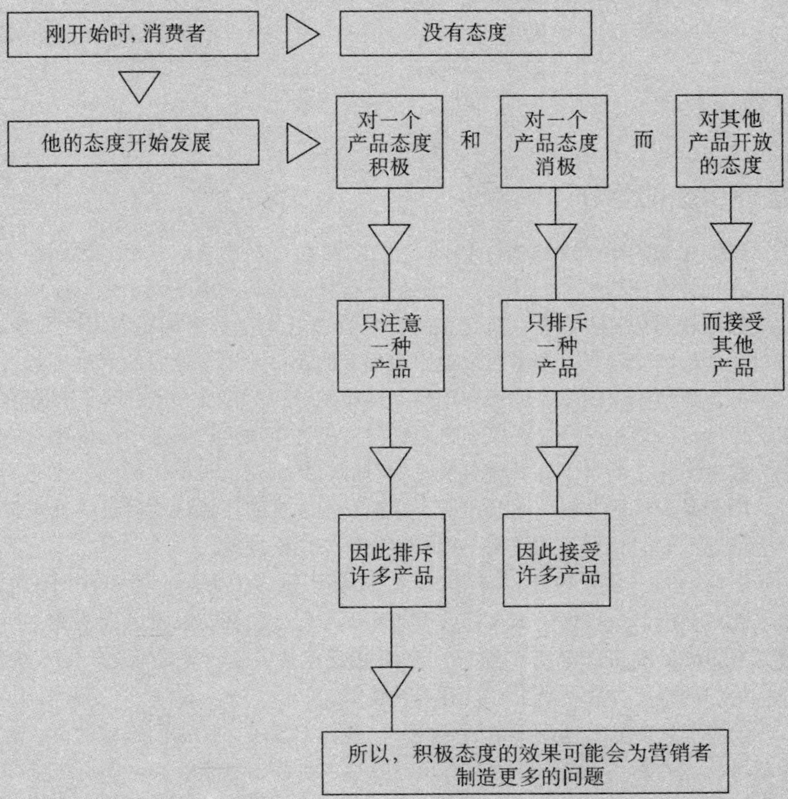

态度的隐藏

偶尔，消费者也会将一种长期的态度放到一边隐藏起来。例如，当消费者发现自己喜欢的产品价格很高或需要等很长时间的话，消费者就有可能考虑竞争产品。这并不是说消费者的态度改变了，而只是消费者将态度暂时隐藏起来了。

态度是顽固的，但也是可以改变的

通过新的学习，态度是可以被改变或被清除的。我们将在本章中，分段阐述这个问题。事实上，营销者一直在不断地尝试用新的学习来清除消费者头脑中对产品或品牌不好的态度。

专栏 9.1

露娜和她的棉布

露娜和她的同学森都来自 Dhaka。他们两家有着长期的友谊。他们两个人都有一种态度认为棉布比化纤布要好。这种态度的形成受到了他们孟加拉文化的影响和传统上妇女在所有正式的场合以及家里都穿棉布衣服的影响。而且，他们的父辈都参加了反抗英国殖民者的自由斗争。他们的家庭都认为家里的手摇纺织机织出来的棉布比曼彻斯特的纺织厂里出品的化纤布料好多了。虽然迄今为止已经过去了半个多世纪，但是当地生产的棉布的供给量在很大程度上完全满足了各种需求——所有的布料都是由机器织成的，没有用进口的产品织成的布料。而且，所有穿棉布的人都错误地认为自己正在声援一个活动。同时，在孟加拉国，棉布比化纤布还要便宜。

暑假期间，露娜和森访问了印度，并买了好多衣服。而且，在柯尔喀塔、海得拉巴、班格洛尔等地都可以买到品质优良的棉布衣物。因为在这些地方有很多的消费者都喜欢棉布，而且也很容易买到价格合理的产品。因此，他们的态度在这些地方并没有遇到挑战。

但是当他们到美国去深造的时候，问题就出现了。让他们吃惊的是，到处都是化纤衣物或化纤混纺衣物，而且这些衣物的价格很便宜。所有的棉布都是从印度、埃及等国家进口的，虽然质量也很好，但是价格非常高。以纯棉作为品牌和推销手段，这些衣物的消费群体定位在那些真正能够买得起它们的上等人。

露娜和森头一次开始权衡购买棉布的优劣势。最后，省钱这个更实际的想法取得了胜利。一旦他们穿上化纤布料做的衣服，他们就发现在温和的气候下和在工作场合中，化纤布料是更好的选择。所以，他们原有的态度就被打破了。

影响的作用

如前所述，人们将学习到的态度储藏起来。在遇到适当场合的情况下才表现出来。而人们大部分的学习都是在成长期发生的。而在那个时期，各种各样的影响也都发挥了作用。

家庭的影响

“妈妈说不要和贫民窟的孩子一起玩”。如果你可以搜索一个人的大脑的话，你肯定会发现许多类似的话语。父母的态度和子女的态度之间有着很高的共性和联系。

在家庭中谈论的宗教、政治信仰、个人卫生习惯、食物的选择等一系列这类事情都是由家庭成员共同体验的。因此这是形成态度的温床。

团体和同辈人的影响

社会中的许多人在家庭以外的地方工作时都会加入一个团体或组织。人们会根据各种情况，如学习、工作、玩耍等来适应团体。这并不是件坏事或不正常的事。事实上，有很多人喜欢加入团体。当然，肯定有一些人是独来独往的，这些人通常只占少数。在团体中，个人很容易看到别的成员所表现出来的态度。如果没有意识到那是一种态度的话，这个人很容易将别人的态度看成是一种智慧。有时，团体会强化一个人原有的态度。这是因为，加入同一个团体的人通常有着类似的目的和价值观，而且团体的最初成员通常都会带有同一种态度看法。如宗教等大团体会让人毫无例外地学习一些特定的信念和传统。这些信念会逐步变成态度。例如，信仰印度教或锡克教的人会认为吃牛肉是非常令人讨厌的。这是因为，他们的宗教认为将产牛奶的奶牛杀死是非常邪恶的，是有罪的。同样，在穆斯林社会中成长的人会有这样一种态度，认为猪肉是不干净的。

个性的影响

两个人即使接受了同样的体验、信息和影响，最后他们也不一定会形成同样的态度。因为，个性也对态度产生极大的影响。米尔顿·罗克奇在他的开创性作品中指出，人分为两种类型——实际的开放型和教条的封闭型。（第二类人非常排斥与自己不同的信念，并且会形成态度，而且他们会固执地反对一切可以改变因此而形成的态度的理由。）第二类人形成了一种排斥与自己信念不同的态度，而且他们会同样地反对一切可以改变上述态度的理由。

好在有开放个性的人是占大多数的，而且信息的自由流动促进了这个比例的增加。这就给了营销者希望和机会，使他们可以减少、改变或清除那些障碍性的态度。

媒体的影响

实际上，今天各个社会、各类人都会接触到大众媒体。产品、用法、意见和革新总是在消费者中流传，即使想不接触都难。大众媒体的宣传会在消费者心目中形成印象，即使那些对产品并没有直接经验的人也不例外。在态度的形成中，大众媒体起到了什么作用？公平地说，大众媒体并不能培养一种态度，但是它可能会强化一个已经存在的态度。这是因为，各种竞争力量和利益相冲突的各方都想分享大众媒体资源。大众媒体的作用在于它提供了更多的信息，而且限制了固定想法的形成。营销者还是大量利用电视广告和商业信息广告来传递信息，从而强化他们的忠诚顾客的态度。通过媒体获得的知识的另一个特点是：知识随时间的改变而改变，它对永久的信仰和态度是没有威胁的。

营销者利用媒体影响的策略

尽管营销者承认，态度在总体上是影响产品信息正常流动的障碍，但是他们有时候还是会去主动引发一种态度。例如，当营销者的产品占有了绝大多数的市场份额，营销者就会去找到这种有利的态度，并通过精心的广告、宣传和促销活动来强化这种态度。

而另一方面，如果产品在市场上很不受欢迎的话，营销者就会提供一些有利于产品的信息来赢得顾客。首先，他需要找到不利于产品的态度，并有步骤的来清除或改变这种态度。他们需要在市场上消除有利于竞争对手，尤其是市场领导者的态度。无论采取何种形式的行动，营销者都需要进行充分的研究，并确定这种态度是否存在；如果确实有这种态度，那么它是以何种形式存在的。营销者可以采取的办法是：首先针对消费者设计调查问卷；然后对消费者进行访问和民意调查、收集相关数据；根据收集到的信息进行分析，最后找到消费者普遍存在的态度和形成态度的原因。

纠正态度

找到了消费者的态度及其背后的原因以后，营销者可以用好几种方法来引导消费者。让我们来看一个例子：消费者的态度有利于品牌 A，而你希望推销你的品牌B，而且B在质量和价格上与A都有一定的可比性，但是却受到了消费者态度的影响。让我们看看有哪些可用的战略。

消费者的态度	可用的战略
A品牌是由大公司制造的，因此肯定是好的。	说明质量和公司大小没有关系。事实上，B品牌产品的质量和A一样，甚至更好。因为B公司小，所以它更专注于产品的质量。
A品牌已经提供了很多年的优良服务，我为什么要用其他品牌的产品呢?	说明B品牌的特殊优势，引导消费者尝试新产品。
A品牌是经过时间考验的产品。	强调B品牌中的创新和采用的最新科技。
A品牌产品是市场上最流行的产品，它肯定很不错。	说明B品牌在其他市场（如海外市场）很流行。很多人已经改用B品牌产品了。
A品牌声明它是最好的。	声明和反对都不能被看成是事实。

后行为态度

在前面的讨论中，我们说信念和态度产生在先，然后才会影响人的行为。然而有时候，人是先做出行为，然后才通过自我调节形成态度来证明这种行为。我们将研究两个著名的现象——认知失调和归因。

认知失调后产生的态度

根据认知失调理论，当人已经做出购买决定后又发现了新的相反证据，这时他就会产生不舒服或失调的感觉。这个新证据表明，原先的购买决策是否明智是值得怀疑的。例如，一个消费者决定购买某一品牌的一种很昂贵的机器，而且他已经付了订金，正在等待送货。在做出决定后，消费者通过广告以及听到的新信息或新意见说有更好的产品。他也可能会发现他没有考虑过的竞争产品具有独特的优点，并且质量很好。消费者做决定时的信念和之后他接受到的关于产品的不同信息之间的冲突导致了认知失调。在这时，如果消费者可以发现一些有利于他所选择的产品的信息，认知失调就会消除。如果消费者形成这样一个态度：认为竞争产品不好，那么他的认知失调也会消除。

由归因得出的态度

归因理论认为，消费者可以将他的行为产生的原因归结为一些特定的因素。消费者会回顾他的行为，为了证实他的决定，他归结了一个原因。如果一个人总是从 Bata 购买昂贵的名牌鞋的话，他会将自己总结成一位一贯看中质量并有经济头脑的人。他认为只有在 Bata 买的鞋才最耐穿。这个原因发展为态度就是：其他所有尝试过的品牌的产品都不好。

有时，归因找出的因素是外在的。例如，消费者经常到大的购物中心里的超市去买哪怕是极少的东西。尽管有些惭愧，但是他还是不去社区商店。他将原因归结为：社区商店的工作人员精力太充沛了，他们不停地谈话，因而使他没有办法安静地购物。他形成了一种态度认为，社区商店只适合老年人和孩子。

态度和行为间的关系

心理学家建立了许多模型来说明：态度是由许多不同的部分构成的，并且解释了不同部分的效用。在本章的开头，我们说态度是消费者行为中被研究得最多的一个主题，如果需要全部了解，学生们应该学习一些专业资料。然而，在这里介绍一下最流行的 CAC 模型还是很有必要的。

CAC 模型

这个模型认为：认知、情感、行动是态度的三个组成部分。这个模型也被称作三组件态度模型。

第一个组件：认知是人通过直接体验、观察、吸收信息等方式所获得的知识。认知是形成知觉的起点，也是知觉最重要的基础。知觉进而形成态度。

第二个组件：情感是指人对事物的感觉。这种感觉有情绪、心情、及以前接触事物时获得的好的感觉或其他体验。

第三个是行动组件，它是前两个组件的结果。它是由前两个组件引起的，但由于它直接指导了行为，因此也成为了态度中的一个重要组件。

例如，一个人对“黑色的朗姆酒在上流社会是不被接受的”这个说法有消极的认知。但是他自己亲身体验确是很愉快的，因此这种愉快的体验让他形成了一个积极的情感组件。基于上面两种组件，结果性的认知组件就形成了。显然，这个行动组件是很微弱的。最后，这个人对这个说法的态度是很弱的，或者是没态度的。

专栏9.2

在商学院选择上的认知失调及归因：诺爱尔·苏的故事

诺爱尔·苏是斯里兰卡公民。作为一个船舶工程师，他被派到印度的Visakhapatnarn地区工作了5年。在这期间，他参加了印度高级管理学院（IIAM）的在职学习并获得了管理学的研究生学位。后来，他回到了科伦坡，并开始了他自己的船舶修理业务。起初，他认为他的商学院文凭对他的业务没有直接的即时的影响。然而一段时间后，他发现在他创业的同时期，他比其他竞争者都成功。他开始将他的成功归因为他所获得的文凭。这种归因使他对商学院教育在总体上有了一个温和的积极态度，对他的母校IIAM更是如此。

时光流逝，到了诺爱尔的儿子维克兰选择职业的时候。作为父亲，他向孩子强力推荐IIAM的管理学研究生项目。当录取开始时，维克兰作为最早申请的学生第一个拿到了录取通知书。从录取到开课，中间有三个月的间歇。在这三个月中，这对父子每天的日程中都有一个讨论的主题。他们主要讨论父亲当年在印度的学习及IIAM的课程。在此期间，他们又遇到了很多机会。很多商学院，有好的、有差的、有远的、有近的，都开始宣传课程的信息、就业的情况等等。一个温和的认知失调开始出现，父子的精神都开始紧张起来。他们重新打起精神，不断地收集与他们的计划和IIAM有关的更多信息。他们最先注意到了IIAM在印度商学院中排名靠前的信息。他们也向印度高等教育委员会科伦坡分会咨询，并与IIAM的校友会联系，同时他们还收集那些知名校友的信息及他们所服务的公司的信息。他们还参加了学院针对那些还没有被录取的申请者所召开的咨询会。最后，他们重新证实了他们所选择的学校是最适合他们的。正是由于最初父亲有了一定的态度，才引导他们做出后面一系列的行动。当他们感觉到认知失调时，通过收集新的证据来支持他们的选择，从而消除了认知失调。

这个故事构成了一个理想的CAC模型。诺埃尔首先通过体验获得了认知组件，他在IIAM的愉快经历和对IIAM的感情形成了情感组件。这两种积极的组件就促成了诺埃尔积极的行动组件，从而指引了诺埃尔的行为。

我应该说出竞争对手的名字吗?

当营销者为夺取竞争对手的市场份额而推出修正型广告时，他们中的许多人会面对这样一个问题：营销者有时会发现竞争对手在做虚假声明，并且不公平地取得了优势地位。有时，营销者还可能发现有利于他的产品的某一特定信息不能被有效地传递给消费者。作为市场上处于劣势的品牌的营销者，他会觉得应该点出其竞争对手的名字，并且盯牢它。然而这种行动很有可能招致报复。而且，如果打广告战的话，花费将是极大的。营销者在进行广告大战时，请不要在消费者面前做任何有损于信誉的事情。

当这种情况出现，而你有除了将竞争品牌的缺点或错误声明公布以外没有其他选择时，你在设计宣传攻势的时候就应该特别小心。应该保护真相、尊严、公平和可信度等很多方面，并用微妙的方式推动攻势的进展。与普通的促销广告相比，在写修正型广告的文案时，应该特别小心。

普通的促销广告可以用很简洁的交流来强调你的品牌和特点。普通广告完全可以忽视竞争品牌的存在，并且可以自由地使用形容词和夸张的词汇。

而对于修正型广告来说，这样的策略是行不通的。在这儿，你需要用至少是双方的图片才能将你的品牌和竞争品牌进行对比。你需要在广告中给竞争对手一席之地，并且对竞争对手予以评价。最重要的当然是强调你自己产品的优势。这样也达到了用适宜的方式消除竞争对手误导的目的。如果竞争对手的声明很难实现，而你还承诺可以比他做得更好的话，那你就大错特错了。研究者对修正型广告进行了实验调查，他们得出了如下结论：

1. 不管消费者忠诚于哪个品牌，所有的消费者都更容易注意到双边型广告；
2. 即使你的广告中并没有明确点出竞争对手的名字，聪明的消费者也会自己猜出来；
3. 如果你提到了竞争对手的名字，那么你们之间就处于敌对状态，但这并不会使消费者对你产生敌对情绪；
4. 对于弱势品牌来说，广告大战并不会使其消费者大量减少；
5. 宣传只能对消费者的行为产生很小的影响或改变。营销者不要错误地认为消费者会大批量的自动转移，虽然宣传上是这样描述的；

6. 如果你列表来比较产品间的异同时，最好列举一些市场上领导品牌的优势。这样将增加你的表格的可信度，否则，人们只会把你的表格当成是废话。

相关词汇

功利函数：它解释了为什么一些特定的需求和价值可以影响消费者的态度的形成。他们根据产品的服务功能来分类，即采用自我保护函数或价值表达函数。

知识函数（认知战略）：使消费者注意到事情真相，从而打破消费者原有的态度。

作 业

1. “如果态度是可以消除的，营销将更加容易。”你是否同意这种说法？请举一个最近正受到消费者态度的困扰的产品的例子，并讨论。
2. 农村地区的消费者是不是表现出更多的态度？举例证明你的说法。
3. 通过展开广告大战来消除消费者的态度：对于住在海边的人来说，碘盐对身体是有害的。
4. “许多印度消费者相信：广告增加了商品的成本。”讨论这种想法会形成哪些态度，该如何应对这些态度。
5. 选取两种产品和两种服务——在这些产品和服务上，你的选择和你父母的选择很不同。将你所观察到的态度归结为经验、信息、媒体曝光和信念。
6. 举出一个例子说明，你或你的朋友在购买大宗物品时遇到的认知失调。营销者可以做哪些工作来消除消费者的认知失调？

参考文献

1. John Anderson, "Make your Child a Winner", *Reader Digest*, January 1992.
2. Schiffman and Kanuk, *Consumer Behavior*, 6th edn, Prentice Hall, 1997.
3. P. D. Bennett and H. H. Kassarjian, *Consumer Behavior*, Prentice Hall.
4. Czinkota and Ronkainen, *International Marketing*, Dryden Press, 1993.
5. Attitude and Attitude Charge, Block Notes 2/6-SOMS, IGNOU, New Delhi, 1999.

第 10 章　团体及其意见的影响

“从来不改变自己的意见的人就像静止的水一样，思想将逐步僵化。”

——Anon

通过对本章的学习，你将：

- 知道有团体这种组织的存在，并且知道个体的归属；
- 了解团体是如何思考的，以及团体对其成员的影响；
- 了解参照团体和意见团体的概念及他们的力量；
- 考察专家、名人、智囊团的作用，以及营销者和广告人是如何利用他们的帮助的。

团　体

这个世界上几乎没有人是完全自己独立工作和生活的。在居住地或在工作单位，个人总是会与其他人有所联系，尽管这种联系可能是很短暂的，也可能是很松散的。在大多数时候，不同的人会被迫或碰巧成为一个团体。事实上，每天工作和生活中的好多事个人都是不能独立完成的，需要两个或更多人付出努力。所有这些因素就导致了团体的形成。在这样的团体中，人们相互之间自然会有一些交往。这种交往可以是身体上的、语言的或视觉上的，但是这种交往却可能造成互相影响。

团体是由两个或两个以上的人组成，共同完成个人的或共同的任务或目标。这是个含义非常广泛的定义，我们甚至可以把在一起旅游的人也算作一个团体。

我们也可以将团体定义为由多个人或者自愿、或者被迫、或者应要求组成的正式或非正式的团体。一个人也可以在形式上成为团体中的一员，比如说喜欢下象棋的人可以说自己属于象棋爱好者这一团体。

除以上所说的这些团体外，还有一种非常重要的自发团体——消费者团体。从购物团到消费者行动论坛，消费者可以根据各种不同的原因组合在一起。这种团体对于我们来说非常重要，因为它可以直接影响成员的购买和消费行为。

团体对个体成员的影响

个体可以同时是很多个团体的成员。例如，一个人可以同时是家庭的成员（家庭是一个团体），可以是朋友圈中的一员，可以是工作团体的成员，可以是一个协会或工会的成员，也可以是一个宗教团体或者一个兴趣小组的成员。一个人也可以同时加入很多个名义上的团体。所有这些会员资格都来自于各种团体，而每个团体都会对它的成员产生或多或少的影响，并且在多数情况下，这些影响通过其成员的购买和消费行为体现了出来。

对个体来说，团体就是它的信息来源，是它的参照体，有时也是用来讨价还价能力的工具。通常人们会到团体中去寻求意见和支持，而且他们通常会觉得不应该违背来自团体的意见。显而易见，对营销者来说，研究团体和团体的影响是非常重要的。

专栏 10.1

团体购买的例子：LetsBuyit. com

1998 年，一个瑞典人想用折扣价格在美国买一辆沃尔沃轿车。但是经销商不愿意给他任何折扣，所以他就联系了他所认识的每一个有可能买沃尔沃轿车的人。几星期后，他拿着一个有 500 名购车人的名单再次找到了那个沃尔沃轿车在美国的经销商。毋庸置疑，这次他获得了很好的折扣价格。受到这个成功的启发，他决定建立一个网站，从而来建立一个购买轿车和其他高价值物品的虚拟社区。1999 年 1 月，LetsBuyit. com 公司由此诞生了。

现在，从欧洲 14 国中的任何一个地方都可以访问 LetsBuyit. com 网站。该网站提供 500 多种产品，最便宜的产品在 30 欧元左右。该网站将产品分成了 8 大类：汽车及配件、电脑和 IT 产品、家用电器、家庭用品和园艺用品、运动和休闲品、香水和化妆品、游戏和玩具产品、日用品。

顾客在下定单时，他可以按照定价付费，也可以要求一个更好的价格。通常在 10 天后，产品的最终价格会根据对该产品感兴趣的人数多少来决定。最高的折扣可以达到50%。这时，顾客可以根据最终价格来确认或取消定

（续）

单。如果顾客确认，并通过信用卡在线付款后（LetsBuyit. com 公司收取10%的佣金），产品就会通过 LetsBuyit. com 公司遍布欧洲的仓库和物流线在15天内将产品送达消费者手中。

到2000年的年初，LetsBuyit. com 公司仅仅经过一年的运作就拥有了120万名购买者，并与其他知名网站达成了合作协议，以便向这些网站的顾客提供相同的便利服务。

团体思维

很长时间以来，团体讨论集中在政治、宗教、当代科学、新闻等热点问题上。团体讨论可以产生一定数量的团体思维。当团体中的个人意见被团体所采纳的时候，这些成员会有一种满足感。

Ratna Rao 夫人是加尔各答的一位教师。她在“每日新闻”上看到了一条关于银行欺诈的报道。因为她大部分的积蓄都放在银行中，所以她很关注这个事件。她决定一定要在学校午餐期间和老师们讨论这件事。中午与老师们讨论之后，在傍晚时分，她已经基本形成了一个观点，即买黄金比把钱存到银行更好。可见，团体的意见和思维已经对她的思维产生了影响。回家后，她又与邻居们和她家的女佣讨论这个问题并向大家散布一个观点，那就是现在每一个人都认为银行已经不再安全了，黄金的安全性更高。

Madhusri 夫人是班加罗尔市一个著名的财经日报社的记者。她是一个性格平和但很精明，也乐于接受新事物和新发明的人。她为自己可以按照自己的意愿进行采购感到很自豪。最近一段日子，她在考虑给她的房子买一个盗窃警报器。从性质上说，警报器是一个科技产品，具有很高的价值，而且它应该具有百分之百的可靠性。除此之外，住宅用的警报器在这个城市还是一个新生事物。人们还不了解它是否真正可以起到应有的作用。作为一个很自主的人，Madhusri 夫人感到与邻居们讨论这个问题很尴尬。虽然推销商极力推荐这个产品，但是她怀疑推销商是出于自己的利益才这么做的。苦于被这个问题困扰，Madhusri 夫人于是将这个问题带到了记者团体中，并与那些编辑城市新闻的记者们展开了讨论。经过一两天的午餐讨论后，Madhusri 夫人了解到这个城市的入室盗窃率确实在增加，而且在一些案件中，报警器也确实起到了作用，使住宅免于被盗。这些信息已经足以说服 Madhusri 夫人，所以她决定再次约见推销商。

图 10.1

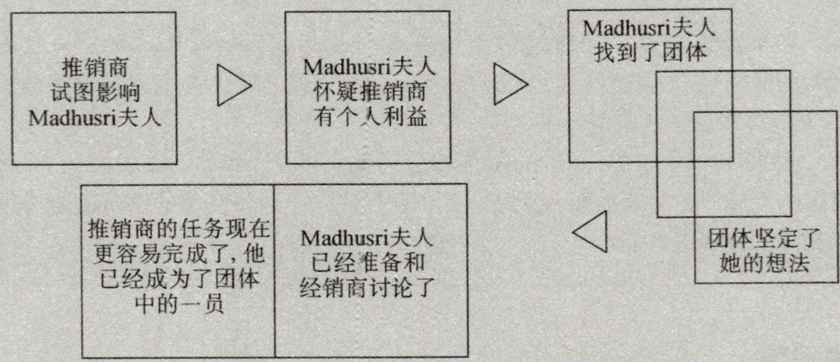

在上述的例子中，我们看到个体是如何将自己的问题拿到团体中去寻求团体意见的。在这些例子中，我们可以看到个体并不是到团体中去接受教育的，他们只是想知道大多数人的想法。在购买之前，个体寻求大多数人的想法是非常重要的。大多数消费者并不是激进的带头者，也不是胆小的追随者，他们只是想随大流罢了。

事实上，在很多情况下，完全由个人做出的决定被拿到团体中，或被巩固或被推翻。营销者应该清醒地认识到这个趋势。对营销者而言，这是一个很好的现象，因为影响一个团体要比影响一大群单独的个体容易得多。营销者针对消费者团体所做的介绍应该经过精心策划，以便产生深远的影响。营销者应善于发现团体和意见的决策者，并通过介绍展示会来“教育”这些决策者。整个过程可以按照如下方式进行：

> 福布斯先生是一个推销商，他碰到了 Clubwala 夫人，并发现她很乐于接受新产品。福布斯先生在 Clubwala 夫人家给她做了很有趣的产品展示。之后，福布斯先生想通过 Clubwala 夫人了解她的朋友圈和她所接触到的人中有谁可能会对这个新产品感兴趣。Clubwala 夫人就把自己参加的一个俱乐部和自己所工作的学校名字告诉了福布斯先生。然而，她认为其他人都很保守，都没有她这么自由的思想。但是福布斯先生还是很好的利用了这个机会。他在俱乐部和学校这两个地方都进行了产品展示，并在随后的客户接触过程中，不时地让在场的 Clubwala 夫人谈自己的意见。很快，最开始的僵局被打破了，很多人都加入了讨论。最后，一个对产品持肯定意见的团体就形成了。

参照团体

个体会下意识地反复审视自己所作出的重要决定，并将自己的决定与其他人的决定，特别是那些他所崇拜的人的决定相比较。这种行为在购买高价值产品或重复购买中体现得最为突出。通常，个体的头脑中都会有一些他所崇拜或者他所接受的人。在人的头脑中形成的这种参照团体并不一定是一个现实存在的团体。因此，参照团体的成员不需要会员资格也不需要一个明确的界限。参照团体更多地是存在于人脑中。例如，当年轻的经理人谈到他们很崇拜知识阶层的意见时，他们所指的其实是一个参照团体。如果，你问不同的经理人知识阶层都有哪些人时，你可能会得到不同的答案。

要成为参照团体中的人员需要满足如下条件：

1. 知名的/或可接受的；
2. 掌握产品信息或产品的第一手经验；
3. 该领域的专家。

图 10. 2

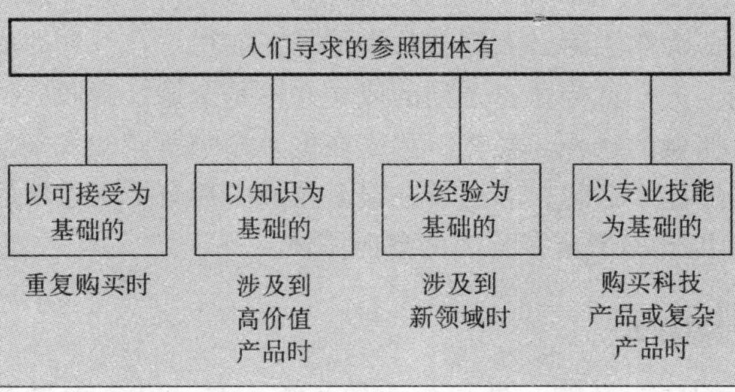

此外，普通消费者还会把那些在他所熟悉领域里的名人当作参照团体。有时，营销者会发现自己的产品特点很少，以至于很难引起任何一个参照团体的注意。在这种情况下，营销者会在工作室里创造一个典型的、常见的人做为参照团体。总体来说，营销者常采用如下三种参照团体：

专家意见组

投资商、医生、工程师以及类似的人可以被看做是见多识广的人。大多数消费者都不会怀疑他们的意见。

内行意见组

某领域的专家可以对该领域的产品和服务提供专业意见。如歌唱家和指挥家可以评价乐器质量的好坏。

图 10.3

内行展现出的▽	人们对内行的假设▽
是一个出色的指挥家	应该很了解乐器，甚至了解音响设备和娱乐设备
是一个成功的赛车手	应该了解汽车、引擎、润滑油
是一个成功的运动员	应该了解运动产品

名人意见组

当一个人成为名人后，人们会认为他是在取得了一系列的成功之后才成为名人的。人们认为这一系列的成功并不是全靠侥幸而取得的，而是得益于名人所做的选择。显然，名人在他生命中所做的大多数选择都是正确的。根据这个逻辑，名人就在很多领域中拥有了表达他们意见的“执照”，他们因此而形成了强大的参照团体。

普通人智慧的团体

如上文我们所提及的，当一个产品非常普通，以至于很难获得专家、内行或者名人的意见时，“普通人”的意见就变得非常重要了。当然，这种产品必须是适合于普通人消费的。比如，普通人的意见对家庭用品的销售可能会很重要，但是对于运动型汽车来说就没有什么作用。这种用普通人作为参照团体的做法并不能充分引起人们对广告信息的注意力。但是它确实是一种经济有效的方法，因为营销者不需要支付大笔的代言费。

专栏 10.2

名人代言与专家意见的对比

Sachin Tendulkr（印度最著名的板球运动员）是一位名人，因此他所代言的各种产品都应该属于名人意见一类。但是，对于他所熟悉的领域来说，他的意见可以看成是内行意见。

例如，当Sachin代言一种软饮料时，他的意见是名人意见。但是当他代言一个品牌的板球时，他的意见也可以被看成是内行意见。

如果名人也是内行的话，那么他的意见对消费者的作用就会格外地大。

力士香皂基业常青的故事

力士香皂是最早用名人做代言人的品牌之一。它也是在这方面做得最成功的，它的经验经过了半个多世纪的考验。它成功的最主要原因在于这些名人确实在使用力士的产品。

广告人的失误

在利用名人和内行的影响力时，广告人有责任去思考这种代言是否存在一定的真实性和可信度。如果达不到这一点的话，那么这个广告不仅不会有任何效果，还会招致嘲笑。

常发生的错误有：

- 在名人代言中只强调名人的地位，而忽略了名人与产品的联系。类似的例子有：宝莱坞影星Rani所代言可负重的自行车。显然，她是绝对不会骑这种自行车的。
- 内行代言一种他所专长的领域以外的产品。例如，一个汽车专家去代言建筑设备。
- 用普通人做代言时，代言人的服装和饰品太过华丽。例如，一个穿着三件套西装的人去代言低档香烟。
- 代言人很牵强地去强调产品看不见的特色。例如有这样一则广播广告：丈夫骑摩托带着妻子赶路，并对妻子说："……我们肯定会准时到达的，因为我们的摩托装配的是RD牌变速箱……"。

广告人运用参照团体时的黄金定律是：

- 代言广告应直言不讳，应该直接说出代言人自己也使用该产品；
- 内行代言时应该运用他的专业知识来说明产品的好处；
- 如果上面两条定律不适用的话，则干脆把名人或专家当作情景广告里的演员，从而便于观众的联想和回忆；
- 总之，应该传达出“因为我们的产品好，所以他们用我们的产品”这样的信息，而不是“因为他们用了，所以我们的产品就是好产品”。

图 10.4

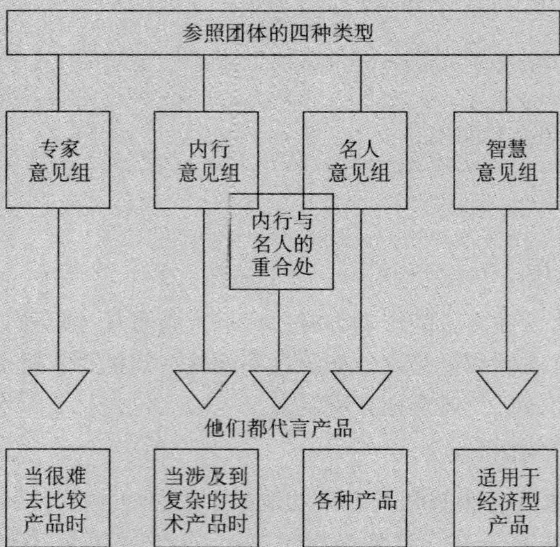

相关词汇

期望团体：人们希望参加的团体。

公司发言人：经公司授权，发布公司信息和事实的人。

购买伙伴：与某人购买兴趣相同的其他人。

作　业

1. 如果你面临 Ratna Rao 夫人或 Madhusri 夫人所面临的问题的话，你是否同意她们解决问题的办法？你是否会去咨询一个内行专家？请分别讨论这两个案例。
2. 列出在下列情况下，你会去咨询的团体：
   a）你想买一台个人电脑，但是对型号、配置、品牌和价格等问题还没考虑好。
   b）你想带着一家三口去欧洲旅游。
3. 找出一个运用了代言人，但却缺乏可信度或说服力的平面广告。再找出另外两个具有真实性和可信度的代言广告。说明你的理由。

参考文献

1. Stanton, Etzel, and Walker, *Fundamental of Marketing*, McGraw Hill, 1994.
2. Schiffman and Kanuk, *Consumer Behavior*, 6th edn, Prentice Hall, 1997.
3. Group Influences on Consumer Behavior, Block Notes-3/5 SOMS, IGNOU, New Delhi, 1999.
4. N. S. Chawla, "Ethics of Endorsement", *Business World*, 1 July 2002.

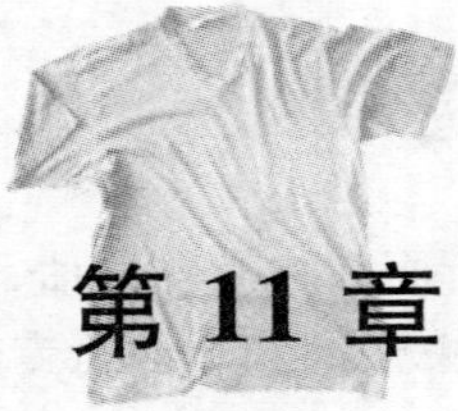

第11章　文化和社会阶层

"最佳的生活状态是：钱不要太多，以免招惹嫉妒；钱也不要太少，以免被人唾弃。"

——Josh Billing

"请记住：在很多文化中，沉默是金，也是自由。"

——Warren Keagan

通过学习本章，你将：

- 了解文化、文化的内涵及它对个人的影响；
- 知道亚文化、跨文化以及它们之间的相互作用；
- 识别出受到文化影响的消费者行为；
- 了解社会阶层的结构，以及社会阶层的形成和五种阶层的划分；
- 知道营销者和广告商是如何对市场进行阶层划分的。

文化和阶层

如我们在前面章节所学习到的，消费者的行为首先受到个性的影响，然后受到来自家庭的影响。事实上，还有影响消费者行为的第三种和第四种因素，也就是消费者成长过程中所处的文化氛围以及他所处的社会阶层。在前面章节学习了个性和家庭对消费行为的影响后，我们现在将注意力转到文化和阶层对消费行为的影响上来。

在学习与文化和阶层相关的问题，以及在应用所学习到的原则时，学生们应该意识到他们本身也是文化和阶层中的一份子。在进行分析和采取行动时，学生们应该剔除来自他们自身的影响，而努力去了解和尊重别人的文化和阶层。

文化的概念及说明

有很多种关于文化的定义，其中与我们的目的最接近的定义是：

文化是一个社会或一个团体中的人们的信念、态度、价值、规则和风俗的总合。社会中的人们共同分享文化，并且将文化世代相传。

文化也会随着时间的改变而改变。在文化得到发展的同时，社会也不断面临新观念的冲击。而且，社会和团体中的人员组成也是不断变化的。新的一代被带领进入社会，同时一些有着其他文化背景的新成员也不断地被同化。随着团体中人员的迁移、信息的流动和年轻人的加入，文化也在不断地扩大、稀释、分解和变化。

然而，文化的变迁并不是迅速而激烈的。这些变化反映了旧思想向新思想的过渡，也反映了由环境或者新的一代带来的现实变化。因此，这些变化只能是逐渐发生的。

文化这个词本身或者这个概念本身是非常灵活的，它可以包含各种不同类型的事物。当我们谈到东方文化时，它包括了从埃及、俄罗斯到印度、印度尼西亚等在内的世界上非常广阔的一个领域。因此，这就必然促使我们去研究东方文化中的亚文化，如俄罗斯文化或印度文化。如果某一组合团体或跨文化的团体中的消费者比较重要或数量比较大的话，我们也可以将他们找出来并进行研究，如“印度移民”文化。

我们已经将文化定义为信仰、态度等的总和。因此，我们可以将文化看成是对价值、遗产、艺术或优良行为的尊重“许可”和保留。当我们看到文化将一些非理性而且过时的态度当作风俗传递下来时，我们也可以将文化看成是一种“信仰”。

文化的主要载体是家庭和宗教组织。在这些场所，个人会接受到许多属于文化范畴的观点、信仰等教育。在与文化的其他两个载体——教育机构和大众媒体——的交互中，这种教育会被加强或减弱。

文化对消费者行为的影响

文化对个人影响的范围很广。从学习的角度出发，我们将主要研究文化对消费者行为的影响。它们是：

- 对食品、服装和住宅的消费；
- 对信息和媒体的感知；
- 对新观点和新变化的理解。

食品 食品可能是个人偏好中最个性化、最有标志性的领域了。而且，文化也为它增添了一些特定的偏好。由文化引起的偏好有：

洁食——针对信仰犹太亚文化的人

不吃牛肉——信仰印度教和锡克教的人

不吃猪肉——穆斯林

素食——信仰印度教的很多亚文化的人

海鲜——远东很多的亚文化信仰者

服装 根据简单的逻辑思维，服装的偏好只与气候和天气有关。但是，你可以看到很多属于某些亚文化的消费者展现出了特别的偏好。可以看出，这些偏好是由受文化影响而传承下来的。否则，我们将无法解释为什么意大利贵族在多伦多，或者印度妇女在圣弗朗西斯科会去选购真丝制品，我们也无法解释为什么并不适合当地气候的民族服装全年都有人购买。

住宅 在西方文化中成长起来的特定阶层的人会将房子看成是"城堡"，以保护他们的私有财产。而在东方文化中成长起来的相应阶层的人会将房子看成是一个展示地，同时也是一个和朋友、孩子进行交流的地方。这些文化因素影响了消费者对房子的地点、材料、建筑风格和装饰的选择。营销者应该记住这一点。

媒体和文化

我们必须承认，媒体本身就是文化的一个载体。从另一个不同的角度来看，媒体也会被营销者当作是向消费者推销特定文化的工具。一个精明的营销者应该可以辨别出他的目标消费者受到文化影响的程度，然后相应地软化营销信息以避免与价值、信仰、传统等文化范畴的内容的冲突。事实上，营销者应根据那些已经赢得的目标消费者的媒体的特点来设计他自己特定的广告主题和信息。

由于包含文化因素的信息是无所不在的，因此如果学生们不对那些针对某种特定的文化群体的媒体进行研究，他们将不会注意到包含有文化因素的信息。杂志、广播和电视是很容易接触到的媒体。例如，电视节目，特别是那些讲述中国或印度传统故事的连续剧就是接触特定消费群体的很好的工具。他们可以在全世界范围内传递那些适合中国人或印度人的特定商品和服务的信息。另外，在希伯来语杂志上刊登洁食广告也是很好的例子。

我们应该看到消费者是同时接受到营销信息和文化信息的，这两种信息互相加强，从而减少了消费者接受信息的难度。而且，消费者还会觉得营销者是“他们中的一员”。经典的范例来自英国航空公司。英航在“英国—印度”航线中传递了这样的信息：“和很多印度人一样印度。”跨国公司通过认同当地的文化而得到很大发展的例子是非常多的。而且，还有一些制造商通过将他们自己看做是当地语言和文化的贡献者而取得了成功。例如，打字机制造商、书籍的印刷商和乐器的分销商等。

文化的“回力镖”效应

有时，全球营销者在浪费了大量的金钱和精力后会发现，在某种文化中很成功的点子在另一种文化中完全行不通。学习全球营销的学生将美国文化和欧洲文化进行笼统地比较后可能会认为，这两种文化都是属于西方文化。它们都是先进的、高标准的和由市场驱动的。但是，一旦深入到具体的营销环境中，他就会遇到文化分歧的问题，从而导致“回力镖”效应或冷遇。如果只是进行简单的移植的话，那么即使是最棒的点子或主题都会失败。多米尼克·夏代尔从《消费者行为——欧洲版》中引用的文章很好的说明了这个问题。下文就是讲述关于将美国产品引入欧洲，特别是法国的一段文字。

“许多国家一直持续着关于是否对美国电视节目进行配额限制的讨论。在最近的 WTO 贸易谈判中，有关输入美国文化而引起的冲突一事已经到了紧要关头。该谈判将限制美国电影出口到欧洲（而美国电影在欧洲电影市场上的份额升到 75%）。法国一位官员认为，法国电影具有创造性，而美国电影完全是市场营销的产物。在欧洲，法国是对美国文化渗透最公开的反对者。他们甚至希望限制使用一些英语化了的法语，如 le drugstore，le fast food，le marketing 等，尽管这种行为被认为是不合法的。1991 年在巴黎郊区开放的欧洲迪斯尼乐园将法国人关于文化污染的讨论推向了顶峰。除采用了常规的吸引游人注意力的办法外，欧洲迪斯尼乐园还将一些酒店命名为纽约酒店、纽波特湾俱乐部和夏延酒店，希望通过这种办法在主题乐园里营造一种美国氛围。但是在乐园盛大开幕后又重新进行了定位，其中包括将乐园的名字改为巴黎迪斯尼乐园，因为欧洲迪斯尼乐园这个名字有些名不副实。但是有些欧洲人对迪斯尼乐园传递出的文化信息丝毫不感兴趣。一位法国评论家将迪斯尼主题乐园形容成“由纸板、垃圾和吓人的色彩堆积成的恐怖地带——它是一个像僵硬的口香糖一样的建筑物，好像是从美国肥佬们看的卡通书中直接摘出来的白痴一样的故事。”

差异万岁

荷兰的 Geert Hostede 是世界上最知名的文化研究学者之一。他用文化的四种尺度来说明国家间的差异：

- 个人主义：有些文化鼓励集体主义，而有些文化则赞同人们的个人主义行为。
- 权利距离：有些文化阶层的划分非常正式而且严格。然而，有些文化则强调平等和轻松。
- 男性化/女性化：由于国家和文化的不同，男性和女性的职责有很大的差异。男性和女性的购买习惯也有很大的不同。
- 规避风险：在某些文化中，人们倾向于接受不确定性，而其他文化则不同。

地域引起的文化差异

不同国家或地区的人由于受到气候、文化传统和其他因素的影响而形成了不同的消费习惯。消费习惯的差异导致不同国家的生活习惯也有很大的不同。如上所述，饮食上的差异是最明显的。

1998 年，欧洲 15 国进行了一次调查来研究国别差异和语言差异对饮食消费会产生多大的影响。该调查涉及了 138 项与食物有关的因素。调查结果发现，法国人、瑞士人和意大利人喝葡萄酒比较多，德国人和丹麦人偏爱啤酒，而英国人和爱尔兰人则更喜欢茶。而在食物方面，西欧人的家庭饮食习惯和欧洲其他地区的家庭有很大的不同。在爱尔兰和希腊，土豆受到普遍欢迎，而在意大利则没有什么人吃土豆。意大利人更喜欢面食。

对于任何一个希望在国际市场上展开经营活动的公司来说，了解其他文化的特点是非常重要的。“统一战略”可能会取得规模效益，而“本土化战略”才可以适应和发现当地人的偏好、感觉及生活方式。有一句非常出名的口号总结得很好：“思想全球化，行动本土化”。

社会阶层

社会的阶层结构从人类历史上出现文明开始就长期存在。一些特定的个人和家庭通过所拥有的财富或所从事的职业，为自己创造了一定的社会地位。随着时间的变迁，一些人在其一生中通过运用技能或接受教育等方式为自己进入更高一级的社会阶层创造了条件。今天，人们通过考虑出身优势、由技能和教育所产生的优势等情况来区分人们的社会位置或者说社会地位。尽管我们将社会阶层制度称为层级制度，但实际上各个阶层之间也是相互连接的，它们之间并不存在空隙。但是为了研究的方便，学者们无一例外地都将社会层级制度分成了几个阶层。在本书的研究中将沿用最流行的分类方法，即社会阶层制度和五种阶层划分。

社会阶层的定义及说明

社会阶层是根据个人和家庭所具有的特定地位而进行划分的。在同一阶层的人有基本相似的社会地位。这种地位与其他阶层的人的地位相比可能高一点或低一点。地位这个词是社会阶层中每一个成员都共同享有的财富、权力、影响、认同和声望的集合。

社会阶层的划分主要是依据一个人的出身。但是，通过婚姻进入另一个家庭所处的社会阶层或通过加入特定的团体都可以改变一个人的社会阶层。个人或家庭也可以通过获得技能、教育、财富或认可等形式来改变社会阶层。取得成就也是一个可以改变社会阶层的办法。家庭成员的成就可以改变整个家庭的社会阶层。无庸置疑，家庭也会因逐渐丧失社会地位而导致社会阶层下滑。

五种社会阶层

我们已经提到过，为了方便，学者们将社会分成了有限的几个阶层。尽管在阶层的划分中存在着从两种阶层到九种阶层的各种不同划分方法，但是最流行的划分方法是将社会划分成五种阶层。人口学者普遍采用这种划分方法，而且全世界的统计学家和营销者都接受这种划分方法。

五种阶层分别是：

- 上层阶层；

- 中上层阶层；
- 中产阶层；
- 中下层阶层；
- 下层阶层。

如同以上的五种阶层一样，我们很容易就能够对社会中的阶层进行划分。但是，我们如何才可以判定一个特定的消费者是处于哪个特定的阶层呢？研究者们发现，最好的办法是从个人的自我评价或主观判定开始，然后通过客观更正来准确划分阶层。因此，作为开始的调查问卷应该询问消费者如下问题：

如果所有的消费者都将被分成如下的五类，你认为你自己应该属于哪一类？

上层（ ） 中上层（ ） 中产（ ） 中下层（ ） 下层（ ）

在这类的调查中，被调查人很容易选择三个中间类别，而避免最高层和最低层。因此，这就需要研究者根据对消费者的其他观察来纠正消费者自己的划分。这种纠正会打破被调查人选择中间类别的划分，而将所有被调查的人分散到整个社会阶层中去。因此，各个阶层的划分实际上是相对的，在特定范围的研究中，一定有人是会被放在最高层和最低层的。

研究者所进行的纠正或调整并不是平均地分配或采用特别的手段来划分。在问卷中，研究者会设计一些问题，这些问题的答案可以揭示出答卷人的真正阶层。有时，也会采用个人访谈的形式来对问卷调查进行补充，从而找到一些必要的信息。之后，研究者会得到一个合理的并且是经过权衡了的社会阶层的划分。这种经过纠正的划分可以印证消费者自己所进行的划分，也可能会将消费者重新归入一个更高的或更低的阶层中。

客观评价标准和纠正主观评定的主要标准是：

- 教育；
- 成就；
- 成员资格和所获荣誉；
- 活动；
- 技能；
- 名望；
- 财富。

图 11.1　人的阶层是受地域限制的

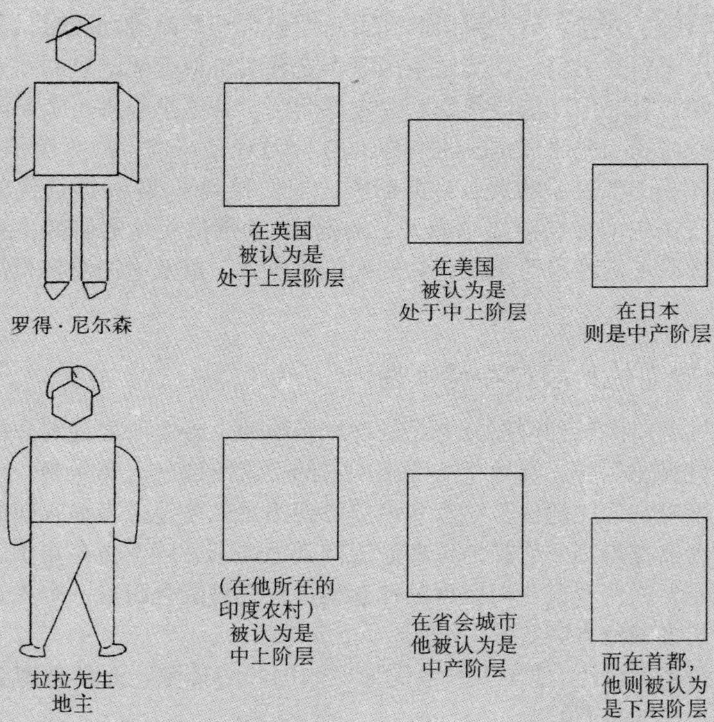

如前所述，在人的一生中是可以通过获得技能、教育和财富等手段来帮助个人或家庭进入一个更高的阶层。有时，人们会因为突然出名而迅速提高阶层地位。印度登山运动员丹增·诺吉在登上珠穆朗玛峰后仍将自己看成是下层阶层，但是他所得到的荣誉和认可，使他的家庭迅速进入了上层阶层。

营销者和阶层

营销者研究各个阶层消费者的行为，并且针对各个阶层设计特别的传播信息和广告。针对不同的阶层，他们会传递不同的营销主题和信息。他们主要的努力方向是促使下层阶层模仿上层阶层。

监测价值的变动

公司进行营销时必须评价和预测社会价值的变动。这样，在考虑投资、差异化、创新、研发新产品和重新定位现有产品等问题时，公司才可能做出正确的决定。在发展中国家，这种对价值变化的监测和研究目前还并不常见，但是应该很快就会发展起来。在这里引用一个美国在这方面所进行的一些研究是非常有帮助的。DYG 公司进行的“美国调查”项目是一个值得一提的突破性的研究。他们找到了 38 种社会价值，并在事先所选定的社会阶层中展开了对这 38 种价值变化的研究。我们只是从中选取了五种价值来研究它们的迅速变化，以及它们对公司行为的影响。

因教育改变的阶层存在特殊性

营销者应注意到阶层分类是受地域影响的，各个阶层的划分标准并不是全世界通用的。当处于一个小国家的上层阶层的人移居到一个更富裕的大国时，他的地位、财富和声望可能不足以使他进入移入国的上层阶层。因出身得到的阶层地位在搬迁到其他国家后就不再存在了。但是因为技能、教育和事迹而获得的社会地位则很可能会跟着一个人走到任何他所想去的地方。

梵语名言说道：“国王只会受到他的国民的尊敬，而学者则会受到全世界人民的尊敬。”

相关词汇

文化传入：引入一种新文化。

循规蹈矩：消费者逐步适应社会规范。

核心价值：一个社会中不因文化变迁而改变且能长期存在的价值。

图 11.2　价值变动的轨迹以及对消费模式变动的预测

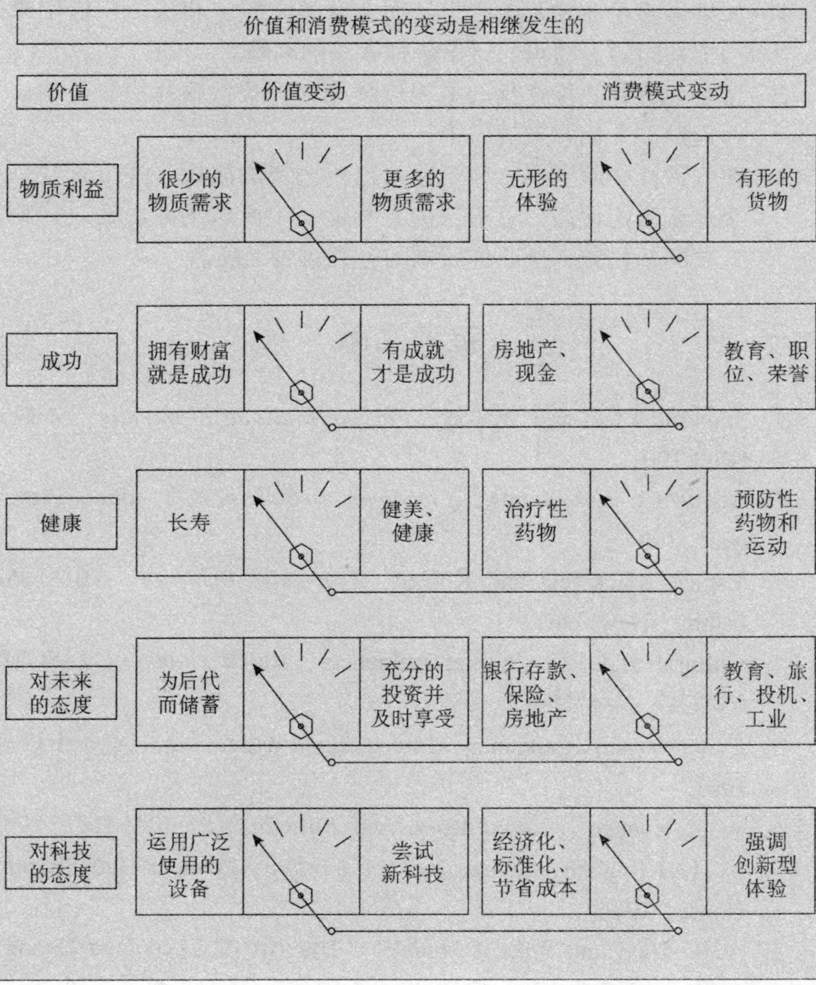

作　业

1. 如果你要在加拿大做广告，你会在英文广告和法语广告中采用一个共同的主题吗？讨论各种做法的利弊。
2. 观看一个有文化背景的电视连续剧，并观察随片广告。找出那些运用了文化背景的广告。
3. 在五种社会阶层中，找到你自己所归属的阶层，并分别找到一个你认为比你高一个阶层的人和低一个阶层的人。通过你们三人之间的比较来判断你所做的分类是否正确。

参考文献

1. Stanton, Etzel and Walker, *Fundamentals of Marketing*, McGraw Hill, 1994.
2. Schiffman and Kanuk, *Consumer Behavior*, 6th edn., Prentice Hall, 1997.
3. Eagle, BlackweU and KoUatt, *Consumer Behavior*, CBSC Publishing, New York.
4. Cultural and Sub-Cultural Influences, Block Notes 3/11 SOMS, IGNOU, New Delhi, 1997.
5. Czinkota and Ronkainen, *International Marketing*, Dryden Press, 1993.
6. W. J. Keegan, *Global Marketing*, 5th edn., Prentice Hall, 1995.
7. V. H. Kripalani, *International Marketing*, Prentice Hall, Random House, 1984.
8. A. B. Ravi and Srikant Modak, "The Art of Leveraged Living", *Business India*, 15 April 2002.
9. Jim Atkinson, '*How Asia Advertises*', John Wiley & Sons.

第三部分

精　确

第 12 章　消费者研究

“生产者说：我为大家生产；
营销者说：我为大家分销；
研究者说：我为大家计划；
消费者说：我为大家付费。”

——拉祖（改编自古希腊诗歌）

本章将：

- 阐述消费者研究的目的和意义；
- 讲解设计一个有效的研究项目的程序和步骤；
- 了解消费者研究中所使用的工具及收集数据的工具；
- 熟悉定性研究和定量研究的技巧，分析并解释研究中得到的数据和发现。

消费者研究

一切营销活动都是以找到消费者需求这一行动为基础的。其他的营销活动，如通过拓展产品和服务来适应消费者的需求，使消费者接触到产品和服务等行动都是后续的行动。因此，为了达到找到消费者需求的目的，营销研究领域在过去 50 年里得到了显著的发展。同时，消费者行为学也在不断发展。营销者意识到，有关对消费者的购买和消费行为的研究是对营销研究有力的补充。有了消费者行为的研究就可以对消费者的需求进行更好的、更有逻辑性的描述。现在，营销研究解决的是“需求是什么”的问题；作为补充，消费者研究考察的是需求中的“为什么？在哪里？怎么样？什么时候？”等问题。

程 序

那些希望进行消费者行为研究的人员通常是遵循如下步骤：

1. 对需要研究的领域进行广泛地定义；
2. 设定研究目标；
3. 收集并评估二级数据（二级数据是指任何已经收集到的可用数据，这些数据通常并不是针对正在进行的研究而采集的。任何团体采集的数据，只要是与研究有关的并且可以使用的，就都是二级数据）；
4. 设计基本研究。需要的话，采集直接服务于研究目标的特定数据（也包括设计调查问卷和选择样本）；
5. 进行基本研究、收集基本数据（基本数据是指针对研究项目而收集的信息）；
6. 分析、检验数据，得出结论。

必须记住，这些只是步骤而已，最终得到的可执行方案是一个需要进行建设和管理的数据库。

六个步骤之间的相互依存

消费者研究程序中的六个步骤并不是完全独立的。在第一步之后的所有步骤的成功都依赖于前一步完成的质量。例如，如果在第三步中，二级数据的采集不充分的话，就很有可能会误导第五步，并影响基本数据的收集。我们现在来看看如何进行每一个步骤。

定义研究领域

定义研究兴趣的领域听上去有些自相矛盾，因为它似乎限制了我们的研究范围。然而在大多数的情况下，消费者研究的目的都是在特定的业务范围内向消费者提供帮助。因此，定义研究的领域可以在很大程度上使营销者的努力达到最好的效果。

我们以一家经营运动产品的公司为例。这家公司希望可以实现差异化。由于其目的是进行差异化，所以这家公司定义的研究领域就应该是补充型的。也就是说，需要研究的新领域或新项目应该可以利用至少一个现有的优势——可以是生产设施，也可以是营销或分销网络。

有些公司和有些创业者可能会认为他们的优势是管理技巧，因此他们可以进入全新的领域，只要这个领域的前途是光明的。

设定目标

在共同对选定的领域和最终要得到的答案进行充分的检验后，公司的管理层、公司的营销人员和研究员共同制定研究的目标。在检验过程中，公司应该制定研究任务。研究任务可能是：

- 找到目标消费者所属的特定群体；
- 建议实行可行的市场区隔；
- 找到消费模式。

另外，公司还可能对特定产品进行仔细研究，从而发现：

- 消费者的情况；
- 消费者的感知；
- 消费者可能存在的态度；
- 消费者偏好。

上面提到的调查中的七个项目是有意地组合在一起的。前三个通常可以通过对二级数据的研究获得，而后四个则是通过基本数据的收集得到的。

设定的目标也应该描述出需要收集的信息的特性和信息级别。如果所需要的特性很高，研究员就需要相应地设计调查问卷、访谈和样品等。

目标也应该说明，研究是应该采用定性研究的办法还是定量研究的办法。

收集和分析二级数据

基于研究目标，研究员首先应该去寻找二级数据资源。通常，其来源是：

- 政府部门印发的报告、统计、调查发现、情报和贸易评论；
- 营销研究机构和营销分析家印发的报告；
- 有流通审计局等机构提供的审计报告；
- 贸易媒体—金融和贸易方面的日报和期刊、调查报告和特殊情况补充；

图 12.1 消费者研究的六个步骤及执行各个步骤的功能部门

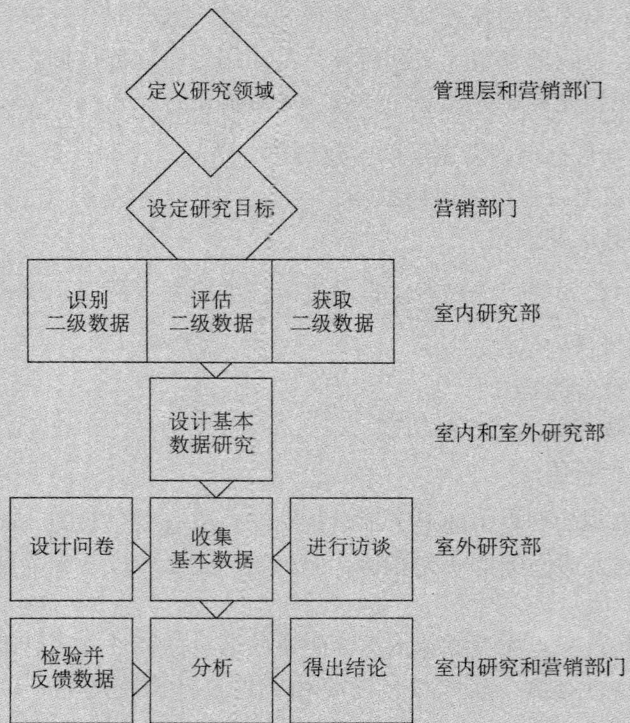

- 可购买的数据银行信息；
- 免费的数据银行，如公开发行的字典等；
- 公司的年度报告；
- 公司以往的相关研究报告。

利用二级数据的评估，我们通常可以从中得知市场的规模和市场的初步分组情况，还可以从中得到一些市场所需的初步研究种类的暗示。

设计适合的基本数据

到了这一步，公司希望知道应该收集哪些信息，以及典型消费者是什么样的。如果要收集的信息是可描述的或是定性的，那么基本研究就应该采用定性研究方法。另一方面，如果是需要获得数据的研究，那么研究就应该被设计成定量研究。定性研究和定量研究的调查问卷和访谈内容是各不相同的。有时，这两种方法在调查中都要用到。

定性研究的方法和工具

定性研究方法是使用开放式的问题，允许被调查者表露出自己的思想、信念和偏好。因为回答是定性的，甚至是主观的，所以只有经过培训的分析专家才可能将结果正确地解释出来。

除了直接的问题外，定性研究中常用的技巧有：

- 单词联想测验；
- 造句测验；
- 编故事测验；
- 主题欣赏测验。

所有这些测验的目的都是引导测试者表达出他们对产品真实的感觉，而且是用他们自己的语言。

希望了解更多测验细节的同学可以参考营销研究方面更高层次的书。

定性研究运用个人访谈和单独或群体访谈的技巧，组织访问的人会记录访谈结果。使用这种方法的部分原因是，被访者会很迅速地回答问题。

定性研究也使用将问卷寄给消费者的办法。这些消费者都是事先挑选好了的，他们填写问卷并寄回问卷。

定量研究的工具和方法

在定量研究中，研究员也应该从选择正确的样本开始，之后再设计一个可以获得数量信息的调查问卷或访谈。每一个需要研究的特征或信息都应该可以归结为一系列的数字或标准。通过被调查人员所标示出的数字或标准，调查人员可以了解到被调查人员的好恶、偏好和价值观等信息。例如，调查人员要求被调查者把他们的回答按照5分制的标准表示出来。定量研究人员经常用到这种被称为李克特五点式评量的定量研究方法。

另一种标准方法是品牌排名法。研究员通常使用这种方法来确定消费者对不同品牌的偏好。这种方法在所有的品牌价值调查中都有广泛的应用。

然而，作为一种消费者研究的方法，品牌排名法存在一定的局限性。也就是说，品牌排名法给出的都是相对结果，还需要研究员依据最顶尖的品牌来制定一些标准。

对数据进行分析、检验，最后得出结果

与其他研究一样，消费者研究也不是在收集到数据并把数据表现出来后就结束了的。消费者研究的最重要步骤是：对数据进行分析、检验，最后得出结果。

设计调查形式的人通常应该是分析数据的最佳人选。这些人应该对实际开展调查的人进行培训，使实际调查人员了解在进行个人实际调查的同时也可以发现一些研究的捷径，或简化办法，或发现针对错误样品的研究方法。如果有必要，还要告诉他们改正和拒绝的方法。实际调查人员应该在调查中勇于拒绝那些被怀疑存在明显错误的回答。也就是说，只有那些看上去可信的、具有可比性的回答才是可以接受的。

专栏 12.1

亚特兰大旅馆

（顾客反馈意见）

请为每一个问题打分，分值在 1 到 5 之间（5 代表非常满意，4 代表满意，3 代表一般，2 代表在一般以下，1 代表差）。

如果你没有使用某一项服务的话，请画“X”。

1. 你如何评价门童/门房？ ________
2. 前台的问候/礼貌/回答是否得体？ ________
3. 空调/床单？ ________
4. 客房服务？ ________
5. 电话/电话接线生的回答？ ________
6. 主餐厅的食物质量？ ________
7. 主餐厅的服务水平？ ________
8. 有限电视节目？ ________
9. 退房/收银？ ________
10. 汽车租赁服务？ ________

注意：亚特兰大并没有开展汽车租赁服务。这个问题是用来作为“睡眠检验”项目的。如果对这个题目的回答是 X，那么这份调查问卷才是可信的。

专栏 12.2

全球超市

（顾客反馈表）

我们在下面列举了我们所提供的日用品的品牌。请指出你对这些品牌的排序（请在你一定会买的品牌后面标注 5，并按照 4 到 1 的降序标注出你对其他的品牌的偏好程度。如果你没有在货架上见过某个品牌，请画 X）。

爽身粉	安全剃刀	牙膏
Cuticura ________	7'Oclock ________	Colgate ________
Cinthol ________	Gillette ________	Forhans ________
Luxom ________	Sputnik ________	Master ________
Mysore ________	Wilkinson ________	Anchor ________
Wipro ________	Wilma ________	Promise ________

在上面所列的三类产品中，全球超市都只有四种品牌的产品。在每列产品中，他们都设计了一个虚假的品牌名称（放在调查问卷正中间的品牌）。一个可信的回答中，应该在中间的那一项上画 X。因此，在每一个可信的回答中，也不应该出现数字 1。全球超市采用的技巧是“睡眠检验”方法。

图 12.2　三项研究可以实现产品的周期性重新定位

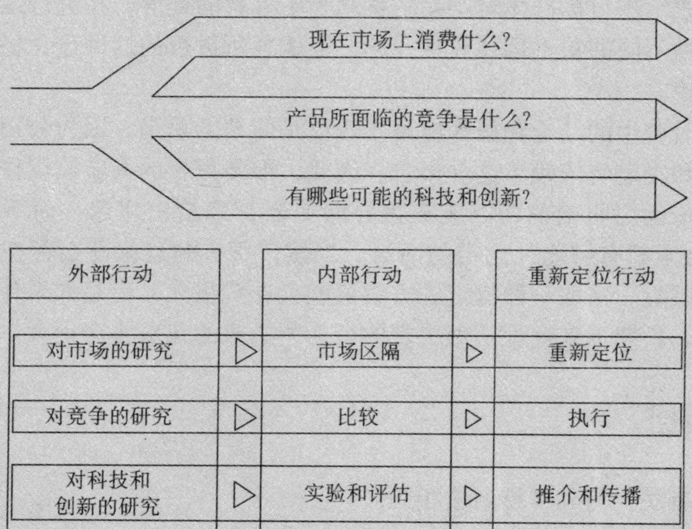

在这个阶段，应有一个第三方对采集到的数据进行检验。这时可采用的检验方法有：随机采访一个被调查者或将数据与确定的背景事实进行比较。例如，如果一个特定的被调查人表示出对一个他所处的地区或市场上还没有投放的产品的偏好的话，我们就有理由怀疑这个回答的真实性。为了方便检验，在调查问卷中通常会设计一些不相干的问题或列举一些虚构的品牌名称。与这些"睡眠检验"项目不符的回答将提示研究者，被调查人回答问题时是警惕的还是诚实的。如果一份回答中有一项回答是与"睡眠检验"完全不符的话，研究者可以将整个回答视为无效。"亚特兰大旅馆"的图表给出了关于"睡眠的检验"项目的示例。这个旅馆并没有开始汽车租赁服务，但是却将它作为一项"睡眠的检验"项目放在了调查中。与此类似，在关于"全球超市"的图表中，"Luxom"、"Sputnik"和"Master"也是"睡眠的检验"项目。你根本不可能在超市的货架上发现这些品牌，也不可能在市场上发现它们。

除了进行访问检验和睡眠检验以外，第三方研究员还应该交叉检验被调查人员是不是真正的消费者和购买决策者。他们也应该检验品牌的市场份额，这个份额应该在被调查人所做出的品牌偏好的选择中有所反映。

对进行数据分析的人来说，定性调查的校对更难一些。在对结果进行总结时，他们也需要对定性调查做出一个定量的评价。例如，在基本研究中，用语言表示出消费者对产品是喜欢或是不喜欢。分析员可以用数字来表示出目标群体对产品的喜欢和不喜欢的程度。在进行最后分析时，各种不同的特点都被放在一起，分析者所进行的这种量化将有助于得出结论。

最后产生的结论和报告应该不仅仅是简单的总结，因为公司进一步的行动和决定将依赖于这个报告。因此，准备报告的人应该记住：在报告中应该运用明确的、以业务为导向的语言来给出建议，而不应该说"两种方案都有可能"之类的话语。当然，所有的建议都会存在财务的影响和风险。采取一种特定的方案可能会花费很大，但是如果什么都不做的话，长期下来这种不做决定的行为所造成的花费将会更大。

相关词汇

排序法：与品牌排名法相同。

观察法：观察消费者进行购买和消费过程的方法。

群集抽样法：将人们按照地域特点分成不同的团体，然后研究所选出的团体中的人的特征。

分层抽样法：按照年龄、收入水平和职业等将人分成不同的层级，然后分析所选出的层级里面的人的特征。

作　业

1. “组装机”占据了印度和周边国家个人电脑市场的50%的市场份额。“组装机”是将国际供应商所提供的显示器、打印机、键盘、UPS和中央处理器等品牌部件组装起来的个人电脑。面对这种部件是品牌产品，而组装的电脑没有品牌的情况，你如何进行品牌偏好研究？
2. 设计一个问卷来调查你的同事的消费习惯。问卷应含有20个问题，并且应该在10分钟内完成。所要调查的产品是软饮料。通过调查应该可以发现品牌的排名，同时也可以发现消费者在实际消费中的时间、地点和频率等消费模式。
3. 假设你自己拥有：A）一家拥有20个床位的医院，B）一个有100个座位的电影院。你希望确定你所提供的服务的有效性。请用李克特五点式评量方法设计一个调查问卷：在A场合下，由A的病人（或护理员）在出院时填写，或者在B的场合下，由B的观众在中场休息时填写。
4. 针对上题中A和B两种服务所提供的产品，如何设计市场营销数据库？

参考文献

1. Schiffman and Kanuk, *Consumer Behavior*, 5th edn, Prentice Hall, 1997.
2. “Forecasting is Dead”, *Business World*, 25 April 2002.
3. “Small Packages” *Business Today*, 20 January 2002.
4. V. H. Kripalani, *International Marketing*, Prentice Hall, 1987.
5. Marketing Research Design and Tools, Block Notes, 4-SOMS, IGNOU, New Delhi, 1996.
6. Analysis and Application, Block Notes, 5-SOMS, IGNOU, New

Delhi, 1996.

7. Walter Vieira, Marketing Research, What It Can and Cannot do, *Marketing Insights*, MAS India, 1993.
8. Subhash C. Mehta, *Marketing*, Tata McGraw-Hill, 1984.
9. Philip Kotler, *Marketing Management*, 5th edn, Prentice Hall, 1984.

第 13 章　客户概述

"个人有需求，他便是客户。如果你知道他的需求是什么，那么他便是你的客户。"

——拉祖

通过对本章的学习，你将：

- 了解客户在消费活动中所表现出的特点；
- 了解营销者是如何把握潜在客户的特点。整理这些特点并将其用来勾勒一般客户的特点及客户的需求；
- 了解如何在产品的创意阶段和竞争阶段构建客户信息描述；
- 辨别营销人员用来构建和使用的客户信息描述中的基本元素。

勾勒客户信息

通过观察消费者在一段时间内的消费行为，我们将会发现消费者所表现出的个人特点。这些特点显示了消费者的价值观、消费习惯、偏好、喜欢的活动、心态和态度等。我们将其称之为消费者个人信息描述。如果可以选择这样一组样本，对这些个人信息数据进行整理并且平均，这样我们就可以得到这个消费群体的共同信息描述。很多人都会出于各自不同的目的来利用这些数据。从政治家和执法者到寻觅商机的营销者和企业家都可以使用这些信息。

为了研究消费者行为并利用这些行为特点帮助营销人员，我们将从特定的角度来研究客户信息描述，即主要致力于研究客户群中的普通消费者。这些信息应该能够指出如何与客户群进行接触和交流。同时，这些客户信息还应该包括诸如消费者的购买动机、消费者的偏好以及产生这些偏好的原因等信息。

总的来说，市场活动中有两种情形可以对其进行客户信息研究。

创意阶段

当产品处于创意阶段并且还没有成品的时候，企业营销人员需要了解消费者如何才能够接受、喜爱这种产品和服务。在这个阶段，只进行基本的市场调查，而并没有真正开始设计和实施产品和服务。

第一步，生产者需确定要研究哪一部分市场。因此，生产者首先要构思并勾画出可能对这种创意感兴趣的客户群。经过集体讨论之后，企业就可以描述出一种或几种典型的客户信息。一旦确定了客户的基本信息，企业就应将主要的市场调查应用于那些符合基本条件的客户。作为市场调查的首要条件，市场信息的推广以及与客户的交流接触都应集中于那些符合条件的客户。有时，反馈信息会显示出先前假设的客户信息描述是错误的。在这种情况下，需要校正客户信息描述，通过多次的市场调查不断调整客户信息描述。

专栏 13.1

第一种情形的例子：

ABC 公司经过长期的市场观察发现，饮料这种商品对人们的生活越来越重要。在某些地方，水的纯净度和可饮用性正在逐渐降低，并且人们已经意识到了这个问题。许多公司已经开始占领这个市场，如销售过滤器、净水器等等，主要针对的是家庭、公司等固定的场所。当然，在运动或旅行中，不少公司也开发了诸如矿泉水、纯净水等采用了罐装、塑料瓶装、袋装等方式的饮料。尽管如此，ABC 的智囊团认为，这些运动、旅行中所需的饮料的供给还有很大的市场空间。另外，通过调查发现，即使旅行中可以免费取得饮用水，旅行者也宁可花钱购买瓶装的纯净水，主要原因是担心免费水可能达不到纯净的标准。于是产生了这样一种怪现象：消费者花钱购买一种免费的商品。如果从货币的价值方面来考虑的话，这种交易是非常不值得的。消费者购买了一公升水就如同购买了一公升煤油。

ABC 公司的智囊团认为，可以给旅行者提供一种更加便宜的选择，即只是提供净化水的方法而不是直接提供纯净水。ABC 公司的技术人员提供了如下几种方案：

* 便携式的化学过滤器；
* 用于净化的即溶药片；

（续）

* 自动售货机出售的净化液体；
* 简单的测试纸。

ABC 公司有能力实现以上的所有技术方案。

接下来便是要确定，以上四种方案中哪些方案是可被旅行者接受的。ABC 公司聘请了一个市场调查小组。调查小组将设计调查问卷、与客户沟通，并且发放开拓市场的广告。但以上所有程序都必须首先从 ABC 公司获取基本的客户信息，只有确定了客户的基本情况以后，才能选取适当的调查方式、设计合适的广告，并且选择合适的媒体。

收集和选取客户信息的工作是通过 ABC 公司管理人员集体研究和举办小型的交流会的方式来完成的。

需要纯净水的外出旅行者的基本信息特征描述：

基本需求：	纯净水
性别：	男/女
年龄：	25 ~ 27
语言：	本地语言以及英语
教育程度：	高中及以上
工作情况：	早上 8 点到下午 5 点
薪水收入：	月薪 5000 ~ 20000 卢比
上下班的交通工具：	本地列车/公共汽车/自行车
其他的出行方式：	卧铺列车/长途汽车
习惯阅读的杂志：	英语晨报、本地语日报以及一些周刊杂志
娱乐方式：	看电视（星期一至星期五，晚上 7 点至晚上 9 点；星期日，上午 9 点至中午 12 点）
其他可接触到的广告途径：	一般的广告，特别是车站附近的广告牌
购物地点：	在家时的购物地点主要是邻近的市场，出行时的购物地点主要是列车站、公共汽车站附近的售货台
消费量：	夏季每天 2 升纯净水，冬季每天 1 升纯净水
获取方式：	在工作地点由单位供给。有时也自带水杯或是购买密封的瓶子以便于在途中获得纯净水
价值观：	经济、安全
品牌的认知：	主要通过零售商的口头介绍以及朋友的介

(续)

绍。另外，广告牌上的广告介绍往往会产生正面的效应

由以上的介绍可以看出，客户信息的描述主要是针对最普通消费群。比如，收入在20000以上的，或者是外出旅行选择飞机这种交通工具的人，这部分消费群就没有包括在以上的基本客户群中。

获得了以上的客户信息后，市场调查小组就可以设计广告，并通过最适当的媒体途径宣传产品信息，以便能吸引这些基本的目标客户。同时，调查小组还可以合理的安排工作人员设计调查表，并与目标客户群进行交流。

市场竞争阶段

与上述的创意阶段不同，很多时候我们的产品已经占有一定的市场份额并处于竞争阶段。此时，营销者主要关注的是如何才能提高本企业产品的市场占有份额，以及如何更加经济、有效地与客户进行交流。

专栏 13.2

下面介绍一个例子来阐述这种情况：

XYZ公司历来生产和销售剃刮方面的产品，主要包括安全的剃须刀。通过市场预测和统计报告可知，该公司的产品大概占有整个市场份额的15%左右。该产品市场中的领头企业占有32%的市场份额，排名第二的企业占有21%的市场份额。其他一些零散的小企业的产品和国外进口的产品共同占据了余下的32%的市场份额。

XYZ公司认为，虽然目前其产品并不是占有市场份额最大的，但是其产品的质量与该市场领头企业的产品质量相当，而价格却低于后者的价格。很明显，如果消费者可以接受到这些信息，那么该公司就会面临一个很大的商机，并可以大大提高产品所占的市场份额。因此，XYZ公司投入了大量的资金用于产品的促销和广告。可是，该企业的管理人员并不确定目标客户群是否接受到了这些促销信息。

在这种情况下，建立目标客户的信息描述是非常必要的，它可以使企业的促销信息和广告信息与目标客户更加契合。

（续）

与前面所叙述的第一种情况不同，创意阶段客户信息描述的目的是决定产品的设计方式以及价格高低，而 XYZ 公司是为了扩大已经进入市场的某种产品的市场份额，并且面临着更加知名的同类产品的竞争。事实上，大部分客户信息描述工作都发生在这个阶段。此种情况要求信息描述能够用于许多方面，如产品的重新设计、制造、广告、客户交流与媒体的选择等。

客户信息描述着眼于当前的消费状况和消费者的主要偏好。

使用安全剃须刀片的客户信息描述：

基本需求：	每天进行剃、刮
性别：	男
年龄：	20 ~ 70 岁
使用的语言：	本地语言、英语
文化程度：	大专以上
工作情况：	早上 8 点至下午 5 点
收入情况：	月薪 10000 ~ 50000 卢比
阅读习惯：	当地语晨报/英语日报/商业周刊，以及一些男性杂志
休闲娱乐：	晚上 6 ~ 8 点，家庭内/户外活动 晚上 9 ~ 10 点，看电视、听收音机
喜欢的电视频道：	E TV（本地） DD/BBC 新闻频道/ESPN 体育时间
其他可接触到的广告方式：	FM 音乐频道，户外广告墙上的广告
购物地点：	商业街、购物商场等
消费价值观：	时间、速度、效率和质量
品牌认知：	Wilkinson，7'Oclock
质量认知：	认为跨国公司的产品以及进口产品有较好的质量
信条：	皮肤很敏感。 要有男人气概

准确、详细的客户信息描述为企业提供了一个明确的方向，可以调整与客户的交流方式、形成正确的市场信息，以及选择合适的媒体。

小 结

通过以上的介绍可以知道，进行客户信息描述的工作人员的职业会面临上述的一种或两种情形，并且应该使客户信息的描述尽可能集中。

相关词汇

多种媒体法：采用一种以上的媒体来传播信息。
媒体组合：选择媒体，并进行广告投放。

作 业

1. 讨论一下为你的特殊商品构建一个理想消费者的信息具有哪些优缺点。如果档案信息中不包含理想消费者是否会更好一些呢?
2. 假设你将选择四个主要城市来推广新观念。请描述出下面这些观念中的消费者信息。
   * 市内的文件递送
   * 向家庭递送蔬菜
   * 上门提供照相服务
3. 写出你所提供的如下产品/服务的消费者信息。目前这些产品/服务在市场上处于下风。
   * 避孕套
   * 裁缝服务
   * 维他命胶囊

参考文献

1. "Marketing Insights", *MAS*, August 1993.
2. "Consumer Profile Studies", *Project Reports*, IIAM Visakhapatnam, 2000.
3. "Home, Hitech-Home-Reuters Reports", *Business Line*, 5 June 2002.
4. M. Rajasekhar, "Bang on Target", *Business World*, 20 May 2002.

第 14 章　数字营销

“没有信息，人们不能很好的尽职尽责；有了信息后，人们就不可能再逃避责任了。”

——Jan Carlzon

“时间是最宝贵的。”

——Theophrastus

通过对本章的学习，你将：

- 了解因特网的出现以及它对经济的影响；
- 了解基于因特网的数字营销方式；
- 评价传统营销和数字营销共同存在的营销方式，以及企业和消费者如何适应这种混合营销方式；
- 了解数字时代赋予客户的新权利及其所导致的行为变化；
- 讨论企业如何在数字时代盈利，如何抓住数字营销方式带来的机会，以便能够提高效率、降低成本、全球化经营以及建立良好的客户关系。

因特网与数字营销的出现

消费者行为总是随着时间的变化而不断改变的。农业革命和工业革命已经造就了今天我们所看到的消费群体。世界上的任何一个变化，如果能够称之为全球革命的话，都毫无例外的对消费者行为和消费者信息描述产生了重大的影响。很多发明，如铁路、海量的媒体数据、电以及稍后的电信与无线电通信，都将它们本身的变化引入到周围的环境中。为了适应新的环境，营销方式与消费者行为都随之有了变化。这些变化是逐渐并且连续产生的，其结果是消费者群体的总体行为在不知不觉中发生了变化。不言而喻，消费者行为在将来会继续发生变化。这就是为什么当特定的开创新时代的全球变化刚开始的时候，我们就应预见到现在的模式将会受到实质性的影响。

产生我们现在所经历的大革命的原因是因为出现了全球性的连接。同时，通信与计算机领域内的巨大发展使得“因特网革命”正在改变着整个世界。也许可以这么讲，在过去的几千年时间内，任何一种发明创造、重要事件、重大发现以及技术革新对全球经济的影响都无法与因特网相提并论。

因特网的出现对市场交易的地点、生产者（营销者）与消费者、消费行为产生了重要影响。这些方面是我们特别感兴趣的。首先，因特网开启了一种新的营销方式，即所谓的数字营销。同时，因特网也成为了一种新的信息交流与通信的媒体。更进一步而言，它是一种双向交流的媒体，为消费行为提供了一个重要的平台。由于这些机遇，消费行为本身也在不断地变化。在当今时代，任何一种对营销方式和消费行为的研究都离不开对数字营销和因特网的研究。更进一步的讨论将会从普通细节甚至从技术细节入手，比如从信息技术上研究数字营销和因特网，并且将侧重于营销和消费行为这两个角度。读者如果有兴趣了解相关的知识，如网页设计、网站管理等，请阅读相关书籍。

数字营销

以电话和计算机技术为支持，由传输和事务处理引导的营销方式可以称为数字营销方式。

在数字营销方式下，生产者可以接触到更加广泛的客户群，进行更加深入的交流，提供更加个性化的服务，并且有更高的可信度。就像生产者经常构思的那种情境：直接与客户交流，更加省时，并且没有中介机构所造成的信息失真与歪曲。

同样，在数字营销的方式下，客户也可以从企业直接获得产品和服务的信息。在家里或办公室这些舒适的环境中，客户可以在短时间内获取具体的信息，以此决定是否需要该产品或服务。与客户接触如此广泛和容易，简直让人难以置信。没有繁琐的解释，也没有困难或义务，客户就可以直接了解到他们所需的信息以及相应的事件和行动。另外，客户通过这种方式获得信息还可以减少成本、节约时间。消费者在家里可以很舒服的浏览许多高档次的网上商店，就如同去购物街逛商场一样，而且这种方式只需要花很少的时间。

由于有了这种双赢的效果，越来越多的销售和购买活动采用了这种数字的方式。这种趋势将会继续下去，甚至有些预言家断言：到 2010 年，50% 的商业活动将会采用数字营销的方式。

适合数字营销的领域

过去几年的经验表明，所有的产品和服务实际上都可以采用数字营销的方式。事实上，在当前的环境下，任何一种产品和服务都不可能完全脱离数字营销的方式而只采用传统的营销方式。现在，将企业的营销与因特网结合起来，就算仅仅只是展示产品而并不进行交易，并且同传统的营销方式共同运行，这对企业而言也是非常有利的。

网　站

网络或者全球信息网（万维网）提供了网络信息空间。在这里，生产者和销售者首先需要申请一个可以访问的站点或地址。当上述工作（网站建设）完成以后，接下来便是将必要的客户需求的信息编写到网站上去，以便访问者浏览。网站应该设计得非常有吸引力，以便让浏览者第一眼就能产生兴趣。网站还应促使访问者寻求所需产品的信息，或是与站点进行交互活动。当前，网站的设计是由营销部门专门的广告设计人员来完成的。这就类似于在城市中设计并修建一个陈列室一样。

对于那些无法承担一个完整网站构建和维护任务的企业来说，他们可将本企业的产品信息放在公用的网站上。这种情况就好比是租用公用的陈列室。

交　互

服务器接受了访问请求并提供信息，这就开始了与潜在客户的交互。鉴于此目的，服务器的设计和更新就显得尤为重要——这是一门艺术，必须由专业的网站设计人员和营销策划人员共同商讨、合作完成。

网站的动态特性

所有优秀的网站都具有动态的特性。首先，网站必须不断的更新提供给普通访问者的信息。另外，对于那些搜寻特定信息、特定产品或服务的客户，网站的动态性将引导他们进入更深入的领域。到了适当的时机，客户将直接和企业相关人员进行“一对一”的交流与沟通，再接下来就会采用电话、邮件或直接见面交流的方式来进行沟通。网站的动态特性总是以交易为最终目的。

广　告

类似于其他媒体，网站的一个重要功能是发布公司和产品的广告。广告应该包括如下三个方面：

- 机构设置——公司概况；
- 视图——产品的图片；
- 文档——产品技术与贸易方面的文本信息。这些信息可引导访问者做出购买决定。

网站比其他媒体更加注意广告的视图和文档设计。此外，在任何适当的地方，网站上的广告有如下三个技术优势：

- 可使用大量的颜色色度；
- 动画效果；
- 声音效果。

尽管具有巨大的潜能，网络上的广告在90年代却并不令人印象深刻。据报道，在1998年全球的广告大约共有2000亿美元，而网络广告只占有其中的50亿美元。但是毫无疑问，这部分网络广告的比重是在不断增加的。

因特网上的广告非常适用于如下几种情形：

广告的试验阶段　网络广告相对来说成本较低，因此它可以作为一个很好的试验平台，用来检验广告主题的创新和变革。销售程度在这里得到试验并且可根据获得反馈信息，对广告进行调整以便进入电视、报纸等媒体。

利基市场的广告　举个例子，如果你购买了施乐公司的复印机或者是定购了法国航空公司的机票，你会发现这些知名企业的产品具有很高的信誉保证。作为消费者的你只需和销售机构通过网络洽谈具体的产品型号、价格，然后就可以完成交易。

多次重复购买　很明显，网上交易非常适合多次重复购买的情况，即使其购买过程中有一些所需产品规格的变化。

普通货物、日用品以及标准规格的商品　如果客户购买的商品量非常大，并且这些商品的质量和性能符合有关国际和国家的质量标准，这时就非常适合通过因特网来议定合同。有时客户会在合同里要求，在正式发出货物前，首先应该递送样品用于检验。这样，如果样品不符合规格，或者提供的货物与样品不符，那么客户就有权取消合同。

信用卡和数字签名

越来越多的国家正在制定相关法律，从法律角度来保障销售者可以在网络上接受信用卡。只要客户在线提供他的信用卡账号，就可以作为支付手段。许多国家的相关法律保证了这种交易方式的合法性。这种交易方式在世界范围内进行立法和改进将会有效的促进网上 B2C 模式的发展。

许多国家同时也在制定相关的保护和安全措施方面的法律法规，并且将其运用于实际，以确认在网络上签订正式合同的有效性。其中重要的一个部分便是所谓的数字签名。在这种安全措施下，只有相关的付款人可以签署数字签名，也只有相关的收款人可以确认这种数字签名。这种特点对于网上 B2B 模式的发展产生了极为重要的影响。

通过网络推广改革创新

在介绍创新的章节里，我们通过大量的论述介绍了创新的重要性，以及推广创新的重要性。

数字营销和因特网的出现极大地促进了创新的推广。新的发明和改革的推广不再仅仅依靠那些工业巨人和跨国企业。小企业也可以引进和推广新观念，他们可以直接和客户交流，推广新的发明和创新理念。通过网络进行新产品的推广和销售试验所需的成本相对较低。事实上，当前的热点已经从销售运转缓慢的大企业转到了灵活的小企业。在历史上的任何一个时期，发明者与消费者之间的联系都没有现在这样紧密和直接。

数字世界中消费者的行为

本书中介绍的传统环境中的基本原理和方法对当前的数字世界也是适用的。但是很明显，数字世界有其特定的模式与特点。当今的研究人员在研究消费者行为理论和市场营销理论的时候，应该注意以下几点：

1. 当前，参与网上购物的一般都是社会精英或者中高层人士，这部分人有如下特点：
   a）接受并且传播新信息；

b）接受并且尝试创新；

c）愿意尝试数字营销；

d）是当代的新观念的倡导者。

2. 越来越多的消费者选取了网络购物的方式，以此取代了以前那种直接购物的方式，后者既浪费时间又暴露个人隐私。

如果当今的消费者将自己喜爱的购物方式，按照受欢迎程度由低到高排一个顺序表，其可能的结果为：

上门推销 世界上许多地方都认为这种营销方式不仅令人感到十分讨厌，而且还侵犯了个人隐私。客户必须压抑自己不满和愤怒的情绪。另一方面，上门推销的销售人员也必须忍受压力，因为他们往往被认为是不受欢迎的。

电话推销 这种方式比起上门推销来说，令人感到讨厌的程度相对要低一些。但它也有其自身的缺点，客户并不知道是谁在打电话。

邮件营销 虽然这种方式并不涉及到侵犯个人隐私的问题，但这种方式仍有很多缺点，如需要邮寄箱子、浪费时间以及浪费纸张等。

网络营销 客户可以主动并且自由地发送电子邮件，保存、过滤、检查、删除商品信息。这些操作只需通过简单的鼠标点击就可以完成。另外，客户可以为自己创建多个地址，并保存其中部分地址作为个人通信所用——这样就可以免去其他营销方式所带来的麻烦。

电子营销商的黄金法则

除去适用于一般营销方式的法则外，电子营销也产生了一些独特的营销法则：

- 要保持有新意，不能“在新瓶子里装旧药”，内容必须有新意；
- 要发布准确真实的产品信息，并且这些信息要经得起严格的审查；
- 要注意与客户进行双向交流和沟通；
- 要备份硬拷贝/书稿/邮件/电话记录/访谈记录等；
- 要为不同用户定制特别的信息，并且以突出的方式来发布；
- 要给出产品的相关证明；
- 尊重客户的时间，语言尽量简单精练；
- 发表适度的声明，尽量避免总是进行大肆宣传；
- 承诺必须要迅速地付诸于行动。在电子营销的世界里没有太多的等待，切记这一点！

因特网：改善客户服务质量的契机

一般来说，因特网有了信息技术作支持，企业通过它便可以为其客户提供更好的服务。如果这是事实的话，我们就应该研究一下这种可能性。

营销人员普遍认为：在与客户建立长期联系或是价值竞争方面，“普通的”售后服务并没有明显的优势。要使客户感觉获得了良好的服务，或者让这种良好的服务发挥其重要的作用，应该遵循以下几个条件：

提供服务的责任心：它显示了可以及时准确地完成所承诺任务的能力。

超乎想象的服务：为客户提供超乎想象的服务，让客户因为这些额外的服务而感到惊喜。

完善的服务质量：如果客户对产品服务不满意，允许他们抱怨并提出问题，然后营销机构要提供值得信赖的解释，要对遭受损失的客户道歉并且提供解决方案。

服务的公平性：对每个客户，无论其购买量的大小，都应提供完整周到的服务。

服务的及时性：当客户需要服务的时候，尽可能及时地满足他们。过去，低速的交流方式严重的阻碍了营销人员提供良好的且高效的服务。

促进网上服务

数字营销人员应该认识到，他们所从事的是直接的、连续不间断的营销。因此，非常有必要建立一种机制来促进网络上直接的、连续的营销服务的发展。这种对组织重新定位与认识以促进网上服务的做法，必须从内部与外部同时进行。

1. 产品服务人员必须任何时候都在工作岗位上。不能认为对顾客的服务只是合同中所规定的义务，而应该作为与客户发展良好关系的一种方式。这样有助于让客户对企业或产品产生长期的依赖。主要的营销人员应该随时能被联系到，因为网络上的客户已经逐渐习惯于随时随地对任何产品下订单。作为一个优秀的营销人员应做到“我不仅仅是产品的销售人员，我的工作更重要的是为企业创造和保持良好的客户关系。”

2. 通过培训使营销人员认识到服务的重要性。在组织中应该慢慢灌输快乐服务的精神。当营销人员陷入困境时，应当受到鼓励，当其在客户中的信任得到加强时，应得到肯定与嘉奖。
3. 网络上的交互会越来越多的取代电话交流。客户与公司的交流方式正在迅速地改变。Stan Rapp 在他最近的著作“Max-e-Marketing in the Net Future”（2001 年 4 月）中给出了如下数据：

客户与企业交流方式

	当前的主要交流方式（%）	两年后的主要交流方式（%）
电话	66.2	24.6
电子邮件	19.6	42.3
网站访问	3.5	28.1
直接到销售地点	6.9	3.1
邮寄	3.8	1.9

来源：未来网络研究机构。

在当前这个交流方式逐渐发生转变的时代，企业应该通过以上几种方式与客户进行交流并且保证以上几种交互过程的通畅。

客户价值管理

当前，企业已经逐渐从客户关系管理模式转型为客户价值管理模式，这就需要企业改变与客户的交互方式。

1. 通知客户以及提供给他们帮助；
2. 与客户交互进行互动；
3. 不断创新以给他们最好的客户带来惊喜；
4. 提供不同的机会供客户选择，这种选择对客户来说必须是容易的；
5. 公司所制造的产品和提供的服务不仅要可靠，还必须让客户能够很容易订购。

客户价值管理的目的就在于，在与客户的交流中提供一个明确的价值理念给客户。为了做到这一点，公司必须不断地衡量现在的工作，包括面向客户的工作、和客户一起完成的工作以及为了客户而完成的工作。

Stan Rapp 把这些解释为以下几点：

你所做的		
对客户	与客户	为了客户
* 反馈	通知以及给予帮助	给客户提供额外的帮助
* 在产品上给客户带来利益	交互	为客户识别价值
* 在服务上给客户带来利益	加入	为客户定制产品
未来的价值实施趋势		
* 迅速的、有礼貌的	顾客意见处理	给频繁光临顾客予以嘉奖和客户进行信息交流
* 听取意见和学习	帮助系统	高级请求的处理
* 保护隐私	网上聊天	识别忠诚度
* 综合销售	俱乐部	好的产品
* 友好销售	事件	保证的客户满意度
* 上层销售	研讨班	记录历史行为
* 销售新东西	包含	私人定制服务

当今的企业必须时刻准备着扮演两种角色：首先是生产者/营销者的角色，其次是信息技术的管理者角色。第二种角色的功能在于帮助企业获得信息并做技术支持，这有利于企业提高传递货物和提供服务的效率，也有利于整个企业的管理。对企业而言，这两种角色都是非常重要的。

电子商务

部分企业错误地认为，采取电子商务模式仅仅是为了追随潮流或者是能够降低成本。而实际情况恰恰相反，更准确地来说，信息技术和电子商务对企业来说是一个非常好的，可以开拓市场、增强企业竞争力的机会。

为了能够更加清楚地了解并充分利用信息技术和电子商务，我们需要结合技术知识与经济理论两个方面，同时还需要主动地采用有关技术，发现其所能提供的商机。

在全球范围内，新的网上商务的数量正以惊人的速度增加。根据雷曼兄弟公司的预测，在 2005 年 B2B 模式的电子商务的市场总额为 12000 亿美元，同时 B2C 模式的电子商务的市场总额将达到 570 亿美元。

在亚太区域，因特网的用户数量从 2000 年的 7300 万增加到了 2005 年的 2 亿 3300 万。同时，我们也非常关注网络广告的预测增长量。在这个地区，广告费用在 2000 年为 3 亿 4400 万美元，而预计到 2005 年，这个数字将会增加到54亿美元。

拥有自己的企业网站并通过电子商务进行交易，不会再被看做是可有可无的措施。在2001年到2010年期间，对所有的现代大型企业而言，这都是一个必不可少的发展阶段。

专栏14.1

中国的经历（这里重现了对2005年的预测，经过观察我们知道这个预测可以提前实现）

当前，中国的因特网用户达到了全部人口的15%。但是商业咨询公司Deloitte & Touche指出："这种新的经济形式会对中国的环境产生显著的影响，而基础设施的发展速率可能只是一种假象！"

中国拥有1700万因特网用户，低于日本2700万的因特网用户，但高于韩国1500万的因特网用户数量。然而中国的因特网用户数量每六个月便会翻一倍。

在网络广告总费用方面，普遍预测到2005年韩国将排在第一位，达到中国的两倍。印度由于其巨大的市场以及在IT方面的领先地位，将会在2010年达到最高点。

亚太地区的因特网市场预测

国家和地区	2005年网络广告（百分比）
韩　国	8
澳大利亚	7
新西兰	7
日　本	6
香　港	6
台　湾	5
新加坡	5
印度尼西亚	4
泰　国	4
菲律宾	4
印　度	4
中　国	4

来源：莱曼兄弟公司。

（续）

根据美林公司的预测，相比起目前的 17%，到 2005 年，韩国 45% 的因特网用户都会采用网上消费的方式。

同样的，在无线电通信（移动电话）领域，亚太地区的市场发展速度也非常迅猛。在过去五年里，亚太市场移动通信用户在世界市场上的占有率从 10% 上升到了 30%。到 2005 年，这个比率有望达到 40%。中国有超过 6000 万的手机用户，印度也不相上下。由这些数据可知，在世界范围内的移动通信经济领域内，亚太地区有可能会排在首位。在韩国、香港以及台湾地区，实际手机用户数已经超过了固定电话的用户数。

专栏 14.2

因特网时代早在 2000 年实现

R. Moss Kanters（哈佛商学院教授）曾对大约 800 个公司做过长期调查，并得到如下结论：

1. 在可预见的未来里，因特网将会影响到商业活动的所有方面。
2. 任何一个企业都非常有必要拥有自己的服务器，并且必须积极参与电子商务，就算这些措施并不能创造额外的收入。
3. 因特网技术作为一种商业手段，有如下作用：

* 吸引新的客户群，而不仅仅是老客户群；
* 能够向传统客户群销售新产品和服务；
* 销售活动和购买活动可以在网上进行；
* 网上购买更加方便有效；
* 如可在网上进行教育与培训，可在不同的地点召开会议或办公。

为了能获得以上的这些效果，也为了能够更好的利用信息技术，企业必须继续注重自身的专长和优势。这些专长和优势是他们自身企业战略优势的重要来源。企业也不能犹豫是否将信息系统外包给专门的 IT 公司开发。

毫无疑问，电子商务是利用信息技术的最好方式。它不仅可以节省成本，还可以开发新的市场商机。

网络营销是直接营销的扩展

在因特网出现以前，直接营销已经成为一种重要的营销方式并且获得了成功。在直接营销市场上，许多企业销售业绩提升，很多营销人员个人也取得了巨大的成功。

有些公司专门从事直接营销，它们并不直接生产所销售的产品，而是通过邮件、电话、上门服务等方式来推销产品。无论顾客何时何地需要产品，他们都能提供。这些公司的物流管理部门确保为顾客提供及时准确的产品供应。他们从生产厂家和仓库购进产品的原料，经整理分类后变成输出的成品。很多非常成功的公司都是这么做的，如戴尔电脑、贝纳通和宜家等。

因为网上营销是直接营销的一种扩展，因此通过它的属性并借鉴以前那些采用邮件、电话、上门服务方式的直接营销商的经验，我们可以研究网上营销的盈利方式。

直接营销的主要策略是与客户建立直接联系并为顾客确定最正确的产品。在实际中，促成直接营销成功的另一个重要因素是：要准确判定顾客会在何时何地需要商品，以及安排正确的传递渠道。物流管理的程序对网上营销的成功也是非常重要的。

因特网和物流管理

物流管理是非常重要的，但从另一方面而言，它也是因特网的一个弱点。在计算机领域内的物流管理与现实世界的操作有一定的差异。如果网络营销商想要克服这种障碍，那么就需要做出一些特别的努力。

在传统的营销过程中，营销部门将市场需求信息传递给生产部门，当产品完成以后，再通过分销渠道到达顾客手中。对于那些没有根据客户需求信息定制的标准规格的商品，营销部门负责提供一个需求预算，并将货物存贮在方便出口的场所。因此，营销部门只负责一小部分物流管理的内容。物流管理中其他的重要部分，如采购原材料、转包商品和服务，以及满足市场需求，这些是由物料部门或者是采购部门完成的。很明显，这两个部门需要很好地配合以免去销售渠道中的许多麻烦或避免账目混乱。

为了满足这种配合的要求，直接营销和网络营销采用了一体化的物流管理模式。一个方法就是将市场营销作为综合体，对内与供应商和厂家保持联系，对外与分销商保持合作。这就给营销赋予了新的责任和权力——协调对内和对外的物流。当今的网络客户要求营销人员在不同的地方都有最新的存货，同时要求在不同时期都能购买到商品。企业只有将这些直接涉及到物流管理的信息和权力给予营销部门，才能够满足快速增长的客户需求，企业也才能够达到成功。

物流控制不仅仅局限于物品的运送。完整意义上的物流控制包括了监督和保持精确的、最新的库存量以及地点位置的信息。另外，物流管理还包括如下内容：

- 设置最低的安全库存量；
- 及时补充库存点的货物；
- 在承诺的时间内将产品送到客户手中；
- 监督包装的效率以及保证货物送递的安全；
- 高效地处理客户的抱怨以及退货；
- 与客户交流，得到他们的反馈意见；
- 与供应商保持良好的关系；
- 对客户的通知要及时，并且相应的行动要迅速。

对于有些在网上购物的客户来说，会存在另一种特殊的需求。他们中的大部分人感觉到如果没有咨询销售人员，网上购物会比较孤独、不具人性化并且存在一定的困难。这就是有的公司，如：Corner Hardware. com 或 eSupportNow. com，会成立称为 NowReps 客户服务代表的原因。客户服务代表专门为客户提供服务，他们会实时地通过单独谈话、电子邮件或是网络语音等形式提供服务、解决销售中出现的问题。客户服务代表重建并加强了与客户的联系与沟通。这种联系与沟通在单纯的网络交易中正逐渐消失。

专栏 14. 3

NowRep

下面介绍一下 NowRep 是如何工作的。顾客首先点击进入企业的主页，比如 Corner Hardware. com，这是一个虚拟的销售硬件的网上商店。首页上的欢迎界面会显示：“实时服务！请点击此处与本公司服务人员交流”。鼠标

（续）

点击该图形界面，顾客就可以和 eSupportNow 上某个 NowRep™服务人员进行交流。每天 24 小时、每周七天，这项服务都是存在的。下面是一个实际的例子：

布莱恩·W：“欢迎来到 CornerHardware. com。我叫布莱恩，请问您需要什么服务？”

顾客：“您好，布莱恩。请问是否有这么一种油漆，在没有排气装置的浴室中也不至于脱落？”

布莱恩·W：“您的浴室没有任何通风装置吗？”

顾客：“也不是。这是一栋非常老的房子，在喷头附近有一小扇窗户。我想如果打开这扇窗户，那么浴室里的温度可能比较低。”

布莱恩·W：“而且如果有时您忘记关窗户，还有可能让小偷得到机会。”

顾客：“这可不是一件令人愉快的事情。”

布莱恩·W：“您应该明确的考虑在浴室中安装通风排气装置，而不能只依靠那扇小窗户通气。您的问题不是油漆，而应该是浴室的通风排气问题。”

顾客：“安装通风排气装置大概需要花多少钱？我的丈夫可以完成这项工作吗？”

以上的谈话内容展示了企业，比如 Corner Hardware. com，是如何通过现场服务人员与客户的交流接触来完成网上交易的。虽然在这个例子中最终并没有完成销售，但是客户以后很可能会再到这里来购买商品，因为销售人员已经得到了客户的信任。并且这个客户还有可能将这次良好的交流经历告诉给他的朋友。

摘自《直接营销》（1999. 6）

专栏 14. 4

雀巢公司的电子革命（2001 年）

雀巢公司的国际总部设在瑞士的 Vevey。在三年间，雀巢公司大约会投资 20 亿欧元，尽最大可能地利用因特网资源，不仅仅是用于改变原材料的供货渠道，比如糖和巧克力，还将用于销售如 Kit-Kat 巧克力棒和雀巢速溶咖啡等产品。

雀巢公司在全世界 80 多个国家共拥有 200000 名员工，500 多家分公司，

（续）

生产 8000 多种不同的产品。当前面临的挑战是，如何利用网络获得最大的经济效益，并且根据不同国家和地区的文化提供能够满足消费者不同需求的产品。

雀巢公司并不直接对客户销售产品，也没有类似 Nestle. com 的网站。雀巢公司利用网络的目的是增加与客户和供应商的信息交流。首先要考虑的是，如何使公司与分销商的关系更加简单。另外还要考虑如何共享不同地区与不同消费者的购买信息，这样可以降低成本。

对雀巢公司而言，因特网不仅仅是一种分销渠道，更是一种天然的市场营销手段。在整个 15 亿美元的广告费用中，雀巢公司计划将其中的 3 亿美元用于网络方面，提供咨询并介绍如何使用雀巢关于家庭、儿童方面的产品。

因特网作为一个全面的管理工具

我们不应该存在这样一种认识：企业只能利用因特网和客户交流。因为因特网不仅仅只是一种交流工具或者营销方式。因特网还可以用于其他很多领域，如能够比以前更好地组织和利用资源。上面表格中的事例就介绍了跨国企业雀巢公司是如何利用因特网的。

电子邮件营销方式和病毒式营销

著名的“hotmail”开创了第一个主要的免费电子邮件服务。在 1996 年，两个冒险资本营销者，Steve Juverston 和 Tim Draper 将其扩展为全球性的电子邮件服务。没有哪种系统可以像电子邮件这样，可以从给好朋友传送信息中得到乐趣。最新的估计表明，全世界大概有 10 亿个电子信箱。Yahoo，Google，Monster 等公司后来在这方面达到了新的高度。

意大利的网络公司 Biongiorno. it，在五年内建立了一个拥有 100 个电子通讯媒体的网络，为超过 500 万的客户发送电子邮件，这些客户分布在法国、西班牙、英国、澳大利亚、德国等国家。

在欧洲，诸如法国的 INSEAD 商学院与英国伦敦商学院正在和朗讯科技公司发展合作关系，目的是为了对网上消费进行深入研究。

病毒式营销

"口碑式"营销（又称为蠕虫）在因特网出现后有了巨大的发展。蠕虫是一种可以大面积扩散的病毒。网络的病毒式营销拥有"口碑式"营销的所有优点，并且克服了后者传播速度较慢的缺点。

关于病毒式营销，"旅游指南"市场是一个很好的例子。截止到2001年，在英国，亚马逊网上书店提供了15000本有关旅游的书籍，在法国大约有6000本，在德国大约有3000本。

最成功的"旅游指南"可能是Lonely Planet系列。它发行于1970年，在随后的30年内，该公司出版了大约500种系列丛书。在欧洲市场上其大部分的销售采用了网络的病毒式营销模式。病毒式营销的另一个例子是法国的Michelin旅游指南。这个系列采用9种语言编写，每年的发行量超过2000万册。

因特网和跨国公司

跨国公司之所以取得了巨大的成功，主要原因是这些企业在国外设立了很多子公司。在这些地方往往有丰富的资源，并且跨国企业还在有产品需求的国家和地区加大了产品的宣传力度。

以前，这些全球性的操作在构建方面有着许多障碍，比如不可靠性、相处困难、误解以及交流缓慢等。因特网的出现对于跨国公司的许多运作都非常有利。另外，跨国公司很快发现，当地的人力资源就可以满足跨国商业运作的要求，而不需要大规模的移动总公司的人力资源。换句话说，"努力"第一次被传递了。

大量的例子显示了，在因特网上传递这种"努力"对总公司的重要作用。特别显著的例子有汇丰银行、通用电器公司、瑞士航空公司等。

- 许多美国公司，在夜间通过网络处理来自印度公司的事务，并且保持了高速的特点，同时获得了公司一天24小时都在运作，从不停歇的美誉。实际上，印度的白昼已经是美国或欧洲的夜晚了；
- 即使是像医疗记录这样的工作也成功地通过大量境外的公司来完成。因特网的出现以及国家间的时差为完成这项工作带来了便利；
- 因特网正在造就许多对外的商业活动和程序。

商业中心与网络的比较

本企业有多少客户采用网上购物的方式？有多少客户可以从普通的购物模式转变为网上购物模式？

这些问题之间相互关联，并且对投资的决定有着非常重要的影响，因此这方面的研究也在继续。

印度高级管理研究机构做了这样一个对比研究，他们对典型城市的大型家电市场做了研究得出如下结论：

1. 在大型家电产品市场上，网络营销对商场营销需求所产生的影响并不大，实际上，网络营销刺激的是商场营销以外的家电市场。这种情况就如同电视和电影的关系一样。

2. 通过市场调查发现，网上消费在最初的两年有着突飞猛进的发展，发展速度看起来似乎达到了指数式的增长速率，这主要是因为其初始的基数非常小。但是到了后期，网上营销模式的发展速度会达到一个稳定、正常的状态。

3. 重要的是，客户对网上营销的态度会逐渐平和，同时这种营销模式会迅速地建立和加强企业与客户之间的相互信任。

以上的这些内容告诉我们，当企业在制定商场营销和网络营销相结合的营销策略时，企业应该对网络营销投入得比以前更多。

小　结

数字营销和因特网的出现对客户而言是非常有利的。消费者被赋予了更多的权力，可以得到更好的服务。对生产者和销售者而言，这也是一个非常好的机会，它对于改善客户关系、提升经济效益以及效率都有好处。

一种双赢局面的出现确实需要对新的行为和期望进行仔细的观察。

相关词汇

AVS（Address Verification System）：地址认证系统。该服务可以使企业确认信用卡持有者的位置。

Banner：在网页上的横幅广告。

Brick & mortar company：传统的实体企业。

Dot com：采用信息技术进行商业活动的公司。它可能有，也可能没有“有形实体”。

CIP situation：在用信用卡进行交易的时候，客户亲自在场。

CNP situation：在用信用卡进行交易的时候，客户没有亲自在场，而是通过邮件和网络等方式来进行。

Cyber laws：用于控制和规范计算机信息时代的交流和交易的法规。

Dynamic web page：可以根据输入而不断变化的网页。这种网页也可以回复信息以满足用户的请求。

作 业

1. 假设你拥有一家传统的实体公司并经营下列商品，讨论如何开展相应的数字营销服务：
   a）家用油漆和彩色水泥；
   b）玩具；
   c）殡葬服务；
   d）电器修理；
   e）家庭护理。
2. 在美国，下面的服务种类通过数字营销取得了极大的成功。讨论这些数字营销项目在你的国家或地区能取得多大程度的成功？分别给出你的理由。
   a）法律咨询；
   b）出入境服务；
   c）汽车保险。
3. 假设你要经营一些用于 DIY 的装配器件以及电工工具，写出制作相关网页的基本要素。

参考文献

1. "Spirit of South West Airline John Moonson", *Readers Digest*, August 1994.
2. S. Sen, Continuous Dialogue, A & M, 31 December 1999.
3. *IT Act*, Govt. of India, 17 October 2000.
4. M. E Gupta and Rohit Sarkar, "A Study of Concerns and Issues of Electronic Payment in India", *Global Business Review*, 2001.
5. Arun Shanka, "Extending the Chain-e-Procurement", *Business India*, 15 April 2002.
6. Samar H, "Nirvana Under the Rain Tree", *Review* IT, 22 April 2002.
7. "Report on Online Trading", *Business World*, 22 April 2002.
8. M. Rajasekhar, "Gaga over Google", *Business World*, 20 May 2002.
9. M. Rajasekhar, "Bang on Target", *Business World*, 20 May 2002.
10. R. Saritha, "Go for Digital Lock", *Business Line*, 5 June 2002.
11. Kiran Karnik, "The Power of One", *Nasscom Business Today*, 9 June 2002.
12. "The Right Chords" Vemita Kohli, *Business Today*, 7 June 2002.
13. "E-Commerce a Boon to Globalization", *Business India*, 7 July 2002.

第 15 章　客户关系管理

“如果我对待客户如同对待自己的老板一样忠诚，那么我赢得的就是天堂而不是地狱。”

——拉祖

“获取是愉快的，但是保持更是一项挑战，获益无穷。”

——拉祖

“在一个小型交易中，需要花费多于五倍的时间去争取一个客户。这在所有的商业交易中都是一样的。而保持这个客户是迈向成功的非常重要的第一步。”

——Harsh Goenka，印度加尔各答 RPG 企业主席

通过对本章的学习，你将：

- 了解客户关系管理的概念；
- 更深入地了解客户关系管理在企业生存和成功中的重要性；
- 了解客户关系管理框架的构建元素；
- 了解在企业中实现客户关系管理的基本方针。

客户关系管理

从 20 世纪 90 年代开始，印度企业在市场上面临一系列空前的挑战。首先是 1993 年开始的印度经济自由化、私有化和全球化的浪潮，其结果极大地增加了客户的选择余地。接踵而至的是 1998 年的经济衰退，而 2001 年美国的 9 · 11 事件更是让这种情形雪上加霜。所有印度的企业面对利润的直线下滑、顾客不断提高的要求以及为生存而进行的长期斗争等状况已经感到麻木了。（摘自《印度经济》，2001 年）

同样，大约在 90 年代，信息技术的高速增长以及它可以采用新形式服务客户的潜能再次唤醒了市场。人们在寻求一种经营战略，从而能够满足不断增长的客户需求，有效地保持客户，以便能够抵抗经济衰退带来的冲击。一种新的成功的经营规则——“客户关系管理”就出现了。

客户关系管理的概念

客户关系管理这个词听起来十分简单，然而它仅仅是描述了学者和经营领导者对这个问题的一种想法而已。

我们可以从四个主要的方面来了解客户关系管理。首先，它对当前出现的顾客严重流失、品牌忠实度减弱以及收益率渐低等问题给出相应回应。其次，客户关系管理的任务是建立一个客户导向的组织。第三，客户关系管理利用信息技术来经营服务。第四，也就是最后，客户关系管理旨在提高客户的价值和公司的收益。不管是哪一种形式，有效的客户关系管理对企业经营的成功或是失败都会产生影响。

那么客户关系管理到底跟哪些因素有关呢？它仅仅只是我们词汇表里面一个新的行话，还是真的是一个新的范例？

当前，文献里面充斥着对客户关系管理的不同定义和描述。大多数的定义都集中于两点：关系和信息技术。客户关系管理的概念如下：

“客户关系管理是信息技术在经营过程中的应用。它的目的是，和客户建立持久的、共有的收益关系，以便不断提高客户的忠诚度、价值和收益。”

这个定义强调了一个事实，那就是客户关系管理对于平等的利益双方，企业和他们的客户，都是有意义的。它要求掌握预期和现在的有关数据，包括客户购买商品的种类、购物行为和使用习惯等信息，然后用这些信息来与顾客进行双向交流。

在很多方面，客户关系管理都体现了一种当代哲学，即营销活动必须以客户为导向。20 世纪 60 年代之前的营销理论认为，出于常理市场营销者应满足顾客的需要。稍后在 70 年代，营销理论认为，营销功能必须服从于顾客的需求，这也是市场掌握主动权的结果。80 年代的营销理论倾向于满足顾客更高程度的、更以生活方式为导向的需求和期望，这也是那时社会和经济环境影响的结果。90 年代的营销思潮则见证了我们时代最强的力量——信息技术，因而营销思潮的重点就放在了如何利用信息技术来服务客户。其中的一个结果就是客户关系管理，即以客户为导向的理念与信息技术的结合。

客户关系管理的地位

客户关系管理的本质是追踪已经存在的客户，以此获得利益。这是一种以顾客为重点的战略，能够对人、过程和技术共同进行管理。客户关系管理是一种手段，可以用来实现许多市场营销的理想状态，比如：

* 在单个客户的基础上确定目标，服务顾客。客户关系管理允许一对一的营销和与此相反的大规模营销。
* 保持与顾客的持久关系，尤其是维系和那些可能为企业带来较大利益的客户群的关系。
* 减少浪费和误导等障碍。
* 逐步减少营销成本。

客户关系管理的概念不仅仅是识别重要的客户并为他们提供高质量的服务和分析他们的偏好，其关键在于加强客户的忠实度、减少客户的不稳定性以及重视客户可带来的收益，而这些要素在过去常常被忽略掉。发表在《哈佛商业评论》上的一篇报告证实，如果顾客的忠实度增加5个百分点，那么电信行业的收益将提高50个百分点。

实用工业方面的一个例子使用了ABC方法来确定客户活动的成本。调查发现，利润主要来源于客户数据库中85%的客户，而剩余的15%的客户是价值最少客户。他们大量地浪费了所聚集的利润，使最终的数据看起来非常一般。这个报告发表后，一些公司开始仔细地检查他们的客户数据库，剔除了低价值客户，从而赢得了忠实客户。出于负责任的目的而建立起来的利润中心不仅仅在建立特定产品收入和利润信息档案时得到了应用，同时它也被运用到了建立客户的收入和利润信息档案中。通过客户关系管理，这些对收入和利润信息的分析及对效益的可行性分析，为企业的复兴提供了许多补救措施。

战略化客户关系管理

鉴于客户关系管理在经营中的重要性，它必将成为一种极为重要的战略。我们必须仔细计划并且全方位地执行这个战略，它关系到一系列的投入和运作过程如何正确地进行。

更进一步地说，一个有效的客户关系管理战略需要将营销活动个性化，它应该可以允许从一个交易便利地转到另一个交易，从一个市场区隔转到另一个市场区隔。制定有效的客户关系管理战略需要一系列的数据。举例来说，一个服务提供商需要这样一些关键绩效指标：带来收益的客户人数，在过去的一个季度中没有带来收益的客户人数，以及具有最高价值的客户的价值周期。这些信息还需要与其他一些日常数据相结合，比如一个公司常规的客户人数。所有信息集合起来可以形成一个数据库。从客户关系管理层面来说，一个高存储量、及时更新的数据库将成为一个关于客户信息、收入、行为和花销方面的数据库。它可以帮助那些存取和使用信息的客户关系管理者分析和规范关键绩效指标，并在组织内部向主要的领导人发布关键绩效指标 。所有这些都是为了保证将经营重点放在有收益的客户上面。根据公司政策，只有那些应当的，而且得到了批准的营销活动才具有优先权，并可以得到支持。因为数据仓库基本上是由客户主导的，它排除了因为兴趣或爱好可能带来的偏差。

图 15.1　客户关系管理可以是管理的心脏

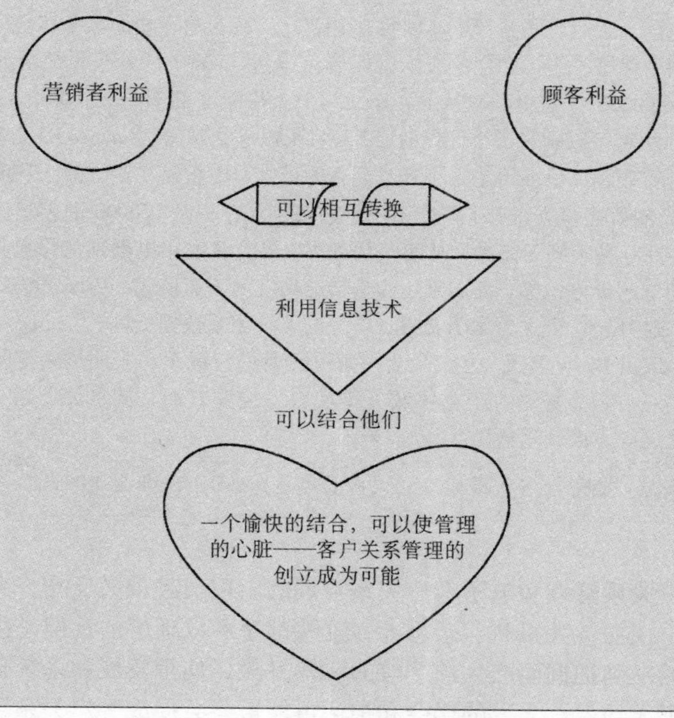

客户关系管理神话

任何一个新的管理和营销哲学，起初都会遇到概念混乱和遭到误解的情况，人们会认为它具有非凡力量，客户关系管理也不例外。几乎所有了解过客户关系管理的企业人士都对它的出现和力量感到兴奋。

专栏 15.1

客户关系管理的实践

要了解客户关系管理是如何对管理世界的运作产生重大影响的。我们首先先看看以下两个当代企业的例子，都是关于于 2002 年印度重要公司的。

RPG 企业 RPG 企业的资产超过 660 亿卢比，是集轮胎、电力、信息技术、电信、零售、娱乐和生命科学为一体的集团。为了走出企业的低迷状态，首席执行官 Harsh Goenka 认为只有稳住顾客才是最重要的。不论是轮胎、电信、食品，还是音乐，RPG 总是将重点放在对客户的服务和稳住客户上。举个例子来说，印度的音乐爱好者可以进入 RPG 的音乐世界数码小屋并且从 20000 首歌里面创作出自己的 CD。在网上的 HamaraCD. com 商店，RPG 的顾客可以购买到个性化的 CD 并且可以送货到家。Goenka 对顾客保持力特别有兴趣，他采用了大小利益混合的原则。在食品工业方面，利润丰厚的 RPG 零售连锁店创造了印度第一个超级市场，横跨 120000 平方英尺并提供了 20000 种不同的商品，从蔬菜到罐头食品，从家用电器到装修家具。都以最便宜的价格销售。商店采用的是朝七晚九的营业模式，为顾客购物提供方便。这种经营模式为集团获得了广泛的客户关系数据资源。

Aditya Birla 集团 在其他公司紧缩经营的情况下，集团进入了知识管理和信息技术为基础的产业领域，涉及到了很多方面，从水泥、铝、纺织品、化肥等方面到生活用品。

来源：摘录自《贸易战争》，《今日印度》2001 年 11 月 19 日。

客户关系管理和电子客户关系管理的出现引起很大反响，大量吹捧的文章出现在各大报刊、杂志上，这些都是可以理解的。但是由于缺乏对概念的准确把握而产生的严峻的认知挑战，使得发展和系统化的执行受到了很大约束。大量的误会和神话可能最终会促成客户关系管理的失败或觉醒。下面摘录的是对印度经理人随机调查得出的结果（随机比例 n：115）及来自 Meta 集团（2000）全球调查的发现。它们应该说描述出了当前的真实状态。一个有趣的特点是这些神话不仅适用于印度也适用于全球。

印度调查情况

- 所有的被调查人都传达了他们关于客户关系管理的兴奋之情；
- 仅有 28% 的人对客户关系管理有大概的概念；
- 53% 的人们认为它是一种软件应用程序；
- 然而，超过 75% 的企业想将之尽快地应用于他们的公司。事实上他们希望在最近的几个月内就开始应用。

全球调查情况

- 全球的经理人提出了大量的矛盾的且经常是不完整的关于客户关系管理的定义；
- 78% 的回答者将客户关系管理描述成一种现代的营销命令，而剩余 22% 的回答则将之定义为一系列的工具和技术；
- 64% 的回答者缺乏衡量客户关系管理经营价值的技巧；
- 少于 10% 的公司能够切实地衡量客户关系管理投资的回报率；
- 少于 30% 的公司开始集成具有可操作性的，可分析性的客户关系管理的解决方案；
- 虽然因特网是企业与客户联系的主要渠道，事实上 95% 的营销成本都用在了传统的与顾客联系的方式上。

副效应：繁荣的客户关系管理软件市场

在任何消费者或生产者从客户关系管理获益之前，软件公司的一些先锋者们早在 1995 年就敏锐地预见到了这种“淘金热”，并且开始从银行，电信公司，制药公司，以及其他一些急于了解客户、提高保持力、提高销售业绩的公司那里接到订单。

客户关系管理执行方针

很明显，保证正确认识客户关系管理并且战略化地执行它是非常有必要的。一个专门从事客户关系管理的工作人员，需要在正确的时间做一系列正确的决定。以下八点方针，为在公司中有效地执行客户关系管理提供了有益的帮助：

1. 将神话变成现实 不要将客户关系管理视作强大的能治疗所有

管理症状的万能软件。用正确的观点看待它并且保持合理的期待。

2. **将你的客户关系管理和客户需求相匹配** 客户关系管理也许不是适合每一个公司。企业应该重新考虑自己的业务范围和需要，并且决定是否将客户关系管理作为一种解决方案。

3. **为保持你所需要的顾客而制定你自己的客户关系管理** 将保持正确的客户作为客户关系管理的主要目标，你的数据仓库应该有顾客的认证，以及对他们准确的信息描述。很多客户关系管理失败的原因是将销售收入数据与客户信息的历史数据分开存储。努力获取每一个部门调取信息的软件和数据库，从销售到顾客支持，并且产生一个统一的报告。

4. **在客户关系管理设计和执行中包含正确的客户** 也就是说让顾客成为组织设计过程中的一个完整部分。但是事实上客户关系管理公司直到顾客有了反应才采取行动。他们应该在营销发展的所有过程中都包含正确的顾客。

5. **在常规的和可预见的范围内引入客户关系管理** 渐进的措施可以更好的追踪和管理顾客之间的交互作用。随着管理的深入，优先选择原则，扩大原则，以及复杂事物的日常安排都可以变得更加自动化。

6. **坚持不懈地衡量客户关系管理的回报** 有句古老的格言："你无法管理不能衡量的东西"，这点在客户关系管理中尤其准确。衡量客户关系管理的回报也有着额外的收获。计算出的投资回报率可以为更长远的客户关系管理效果提供支持和动力。

7. **将客户关系管理作为事业上的使命** 除非将客户关系管理视为一项涵盖了所有的人，过程以及技术的事业的使命，否则它就不会成功，更不会自动进步。

8. **通过周期性地精确审计客户关系管理的结果使其不断更新生效** 客户关系管理对于商业重焕生机是极其的重要的，所以不能让它因为操作人员的沾沾自喜或是错误的自信而变得陈腐。利用咨询机构和商学院的巨大优势，周期性的进行第三方人员的审计操作是大有裨益的。

专栏 15.2

迈克尔·戴尔和戴尔电脑的故事

2000 年戴尔公司的收入是 253 亿美元，可这个公司是 1984 年才成立的，只有十几年的历史。

戴尔公司集生产、组装和销售台式电脑、手提电脑以及服务器于一身。它 2000 年在杂志、邮件、电话和互联网上刊登的目录和广告页的支出占了其收入的 50%。

在欧洲，戴尔公司被誉为极其成功的物流集团公司，通过短短几年的发展，它拥有了一个高达几百万个体的——包括个人和公司团体在内的客户群。1998 年，迈克尔·戴尔出了本书，名为《戴尔战略》，书中他阐述了自己关于戴尔现有的和潜在的客户群的态度和观念。他也解释了在事业的发展中自己对顾客提供的信息和数据的依赖程度。以下是他的一些想法和做法。

* 戴尔是一个以关系为导向的公司；
* 挑剔的顾客是我们最好的顾客，因为最挑剔的人可以教给你最多的东西；
* 保持简单和近便的关系；
* 复杂性的工作——接近性获益；
* 将你的合作伙伴带入生意之内；
* 对于消灭不必要的步骤，我总是乐此不疲；
* 我犯错误越多，进步得越快；
* 存货周转率使我们为之狂热；
* 我们对待供应商就像对待我们公司自己的员工；
* 我们从本公司不同部门收集的资料越多，就越能更清楚的看到我们的长处，获得改进的机会；
* 数据信息能保证我们不偏离轨道；
* 关注你的客户，而不是竞争对手；
* 直销方式改变了传统生产；
* 我们的任何产品必须标有 www. dell. com 字样。

戴尔的客户不是平等的，他们被区别对待。花钱多的客户当然会受到更好的对待。在企业账户中，销售人员会去拜访每一个大客户，以收集信息，并努力使其成为戴尔的长期客户。

时时更新的数据信息也促进了良好客户关系的建立。这些数据信息将作为对每个客户提供后续服务的基本信息。事实上，正如迈克尔·戴尔常常重复的那样，戴尔绝对是个关系导向型企业。

小 结

勿庸置疑，将企业营销与客户行为和客户信息结合是每一个企业的活力源泉。客户关系管理是一个使组织前进的至关重要的最终法宝。但是，客户关系管理不是一时的兴起，如果企业要不断繁荣，就需要很好地进行这项工作。就像别的新职能一样，客户关系管理也会有它的缺点和挑战，然而面对这些和不断创新正是游戏的一部分。

作 业

1. 按照你的判断，举几个公司的例子，这些公司早在客户关系管理这个名词出现之前就有效地进行这样的工作，通过他们的具体做法来说出你的观点。
2. 通过产品设计，定价，包装，分销或促销可以清除不赚钱的客户部分，开发有价值的部分。举几个鞋业的例子来说明这个观点。
3. 客户关系管理的一个固定目标就是要消除中间媒介。鉴于中间媒介在农村市场营销中有很重要的地位，客户关系管理能否成功运用于农村市场营销?
4. 讲讲你如何激励零售商和总经销商加入客户关系管理，而他们认为这是在客户和本金之间的周旋?
5. 假设你是旅行社的首席执行官，你们办理乘坐火车，汽车和飞机进行商业或度假旅游的业务。制定一个公司内部从 CEO 到各部门的交流来介绍客户关系管理的创建。
6. 构建一个从公司与老客户的交流模式，邀请他们加入客户关系管理的创建活动，也邀请他们加入公司营销决策的过程。

参考文献

1. Berry, Michael and Gordon Linoff, *Mastering Data Mining: The Art and Science of Customer Relalionship Management*, Wiley, New York, 1999.
2. Brown, Stanley Brown, *Customer Relationship Management: A*

Strategic Imperalive in the World of e-Business, John Wiley & Sons, 2000.

3. Buttle, Francis, *Relalionship Marketing: Theory and Practice*, Paul Chapman Publishing, 1996.
4. Chowdhary, Sudhir, "Return on Relationships", *Computers Today*, August 2001, pp. 16–31.
5. "Customer Relationship Management: A Senior Management Guide to Technology for Creating a Customer-Centric Business", *Direct Marketing Association*, DMA Publishers, New York, 1999.
6. Gordon, Lan H., *Relalionship Marketing: New Strategies, Technologies and Techniques to Win the Customers You Want and Keep Them Forever*, Wiley, New York, 1998.
7. Payne, Adrian, Christopher Martin, Helen Peck, and Moira Clark, *Relationship Marketing for Competitive Advantage: Winning and Keeping Customers*, Oxford, UK, Butterworth-Heinemann, 1995–98.
8. Shanham, Liz., "Customer Relationship Management: Market Trends and Opportunities", Stamford, CT: Meta Group, 1998–99.
9. Sterne, Jim, *Customer Service on the Internet: Building Relationships, Increasing Loyalty and Staying Competitive*, Wiley, New York, 2000.

第四部分

回　应

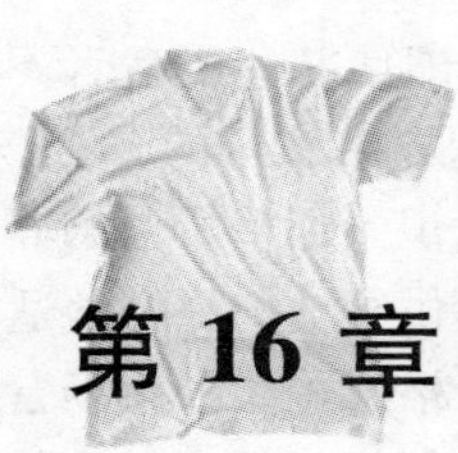

第 16 章　市场细分

“满足 10 个消费者 100% 的愿望，要比满足 100 个消费者 10% 的愿望更好。”

——拉祖

本章教学目的：

- 理解市场细分营销是一种市场营销工具和市场营销战略；
- 了解从大众市场营销到市场细分营销的转变；
- 了解推动市场细分的各种力量以及市场细分营销所能带给消费者的好处。

市场细分营销与大众市场营销的比较

市场细分是一个基本的、被广泛采用的市场营销工具和市场营销战略。它被市场营销人员用来识别消费者中的特殊群体，从而将适合于这些特殊群体特点的产品或服务介绍给这些特殊消费群体。在使用市场细分营销这一市场营销工具和市场营销战略的过程中，市场营销人员能够合乎情理地界定出所适用产品的范围，剔除赢利性较差的产品，创造出最具盈利性的产品，将精力都集中在最具盈利性的产品上，并且努力改进最具盈利性的产品。

市场细分战略预先假设在所有消费者中存在可以识别的具有特殊需求特点的消费者群体。

不同于简单的大众市场营销在市场的早期发展阶段所具有的典型性，市场细分这一步跨的大得多。在早期市场阶段，市场营销很大程度上是以产品为导向的，生产商品并且销售给尽可能广泛的消费者是市场营销的根本目标。市场营销人员受到简单理论的影响，相信大规模的生产才是经济的，而价格优势将驱使市场中的非普遍性消费群体转向标准性的产品。在这一体制下，所有消费者接到同样的产品，即使某些消费者不得不牺牲一些特殊需求，消费者的整体仍然得到了合适的和良好的满足！

经过很长一段时间以后，大多数市场营销人员意识到那些所谓的非普遍性消费群体确实是特殊的群体，如果有人能够提供给他们更好地适合他们需求的产品的话，他们似乎愿意支付更高的价格来购买。市场营销人员没有花费很长时间就意识到这种愿望意味着即便扣除较小规模的多元化生产所增加的成本，仍然可以获取更高的盈利机会。事实上，这是一种双赢的状态，市场营销人员获取更多的利润，而特殊的消费者获得自己确实想要的商品。

从那儿以后，在一个持续的过程中，大众市场营销一点点地让位于细分了的、具有针对性的市场营销方式，直到现在，市场细分营销而不是别的什么方式已经成为市场规则。人们仍然承认大众市场营销方式的存在，但是通常只是存在于低能的市场营销组织之中，或者存在于某种处于早期发展阶段的市场之中。

市场细分营销让消费者和市场营销人员同样受益；而前者受到的益处事实上才是推动市场细分营销方式发展的力量。

但是大众市场营销方式并没有完全过时或者死去

某些基础的、基本产品的大众市场营销行为可能仍然会持续相当长的一段时间。举一些例子：农业的、矿业的或者原始的产品和其他基本而普通的产品。即使在这些领域，随着商家竞争的逐渐激烈以及消费者实际需求的逐渐细化，必然会导致市场营销方式逐渐走向市场细分营销方式。市场营销人员愿意创造出产品品牌和品牌的忠诚度，从而保护和提高其产品的市场份额。仅仅在上个十年内，许多普通的、原始的产品，那些我们从来就没有想到会成为市场细分营销对象的销售项目，已经逐步地向市场细分营销方式低头。经典的例子是普通的盐和平装的饮用水。这些商品不再“普通”，也不再是“平装”了，而是变成了拥有品牌的销售项目被推销给拥有大量消费者的市场细分消费群体。可以预见的是这个趋势仍将继续，而且大多数销售项目将被进行市场细分。不要试图预测哪些基本的、普通的商品将成为下一个被市场细分的对象，预测哪些商品抵制市场细分营销方式并且继续采取大众市场营销方式一段时间可能会容易的多。在发展中国家进行这样的预测的时候，最好参照一下拥有发达的、市场导向的经济的国家（比如美国）现在的情况。

在这样的国家里，只有少数像大宗化学商品、矿产品和农产品还处在大众市场营销方式之下。

专栏 16.1

饮用水革命

★ 当今在饮用水可以从自然界轻易获得或者在社会上作为免费商品大量提供的情况下，在出售和消费饮用水的地方已经出现了具有明显的市场细分营销方式倾向的特点：
★ 饮用水在餐厅等地方被作为“矿泉水”消费。
★ 饮用水在具有支付能力的具有健康意识的消费者中作为“自然泉水”出售。
★ 饮用水放在大容积的、可回收的容器中，卖给具有支付能力的家庭作为家庭消费使用，以及卖给在水冷却容器里建立喷泉的人们。
★ 饮用水作为瓶装水被旅游大众所消费。
★ 饮用水放在可以回收的袋子里，作为瓶装水的经济替代品推广，在火车站或者公共汽车站售出，被旅游大众消费。

由于饮用水消费的多样性、市场的巨大性和通过品牌建设介绍高品质形象范围的广阔性，一些主要的公司产生了兴趣，进入了这个市场，并且创造了属于他们自己的品牌。这种需求的维持来源于消费者对于可以免费获得的饮用水质量的持续的不满意度。

当今该领域有相当多的大公司投入了大量的努力和金钱，来提升它们的品牌。在印度市场上，我们只提到一小部分，就有 Bisleri（Parle）、依云、Kinley（可口可乐）和 Aquafina（百事）。

市场细分的动力

市场细分的本质是通过发现某一部分消费者的某些需求，创造出具有特别特点的商品或者服务，从而满足这部分消费者的这些需求。

有些时候，创造出这样的商品或者服务之后，把它们介绍到市场上去的时候，市场营销人员却发现市场上的实际需求并没有原先预计的大，该部分细分市场的消费者群体也没有预计的那么多。在这种情况下，市场营销人员可能会通过减少一些产品的独特性来迎合市场，使之适用于更多的用户，从而扩大细分市场的消费者群体数量。

世上不可能有许多产品在一种标准模式下能够吸引所有可能的用户。所有的消费者不可能从产品的标准化特点中获得完全一样的好处或者满意程度。而市场营销人员的根本责任就是克服这个困难，通过向不同的用户提供具有不同特点的商品和服务，来使得尽可能多的消费者群体得到满意。这种观点再往上进一步或者发展一下就是市场细分营销。市场细分营销毕竟是一种关注于消费者子集的需求，并且制造产品和服务子集来与之匹配的市场营销工具。

因此，可以负责任地说，市场细分营销是一个自然演进的过程。在这一过程中，市场营销人员可以对其进行使用，但是市场细分营销肯定不是由市场营销人员所发明用来压榨消费者的。

市场细分的助推力

市场营销人员、其竞争对手以及消费者，出于各自不同的原因，发挥他们各自的力量来造成市场细分的营销行为。市场营销人员所使用的力量是公开的、可以看得到的，然而由于竞争对手和消费者动机所使用的力量却是微妙的，只有在长期的过程中才能够被感觉到。

专栏 16.2

福特 T 型车：是大众市场营销的真正案例！

亨利·福特说过他提供的车"你可以选择任何颜色，只要它是黑色"。能说出这句话在他那个时代是非常了不起的。现在，如果有人胆敢如此宣称，肯定会被贴上十足傲慢的标签。出于对福特的天才和市场的预见性的敬佩，许多日后的市场营销人员把其市场营销方式称为大众市场营销的方式，而他们以后再也没有找到与这种方式一样的情况。

然而，福特的战略适合于他所处的时代。他瞄准站在门槛上将成为第一代汽车拥有者的美国普通大众，这些人选择汽车的主导原则是能够负担得起的价格。福特放在首位的是要生产消费者买得起的轿车，通过流水线生产的模式降低生产成本。福特同样希望他的消费者和服务站能够以便宜的价格维修和重新油漆车辆。

行业和大众非常欣赏这样大规模生产的产品，因为低廉的价格给他们带来了便宜的好处。在十有八九的情况下，这种流水线生产的普通的黑颜色车子确实降低了价格，也简化了工厂生产所需的工艺流程水平，适应了那个时

（续）

代所能够达到的水准。

这种初始性的、简单化了的市场细分营销方式之所以能够成功，大概因为在那个时代，一辆普通的私人轿车本身就是一种前所未见的创新，而关于这种商品的市场竞争就根本还不存在。

市场营销人员造成的市场细分

扩大特定产品或者服务的市场份额是个持续性的目标，也许也是所有市场营销运作存在的理由。在通过不断的努力寻找增长销售额的新途径的同时，市场营销人员调查研究主要与该产品用途相关的消费者行为模式。这样的调查研究揭示出存在着这样的消费者群体：如果某产品针对他们的需求特点进行相应改正，这些消费群体对于该产品的消费会增加。这一消费增加的结果又转过来使得市场营销人员做出相应的改变，而这些改变就成为了市场细分。在一些情况下，市场营销人员采取某种独特的市场细分，因为他们知道这些已经在其他的市场之中运行良好。

专栏16.3

香皂——一个连续不断的市场细分案例

当我入住一家酒店时，在房间的卫生间里可以找到一套干净的毛巾，同时一定会有的一块新香皂。这块香皂的尺寸，尤其在小一点的酒店中，可真是小啊。握在手里真是太小了。但是从酒店的角度来看，为了卫生起见，酒店必须把客人用过的小香皂块扔掉，即使客人只住了一晚就离去了。还有，许多酒店定下规章每天都更换卫生间里的香皂，即使同一个客人继续住在这个房间里。他们也愿意放上几块香皂给住在一个房间里的两个客人用，以及分别用于洗手池和淋浴。所有这些都使得酒店在体面和经济之间，选择小尺寸的香皂块。而这一行为，又转过来，为每种豪华品牌的香皂都创造出有两个或者三个不同尺寸的细分市场。

当我走进飞机的厕所时，我看到许多五克大小的小肥皂。我拿起一块用了用，然后忍不住把它丢到了垃圾桶里。没错，这就是航空公司希望出现的情景。航空公司希望每个乘客在使用厕所的时候都能够打开包装使用一块新

（续）

的肥皂块。在这里的用户需要用这块肥皂洗脸和洗手，不会用来洗澡，所以一块很小但是成块的肥皂就非常适合了。

在俱乐部或者公司办公室的普通卫生间里，我发现那里放着同样出名的牌子的肥皂，但是是液态的，放在容器里面。这些特殊的细分市场的消费者更多地需要洗手而不是洗脸或者洗澡。因此，液态的肥皂非常合适、卫生和经济。

回到家里，我妻子喜欢买一种肥皂，分成三个尺寸和包装；一个经济型尺寸的200克肥皂块用于卫生间，一个小巧的、有一个适合小孩子握着的弧度的100克肥皂块用于孩子们的卫生间，而另一个20克的用于客人房的卫生间。

我发现在买的某个牌子的肥皂与我过去常在买的同样牌子的肥皂在特点上有许多不同。不用费劲就可以看出来每一种都是生产厂家特别针对当地不同的水的硬度而生产的。

为什么冬天的时候超市的货架上摆着的是甘油肥皂，而夏天的时候摆着的却又是同一个公司生产的檀香皂呢?

听说成年人喜欢白色，年轻女孩子喜欢粉红色，而男孩子喜欢蓝色，这是真的吗?

在50多年的时间里，联合丽华公司 Hindustan Lever 一直在致力于拓展他们著名的肥皂品牌 Lifebuoy 的独特的细分市场。该品牌被定位于不是传统意义上的香皂，而是拿来彻底洗澡用的香皂。它的杀菌特质和经济的价格吸引了那些重视清洁和杀菌的消费者。这种香皂在市场上以“健康”的形象出现，大肆宣传。对于这一细分市场，滴露品牌也加入了，滴露希望能够从其滴露防腐液的市场形象中受益。而与此同时，在市场的另一个方面，Lifebuoy 的传统用户开始期望这种肥皂能够从其简单的杀菌肥皂升级到既能杀菌又气味芳香的产品。从这里可以很容易地看出来，市场要求对某些细分市场进行组合。这一需求促成了杀菌又芳香的新 Lifebuoy 和新滴露肥皂的产生。其他一些也兼具杀菌功效和厕所使用特点的肥皂也加入到它们之中。显而易见的，新出现的细分市场是由一些有潜力在两个产品领域都成为佼佼者的产品组成的。

这样的事情还没有到剧终的时候，也许永远也不会有剧终的时候。市场营销人员会继续努力工作，将已经识别出的市场需求套现，将已经存在的细分市场升级来创造出新的细分市场。

婴儿香皂早已经成为重要的细分市场。是否我们也能期待不远的将来看到老年人专用的香皂呢?

竞争刺激的市场细分

竞争的存在是市场细分产生的最大的推动力之一。没有竞争的市场逃避市场细分。市场头号占有者引进一个新的细分市场，从而从因此产生的更好的价格或者更大的市场份额中受益。永恒不变的是，市场跟随者通过引进一个或者多个细分市场产品加入这一潮流来保护自己的市场领域。大多数时间里，市场跟随者没有其他选择，只能接受这种防御性的行为来保卫其在市场中的位置。

举个市场跟随者追赶市场老大进入细分市场的例子：白水泥。最开始的时候水泥的主要品牌 Birla 引进了一个叫“Birla White”牌的水泥，作为一种溢价产品，瞄准使用大理石的特殊建筑和其他颜色敏感的建筑。当看到 Birla 的成功和有利可图的价格时，非常多的水泥生产商引进了他们自己的白水泥和带色水泥。但是有一点必须指出来，他们中的有些水泥商提供的类似产品只是徒具其色而无其质。

消费者压力导致的市场细分

有很多案例讲述了美国消费者中的特殊群体表现出他们愿意支付更高的价格，而市场营销人员提供了特殊的产品给与相应回应。为特大身材的人提供的服装和为左撇子特制的各种器械只是其中的两个例子。

可以看到，每个多文化、多层面的社会都会造成自己特色的许多细分市场。同样正确的是，由于显而易见的原因，市场细分营销方式在对移民开放的、民主的、多种族的、多宗教的和多语言的环境中非常繁荣。

时间相关效应的推动力

时代和时间相关事件的变迁也会产生压力，带来市场细分营销。这些表现为：

- 随着新一代人的成长带来的道德观、价值观、时尚观等等的变化所产生的效应；
- 新材料、新方法和新技术所产生的效应；
- 大规模人口流动所产生的效应；
- 全球化所产生的效应。

专栏 16.4

代的效应和群体效应

在每个国家里，在其历史上某个特定时间，由于人口的发展进程和当时人民达到的生活水平，造成了某些年龄层次的人群显得分外突出。

在美国，在第二次世界大战之后有一个生育高峰。那个时代的婴儿长大后就带来了一个少年时代，而之后又带来了一个年轻家庭的时代。

在其他一些经过战争毁坏的国家比如俄罗斯和德国，那里存在着一个战后的一代人的断层，因为某个年龄段的男人在战争中消失，而这个断层随着时间的推移仍然存在。

在印度、巴基斯坦和孟加拉国，1947 年以后，由于健康保健的增强，人口的寿命得到极大延长。人均寿命由 30 岁急剧上升到 60 岁。这一现象在 90 年代造成一个拥有巨大数量的人口年龄层。

已经被世人公认的一点是每个时代都在该特定时代出生的人身上打上时代的烙印，比如个人喜好、品位或者态度。这个时代烙印很可能伴随这个人一生。例如，如果你在 60 年代是一个十几岁的少年，那么即使到了新千年，你已经是个中老年人了，你仍然会对 60 年代和 70 年代的音乐有好感。因此，2000 年的中老年人可能与 60 年代的年轻人拥有某种共同的特性！市场营销人员利用了这一被称为群体效应的现象，针对已经进入不同年龄段的同一批人循环使用某些想法和产品。老音乐、老电影、古式家具、怀旧之旅以及很多具有同样怀旧情结的产品都属于这个市场细分营销方式。

市场营销人员应该时刻关注上述的现象，随时找到新的机遇进行市场细分营销。

专栏 16.5

代的效应和音乐

如果你在 2004 年为音乐作市场营销，而且把目标对准了音乐爱好者的中老年人作为你的细分市场的话，你必须知道下面这些情况：

作为一个受过教育的人，他可能更喜欢古典音乐，

作为一个上了岁数的人，他可能更喜欢让人宁静的音乐，但是

作为一个怀旧的人，他可能喜欢 20 世纪 50 年代和 60 年代 Noorjehan、Lata、Geeta，Harry Belafonte，Dean Martin 等人的音乐，

一个人的行为不仅仅受到其年龄的影响，也受到其身上的时代烙印的影响。

市场细分共有的决定因素

从前面的讨论中可以看到市场细分更多的是一个自然的进程，而不是人为建立的。那些影响市场细分的自然因素有：

- 人口统计变量因素；
- 地理因素；
- 文化和社会因素；
- 心理因素；
- 方法因素；
- 利益因素（包括实际的和可见的）。

实际上，比上述更多的因素与市场细分营销相关，市场细分营销的过程更加自然，而且成功的机会更多。

但是，很多时候由一个或者两个自然因素组合成的组合因素造成市场细分营销的出现。这种因素的组合组成同质或不同质的混合基础，并在这个基础上引发成功的市场细分营销行为。不同质的混合基础在下面例子的措辞中表现得十分鲜明。

- 美国十多岁年龄段市场；
- NRI（非定居印第安人）中老年人市场；
- 乘飞机旅行的素食者细分市场，等等。

心理/生活方式市场细分

人们越来越认识到，拥有相同的人口统计变量的不同消费者，因为个性特点的差异使得其行为方式也有很大差异。这表现为不同个性特点的人对于什么是正确选择有自己不同的信念。这样的事实吸引研究者深入了解这一观点的内部秘密，并且试图去分开哪些消费者更可能拥有相同的信念。因此出现了心理图案差异性市场细分和其分支，叫生活方式市场细分。虽然心理图案差异性和生活方式两个词汇不同，这两个市场细分方法是相近的而且互相补充的。在这里我们把生活方式市场细分看成是另一个的分支。

心理图案方式按照消费者的心理态度画出图线从而勾勒出其心理特点的轮廓，评估其表现出来的行为、兴趣和见解，并把这些同他们的购买和消费模式结合起来。因为行为、兴趣和见解是态度的外在表现，所以有可能据此对态度进行分类，并且根据态度对人进行分类。

生活方式这个词最早是由 Alfred Adler 推广的，它被用来描述一个人为自己设立的一组总目标，也包括为实现这些目标所采取的方法。生活方式是某个特定的消费者采取的生活模式，这种生活模式甚至会决定其行为。不管怎么说，生活方式是藏不起来的，也没有人去隐藏它。通过消费者的购买与消费行为，生活方式总能比其他东西更加鲜明地表现出来。

结合这两个概念，市场营销人员发展出了以分析心理图案为基础的生活方式市场细分方式，来帮助识别社会某些阶层所追求的商品和服务，尤其是被称为奶油层的消费者群体。所以，很容易看出来研究生活方式、市场细分方式对于在城区市场上奋战的市场营销人员是多么的重要。

在实战中用来做出生活方式市场细分的工具是心理图案的方法，这些方法被用来确定：

★ 这些人在忙些什么事情，他们又是怎么做的；

★ 这些人表现出对什么感兴趣；

★ 这些人对自己和自己周边的事务是怎么看的。

早期被称为 AIO（行为、兴趣和见解）研究的针对相同消费者做出的研究令人惊讶地揭示出 AIO 和人们关心的购买—消费选择之间有着一致的联系。市场营销人员将这种关系用在两个地方，首先用来促销适合于消费者 AIO 商品，其次用合适的 AIO 进行市场细分来适应要卖的商品。

我们建议希望专攻市场调查的本书读者查阅一下相关的专业论文，同时再学习这样一些系统，这些系统测定平民大众的生活方式的价值和与这些价值相关的平民大众的消费者行为与消费者行为生活方式市场细分活动之间的关系。然而，即使是对一般市场营销感兴趣的读者也应该广泛了解下面三个鼻祖系统，即，Rokeach 价值系统（RVS），价值目录系统（LOV）和价值与生活方式系统（VALS）。

Rokeach 价值系统（RVS）

价值系统是由研究员 Milton Rokeach 在 20 世纪 70 年代创立并发展的。该系统识别两组价值——极限价值和工具价值。简述如下（原著按照英文字母顺序陈列）：

极限价值：成就、美丽、舒适、激动、平等、家庭安全、自由、友谊、内部和谐、幸福、成熟的爱情、国家安全、和平、快乐、救世、自尊、社会认可、智慧。

工具价值：野心、宽宏大量、能力、兴奋、清洁、勇气、饶恕、乐于助人、诚实、想象力、独立、聪明、逻辑性、服从、礼貌、依赖、自控、脆弱。

被访问者需对这些价值进行评价或者划上同意/不同意。据其结果把该被访问者分类。

因为是早期的理论而且比较抽象，这个系统有一些局限性。

价值目录系统（LOV）

这个系统是由密歇根大学的研究员创立的，提出了更加精炼的价值测量程序。这些价值例如：自尊、安全、关系、成就、自我实现、被尊敬的渴望、归属感、生活的享受，等等。

这个系统在上世纪 80 年代晚期变得更加现代化和对研究员也更加友善。

价值和生活方式系统（VALS）

SRI 国际发展了这个系统。VALS 是到目前为止最先进的、最现成可用的和最对研究员最友善的系统。其最新的一个版本 VALS－2 能够通过三组分析识别出八种类型的消费者。如果要把消费者群体按照等级划分的话，这个系统按照下面的矩阵做出的排列是最好的，这个顺序是从 SRI 国际的出版物上提供的网站上得到的。

第一组 原则导向型 的消费者	第二组 地位导向型 的消费者	第三组 行动导向型 的消费者
	完成者	
已完成者	实行者	有经验者
相信者	奋斗者	制作者
	挣扎者	

VALS 系统方法已经发展成行为调查并且可以据此将消费者分类。预测行为的相关性研究也被发展起来对该系统方法进行复核。学生们应该能够明白上面这些分类的意思。简单解释如下：

完成者显然是成功和自信的人士，拥有足够的资源，享有上等产品的市场。

已完成者是原则导向型的人士，拥有足够的资源，寻找的是功能齐全的高质量，讲究性价比。

相信者也是原则导向型的，不过保守，寻求物有所值，不愿意冒险。

实行者是仍在进行中的成功人士，是地位导向型的，寻求的是高等的产品以此表明其地位。

奋斗者正在追求地位，喜欢学习实行者。他们会被激发所影响。

有经验者是行动导向型的人士，他们计算风险，寻求创新和能够带来激动和变化的产品。

制作者也是行动导向型的，但是资源有限。他们寻求公认的产品，但也不放弃参与购买决策的制定。

挣扎者是普通人，小心且被动。他们寻求安全，又表现出比较高的品牌忠诚度。

空闲对消费量有影响

在按照收入进行细分的每组消费者中，识别出有更多空闲的消费者是有用的。他们购买更多的商品，也消费更多。举个例子，一个疲于奔命的企业主，有很高的收入，但是却只有两双鞋或者几件结实的工作服。与之相对应的是，他雇用的几个管理人员只有固定的收入，但是因为有很多不值钱的空闲时间使得他们可以花大量的时间去买鞋子、衣服和一大堆玩意儿。

还应该记住的是拥有很多资源的人一般都很忙，所以并不会自然地成为实际的购买者或者摆阔的消费者，然而他们的家人却可能是这样的购买者与消费者。比如在某个繁荣工厂工厂主或者某个医生的家里，大人们都因忙于挣钱而没有时间，而他们的子女就有足够的时间来消费大量的商品。

图 16.1

市场细分就好像你在一个三条腿的平台上重新摆放产品的位置。只有全部三条腿都是同样硬度和同样长的时候，该平台才是稳定的。

尺寸：细分市场的尺寸应足够大到使投放产品具有可行性。

长寿：市场的相关需求不应仅是暂时的，也不应是建立在一时的或者短命的时尚基础之上。

利益：消费者能够获得的利益应真实可见。简单的门面变化或者变化是为了给制造商带来的利益的情况下，市场是不会产生热情的。

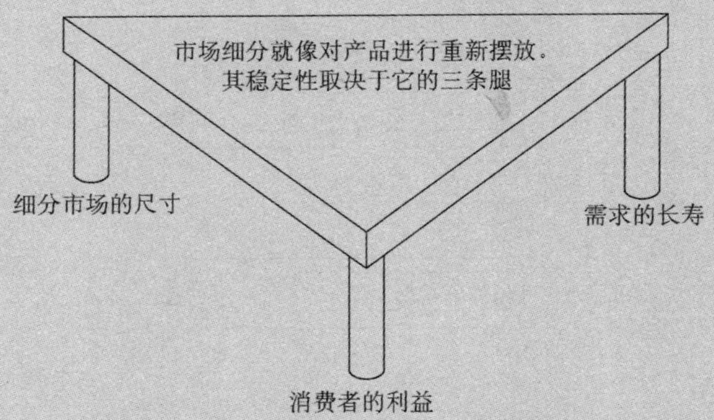

图 16.2

过去十年中，印度不可充电电池（干电池）市场是市场细分最好的、也是最坏的例子。

说它最好是因为在方法和用途的基础上提供了准备好了的细分市场。

1. 墙上/桌面上的时钟耗电量很小，持续时间长。
2. 半导体收音机/磁带录音机/仪表耗电时间中等，每次使用几小时以后休息。
3. 闪光灯耗电量大，每次间歇性使用几分钟。
4. 玩具和器械耗电量大，每次仅持续几秒钟。

从技术和生产的角度来看，可以对于上述各种中的每种条件下的使用实现最优，但是不可能一次全部都满足。

图 16.2（续）

说它最坏是因为，生产厂商介绍说他们的型号可以使用于上述条件中的一种，但是没有诚实到足以让消费者对其产品信任的程度。

结果：印在电池包装上或者广告上的说明多种多样，这些说明只是让消费者发笑或者愤怒，以至于对真的说明也失去信任。

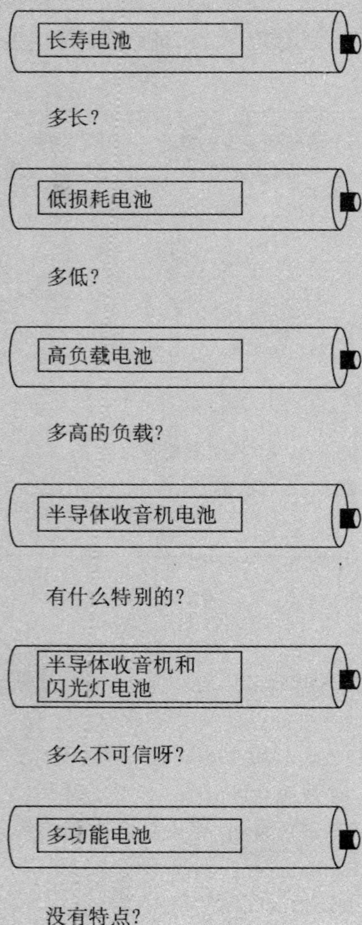

图 16.3　市场细分的种类和市场营销人员得到的启示

市场细分的种类	市场营销人员得到的启示
地理市场细分	发货经济 仓储经济 口碑相传
人口统计变量市场细分	便于产品特点的设计
文化市场细分	便于使用特殊广告语 容易选择媒体 便于口碑相传
社会阶层市场细分	容易进行产品定位 容易选择媒体 容易预测需求
方法市场细分 利益市场细分	便于产品特点的设计 便于沟通

相关词汇

Geodemo：基于地理和人口统计变量因素的混合因素基础上的市场细分。

Socio cultural：基于社会和文化因素的混合因素基础上的市场细分。

Application segmentation：基于产品运用（方法）因素基础上的市场细分。

Differentiation strategy：开发和提供同一产品的不同变体。

Repositioning strategy：发现产品可能适合于不同的细分市场，进行相应的改变重新定位产品。

作 业

1. 请写出市场细分的定义。举一个适合于进行市场细分营销的产品的例子，并简要建议在采取市场细分之前你将怎样调查市场。
2. 请举出几个仅仅五年前还是大众市场营销但是现在已经是市场细分营销的产品的例子。
3. 市场细分与进化一样是自然进程。请分析。
4. 请列出市场营销人员和消费者所分别使用的用以造成市场细分的力量。
5. 地理、人口统计变量、年龄、收入、教育、利益是细分下列产品和服务的市场的变量（基础）。请为每个产品写出你的选择并说明理由。

   （a）茶（b）假日住宅（c）轿车租赁（d）保暖衣服（e）玩具（f）书（小说）
6. 用于婴儿皮肤的香皂在家庭卫生间用香皂市场上是个重要的细分市场。有没有基于年龄群体的其他细分市场吗？比如十几岁人用的香皂和中老年人用的香皂。
7. 市场上某些由市场营销人员创造的细分市场看不出能够给消费者带来什么明显的益处，请举例并说明。

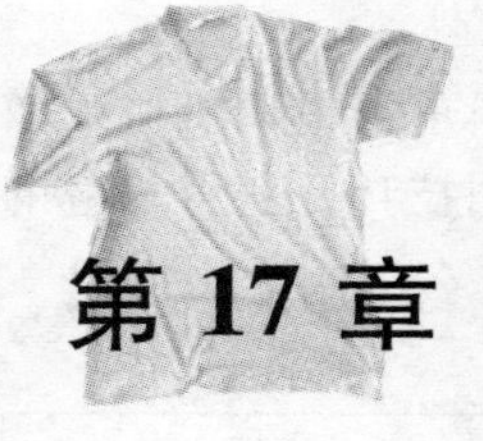

第17章 动 机

“上帝激发我的动力，使我每次完成之后都期望更多。”

——Michel Angelo

“种下一棵种子比移植一棵树要好。”

——拉祖

本章教学目的：

- 了解动机的定义：动机与消费者和消费者行为相关；
- 比较积极的和消极的动机；
- 了解需求层次，了解需求是怎样被识别的，了解需求是怎样被用来进行激发的；
- 评估市场营销人员在激发消费者不断追求更高需求方面所扮演的角色以及由于其激发所带来的市场营销机会。

动机的概念

研究动机首先要对它的定义达成一致。这是因为在一段时间以来，在逐渐被广泛接受的过程中，动机的确切定义发生过变化。不过，到现在，关于这个术语的定义在很大程度上已经达成了一致。本书采用已被广泛接受的定义而不是给出自己的新的定义。

动 机

动机就是促发人们行为或行动的内在力量。该促发力量可能由外部动因引发，从而创造出一个紧张或者对于未实现需求的不满足的状态。重要的是，该外部动因还提供通过行动解除这种紧张或者不满足的办法。每个人都能够发现这种不满足，并通过所建议的方法补偿这种不满足。发现这种需求并且接受按照某种方法来行动的需求的过程，就构成了动机。

看到这两个例子就能理解上面的概念了。

1. 在一个炎热的夏日，广告招贴版上一点小小的暗示，就能使你发现自己很渴，想买个清凉的饮料来解暑。

2. 一个正在播放的广告刻意突出人们对于不断重复单调机械工作的不满，从而激发你去上课提高计算机使用技巧，获得相应的资格证书。

专栏 17.1

激励自己的员工，使他们以瑞典公司宜家为榜样

宜家是世界上最大的家用家具零售连锁店之一，1943 年成立于瑞典。宜家创始人 Ingvar Kamprad 构建宜家的使命是“以低廉到大多数人都买得起的价格，向顾客提供种类繁多的设计良好、功能多样的家用家具。”

Ingvar Kamprad 想使自己的公司同竞争者区别开来。顾客在宜家买家具必须自己组装，从而获得低廉的价格。宜家不直接向顾客提供帮助，但是提供机会帮助顾客完全自己选择、运输、组装家具。

为了激发顾客的动力从而获得其满意度，Kamprad 首先花费了极大的努力来激励宜家位于世界各地的每个连锁店的员工。他亲自起草了自称为“家具销售商全书”的一整套条例，并让每一个员工理解并且执行，进而向该公司所在国家的顾客中传输了这些理念。

下面是宜家的“家具销售商全书”的扼要归纳。

1. *产品系列的一致性：我们的身份标志。*
   在全世界、在我们所有的商店中，我们的产品都是一样的。他们构成我们的形象和标志。大多数人都能够买得起我们的产品。
2. *宜家的精神：强壮、富有活力。*
   我们为我们的精神和文化而骄傲。我们的目标是与很多人分享，与我们的员工和我们的顾客分享。我们的精神和文化是我们的力量的主要所在。
3. *盈利给我们带来资源。*
   盈利是一个美妙的词！我们要依靠自己来创造资源。积累我们的资源是为了在长期的过程中获得最好的结果。
4. *以小的代价获得好的结果。*
   昂贵的解决方案往往意味着平庸。我们不会对不经济的方案感兴趣。
5. *简单就是一种价值。*
   官僚主义使问题复杂化，并让问题得不到解决！言过其实的计划也可能造成致命损失。简单的行为使我们充满力量。

（续）

6. 不同的方法。

用于不同，我们可以找到新的方法。我希望我们永远也不会有完全一样的两个商店。勇于探索、勇于求新将带领我们不断前进。

7. 集中精力。

这一点对于我们的成功至关重要——带兵的将军如果把兵力分散，就会招致失败。我们也必须集中精力。我们不可能在同一个时间在每一个地方做每一件事。

8. 承担责任是一种特权。

承担责任和教育与经济没有任何关系。我们把人的主观能动性放在首位，并且相互之间给与支持。犯错误是积极主动的人的特权。

9. 大多数的事情仍等待我们去努力——我们拥有一个灿烂的未来。

幸福不是达到目标的结果，幸福是达到目标前努力的过程。经验是我们进化过程中的阻力。谦虚和力量是成功的秘密武器。时间是我们最重要的资产。我们想要什么能够做什么和我们将要做什么，这几点一起构成我们灿烂的未来。

动机的过程

下面的模型描述了动机的整个过程。

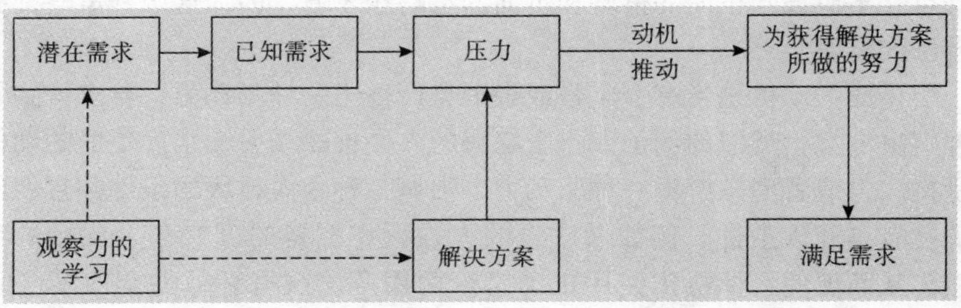

外部力量的作用

非常清楚地一点是，动机的过程非常容易受到外部力量的影响，并因此指导消费者行为。对于一般的经理人或者尤其是市场营销人员来说，利用自己的资源对消费者施加影响的空间大得足以让人吃惊。他们可以通过挖掘消费者个人的潜在需求，把这些需求提示给消费者从而成为已知需求并因此产生满足需求的压力。不用说，只有这样的可以实现的需求和那些可以通过市场解决方案予以诉求的压力，才可以被用来激发而成为消费动机。

事　例

1. 销售经理不应因为销售业绩差而责怪销售员，而应告诉销售员他/她没有充分利用其潜在的才华和市场上的机会。这样在其心中会产生一种正向的压力，这种压力必须通过努力工作实现目标来得以舒解。这样激发的动机因为一同提供“方案”与问题而发挥作用。
2. 反之，如果只是简单地创造一种不满意的状态或者压力而不提供或者建议一个解决方案的话，会带来负面的影响，进而不能激发出良性的动机。想一下如果根本没有工作或者工作机会的存在，而相关的政府领导却激励人们努力工作。在这种情况下，被激励的对象会变得玩世不恭，良性的动机不会被激发出来。

正面的和负面的动机

虽然激发人们从而在其心中产生出压力的状态应该是健康的，但是这点并不应该同正面的策略和负面的策略相矛盾，因为这两种策略都有自己的价值。

正面的动机是指有个广告或者消息产生出一种驱动力，要求得到某种解决方案，类似的例子如一个口渴的人会被驱动去喝水。负面的动机是指广告或者消息产生一种驱动力，强调一种令人讨厌的条件并且促使消费者离开该条件。例如做广告的人强调在拥挤的公交车上旅行的不适，从而促使目标群体使用机动脚踏两用车。这里必须强调前缀“负面的”并不带有任何的不好的意味。同样我们把有些目标称作正面的而有些称作负面的也是一样的情况。举个正面目标的例子，一个已经很健康的人想要保持苗条的身材和充满活力的身体。而另一个人因为害怕长胖从而有了一个负面的目标，就是不吃脂肪之类的食物以避免心脏病。虽然两个人的目标具有可比性，具有正面目标的人是被激发消费动机的候选人，是市场营销人员的最爱。这个人可以被激发出购买运动商品、健康食品、器械和其他很多有关生活方式的商品和服务的动机。另一个人带有负面目标，总是想着如何避免肥胖或者心脏病，对于这样的人可以激发出的消费动机范围就小得多。

需求发展成为目标

许多动机建立在一个人与生俱来的潜在需求发生作用的基础之上。一个人只有在感到某种需要时才可能变成需求。传统的需求理论把需求分为下面几种类型。

生理需求

对于食物、水、空气、衣服、住所、睡眠、健康（不生病）、性等等的需求，被称为生理需求。它们也被称为生命活动所必需的需求或者基本需求。

心理需求

心理需求是人们回应文化、环境和关系产生的对于权力、声望、感情、赞赏等的需求。它们也被称为次要需求。

组合需求

在现实生活中，人们会组合他们的两种需求，进而发展成为组合需求并设立一个目标。例如，一个人设立了退休后买栋好房子的目标，这里就组合了几个需求：住所、声望、安全、自我满足和社交需要。

另一个简单的例子是一个人想买的衣服。这件衣服则必须满足遮体和体面的需求。

唤起需求和动机

唤起潜在的需求，驱动目标消费者产生更高层次的需求，并且激发目标消费者产生满足这些需求的动机，这些一直以来都是市场营销人员神圣的职责。

有时市场营销人员被指责为了获取商业利益而“创造”需求。这种指责在某种程度上是正确的，但是把这一过程说成是只对市场营销人员有利则是不公平的。认识潜在需求，从而创造新产品和服务的整个过程，毕竟是不断提高生活水平，以市场为导向的社会和经济的基石。

动机因素不是一成不变或者静止不动的

被划分到某个群体的个人可以说有某些共同的因素能够被用来激发消费动机。但是，这些因素远不是相同的或者一成不变的，即使在一个特定的群体内也是这样的。这是因为人类本来就是非常个性化的。即使是某个特定的人，激发其消费动机的因素也不是静止不动的，而是时过境迁的。这些因素是充满活力的，并且随着个人的年龄增长、经验（成功或者失败）的积累和不同层次需求的满足程度，不断发生变化的。

需求能够被完全或者永久地满足吗？

不能。如果某一个人的需求可以被完全并且永久地满足，所有的动机就将消失，从而存在的理由也因此失去。这种状况是大自然所不能接受的。

专栏 17.2

动机的正当性

在激发消费者已经存在的需求之前，注意你所提供的解决方案的质量。

ABC 软件的中心经理想要招募人才。他觉得他可以激发和吸引其他竞争对手公司的人才，他采取了这个特别设计的广告："如果你是一个合格的软件设计师，并且被钉在一个二流的公司里，或者如果你的雇主不能识别你的才华，不要绝望。自信地将你的申请书发到 999 邮政信箱吧，我们将提供出色的工作条件和人才应得的工资。"

反应是强烈的，中心经理收到了众多的申请，并因此飘飘然，直到他发现大多数申请者来自 ABC 软件！

在大多数情况下，一个人可能实现某个预设的目标，但是实现了这个目标后他或她通常会重新设定目标。许多时候新目标更大更高。

一个相关的简单例子就是商人的第一个目标是获得财富。当得到财富之后，通常就会寻求权力，然后是名望。

即使一个普通人也会终其一生想要更大、更好的东西，发现自己越来越多的需求。因此所有人都是可以被激发消费动机的人选。

需求层次

心理学家提出了几个理论，论述个人是如何产生需求的，以及这些需求是按照怎样的顺序演进或者发展的。在这些理论中，由著名的心理诊所医生马斯洛博士提出的人类动机理论是最被广为接受的理论。马斯洛把人类需求分为五个层次。他假定人沿着从较低层次需求到较高层次需求移动。只有当较低层次的需求得到相当的满足之后，才会激活较高层次的需求。即使如此，较低层次的需求得到相当的满足后，人的主要精力集中在努力实现更高层次的目标时，如果任何较低层次的需求满足出现缺失，人会首先转向较低层次的需求。

可以说人生活在一个金字塔形的需求之中，永远不会完全为了较高层次的需求而工作。较高层次的需求不会独立存在。

圣人被认为是为了最高层次——自我实现层次工作，并且成功地“抛弃”了较低层次的需求。但是他们真的做到了吗？没有人可以确定圣人只吃空气就能维持生命（像印度史诗里提到的圣人一样）。事实很可能是圣人把较低层次的生理需求和目标降低到了最低的水平，仅以最简单的食物和生活方式来修行。圣人们当然可以在他们自己创造的出色的文学作品和思想中表现出他们集中精力于最高层次需求的自我实现。

马斯洛需求层次金字塔

通过他自己画出的需求层次金字塔可以更好地理解马斯洛的理论。

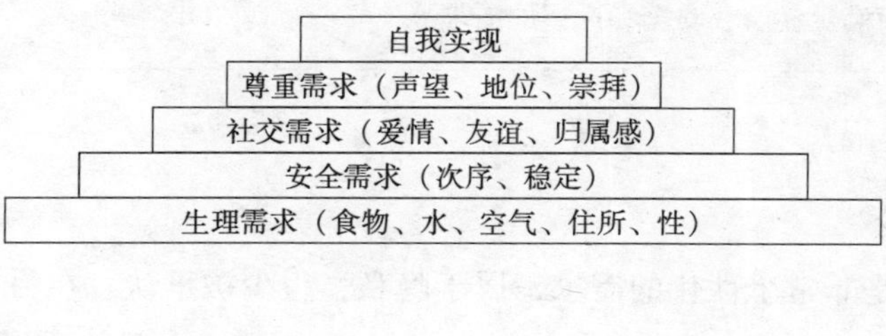

虽然如此，仍然有必要简短地讨论一下每一个层次，因为理解了这个理论有助于市场营销人员演变相应的产品、促销、价格和定位策略。

生理需求

这些基本的需求包括食物、水、空气、住所和性。它们自动地操纵人的注意力直到得到满足。它们要求持续地得到满足。好的市场营销人员为某目标市场促销任何产品或者服务时必须检查目标客户是否还没有被其基本需求所满足。如果是那样的话，这些客户不适合被激发其更高层次的需求。

安全需求

良好的健康、安全是在人们对于生理需求已经得到相当程度上的满足之后的需求目标。

社交需求

爱情、友谊、归属感、关系和社会认同是社交层次的需求。特殊产品和服务的市场营销人员提供家庭汽车、沟通设备和派对服务，从而在促销战中强调这一层次的需求。

专栏 17.3

哪一个在前面，房子还是婚姻?

简单的逻辑会认为一个普通人应该先得到一个足够大的房子来住，然后才会想结婚和生小孩。

在实际生活中，也正如马斯洛的需求层次金字塔所表现的那样，一个普通人可能先想结婚来满足性和食物的需求，然后才会考虑获得一个房子住进去，从而满足住所、安全和声望的需求。

尊重需求

这些是非常个性化的需求，属于隐私，很少被承认。在另一方面它们是非常强烈的动机，人们可能为之付出任何价钱、花费任何长度的时间来努力满足他们的尊重需求。市场营销人员充分利用这个事实，点燃尊重的火焰，直接或者间接地突出成功和成就的标志和符号。

自我实现需求

只有极少数消费者到达第五层次的需求。但是他们不是一般的或者普通的消费者。这些极少的消费者的影响力和购买力都不成比例地大。努力实现自我实现的消费者都是自我激励的，不需要市场营销人员的推动。但是，市场营销人员仍然有机会占领这个细分市场。通常采用的路线是使这些消费者相信哪些应该是自我实现的标志和标准。例如，有些市场营销人员做广告销售高端产品，声称这些产品是为极为成功的人士特别设计的。这些市场营销人员为这些产品创造出了一个巨大的次一级的市场，这个市场上的消费者无法达到自我实现的层次，只好选择获得这些自我实现的标志。

除了市场营销人员，其他某些人也会利用这种消费者行为，来计划他们自己的行动。这样的例子是美国军队招募机构，他们集中宣传光荣、骄傲和爱国的义务来吸引目标报名者或者宣扬其研究中心来吸引为了完成科学成就的科学家。

介入概念的出现

介　入

像动机一样，介入也是消费者经历的一种内在的心理状态。介入让消费者分析其选择。像动机一样，介入也可以被外部资源和媒体来引出。从本质上来看，介入是消费者选择某种产品或者服务所付出的时间、努力、思考和得到的享受的具体体现。

低介入和高介入

市场营销人员经常不知道为什么许多消费者表现出很小的介入度。这些消费者在选择品牌时表现出似乎“不可能不小心”的态度。许多人甚至对于了解品牌及其差异不感兴趣，即使是那些重复购买熟悉品牌的消费者也是盲目而没有热情的。

反过来另外有一些介入的消费者，他们付出努力、花费时间、做出慎重的选择。他们似乎在享受商品的同时，同样非常享受选择的行动本身。就像说到食品，我们有美食家；说到葡萄酒，我们有品酒家。似乎有这样一些消费者，他们是高介入的人群。

消费者低或者高介入度的现象引起了消费者行为研究者的注意。显而易见的是，高附加值商品的市场营销人员想要消费者高介入，因为没有消费者的高介入，产品的价值和特点就会不被发现。进一步来说，高介入的消费者通常也是创新大使和口碑传播者，甚至还是舆论领导者。

首先，我们来检查一下低介入消费者的精神和行动的情况，当然，也许更应该说低介入消费者没有行动发生。这些消费者可以更加细分为以下几种。

★ 那些谦卑的、那些自认为是普通消费者的和那些不是专家的消费者；
★ 那些第一次偶然因巧合、机缘或者推荐购买而以后不断重复购买的消费者。他们不适合被进行试验，被称为“安全第一，拒绝后悔”的消费者；
★ 那些研究品牌，但是对所有品牌都表现出不满的消费者也基本和上面的差不多。他们不喜欢变化，暗自庆幸没有因受到市场广告的欺骗而产生摇摆；
★ 那些没有时间仔细研究选择的消费者。通常这一类型在生活中也太忙或者没有时间接触媒体。

改变低介入类型的消费者，要改良沟通、增加空闲时间、加强媒体轰炸、提高广告技巧和采取劝说策略。每一个成功的故事的主题都是持之以恒的努力和诚实。

高介入在下列类型的消费者中更常见。

★ 受过高等教育的觉得自己与众不同的消费者；
★ 总是精打细算的消费者；
★ 那些给其他人买东西并且觉得应该为此负责的消费者。

高介入不仅仅依赖于上述消费者的特点和个性。某些产品自身可以引导消费者介入。其中的一些如下：

★ 高科技产品和服务；
★ 会影响消费者个人舒适度的服务（比如空中旅行之于乘客与空中货运之于货物）；

★ 高价值的购买；

★ 暗示使用者财产、声望和风险的产品。

介入会导向哪里?

对于市场营销人员是否应该劝说消费者高介入是存在争议的。但是，在下列情况下需要市场营销人员的努力。

某种品牌已经占领了市场的主要份额但是必须保护其领导地位。在这种情况下，要努力说服消费者介入，让他们花时间来了解这个品牌为什么以及怎样成为领导者。

某种充满抱负的品牌有很好的产品但是还在努力扩大市场份额。在这种情况下，有必要推动消费者介入，了解到该产品隐藏的好处。

市场营销人员的沟通活动和充满信息内涵的产品广告可以实际说服消费者介入。

这些事实产生了这句名言："进展顺利时广告有回报，进展不顺时必须做广告。"

对于广大位于中间地带的既不是市场领导者也不是充满抱负的市场竞争者的品牌和商品，它们像我一样没有品牌影响力，也没有技术优势，提高消费者介入度是没有什么好处的。如果这样的品牌和商品必须为了保护自有的市场份额而进行防御时，它们的反应往往只有降低价格，把降低价格作为其竞争利器。

通常来说，高介入会带来质量的提高和品牌忠诚度的建立。而低介入会带来相反的结果。

相关词汇

认知的激发：通过认识来点燃某种隐藏的需求。例如，使用广告描述国外的亲戚朋友来唤起长途电话的需求。

先天需求：人与生俱来的需求。

后天需求：人后天获得的需求。

防御机制：人无法实现某个目标时可能采取的方式或者过程。这种行为的两个极端是理智—承认失败并且调整自己的目标以及侵略—挑战目标的可信度或者责怪任何引起该目标的事物。

> 专栏 17.4
>
> **葡萄是酸的**
>
> “不管怎么说这些葡萄是酸的。”沮丧的狐狸说。除了为了保住面子，它是理智的并且重新调整了目标。

理智是一种防御的方式，而不仅仅是廉价的自我欺骗或者蓄意的谎言。这样想以后，人真的开始相信以前的那个目标不值得努力。理智或者重新定义目标是一种健康的状态，减少了紧张，使得人在精神上更加正面地去追求其他目标。想象一下，如果那些大量的沮丧的人不能够面对失败，一切将会怎么样？

> 专栏 17.5
>
> **难解的结**
>
> “把它砍掉”亚历山大大帝对着难解的结吼道。事实上他也这样做了。亚历山大大帝快刀斩乱麻地解决办法，可能是类似管理决策和行为的最早的记录。同时这篇故事也讲述了侵略性的防御机制行为。

作　业

1. 定义“动机”。说明人在多大程度上会受到别人的激发。
2. 用图表描述动机的过程，举例说明某种特殊的隐藏需求被满足了。
3. 需求能够被市场营销人员创造出来吗？论证你的说法。
4. 每种被市场营销人员突出的需求都是已经存在于人们心中的。讨论这个说法。用例子支持你的论点。
5. 使用马斯洛的金字塔描述需求的层次。
6. 人在满足基本需求之前不能实现较高层次的需求。讨论这个规则，并且描述一些例外情况。
7. 防御机制是大多数人类的合乎需要的过程。讨论并举例子描述。

第 18 章　沟通和说服

“少谈，多说。说话是播种，而聆听是收获。”

——Batra

“可以通过一个国家的广告来说出该国的观念。”

——Douglas Southwind

“相比别人告诉的原因，人们更容易被自己发现的理由所说服。”

——Blaise Pascal

本章教学目的：

- 理解与市场营销人员和消费者相关的沟通；
- 研究多种多样的沟通方式和沟通组合；
- 评估市场营销中的直接、间接和渠道沟通；
- 了解通过两步沟通建立起来的客户关系的范围；
- 了解通过沟通做到的消费者说服的范围。

沟通和说服

从消费者行为学的角度来说，与现有和潜在消费者沟通是任何公司都必须做的事情。说服是沟通中微妙的部分，鼓励现有消费者持续进行有利的行为，并将潜在消费者转变为客户。沟通和说服在市场营销人员看来是十分重要的工具，可以用来建造足够广泛的客户基础以创造盈利、保持并扩大现有基础、保持现有业务以及进一步拓展到新的业务领域。

沟通可以定义为通过个人接触、邮件、打印的电子手段和广播等媒介，向消费者进行的信息和消息的传输。接收反馈和从中学习也是沟通的一部分。

沟通组合

是否需要沟通已经不是问题，问题是沟通什么、怎么沟通和多久沟通一次。正如定义中所说的，今天多种多样的媒介可以用来进行沟通。最明智的组合是用最小的成本带来最好的结果。

我们都知道对于公司来说市场营销组合是个非常重要的概念。今天沟通组合这个概念对于想获得最有效的沟通的公司来说是同样的重要。下面是市场营销人员建立最合适的沟通组合可以选择的元素：

1. 销售商和客户的面对面会议和互动；
2. 通过寄信和货物清单、打电话、发传真或者电子邮件来传输信息，进行对话，形成互动的直接销售；
3. 在一个或者多个诸如印刷/收音机/电视/互联网等大众媒介发布广告；
4. 通过可能包含多种目的的促销活动，来刺激尝试性的购买，从而与消费者建立对话；
5. 通过宣传和公关活动树立为大众广泛接受的正面的公司形象或者产品形象。为了影响或者刺激正面的客户行为，上面提到的五种元素可以单独使用，也可以混合使用。市场营销人员的任务是协调那些元素，设计沟通计划，实施整体沟通活动。

整体沟通和决策

信息就是力量。随着信息技术的发展，消费者的角色扩大了，他们积极地直接地向制造商提出问题要求。这种互动式的市场营销或者对话的机会的增加，使得消费者被授权拥有了一个新的、在购买时参与决策程序的角色。

在传统的购买决策模型中，一旦消费者被激发起购买的动机，他或她在评估选择方案前研究信息。今天消费者在研究信息这一步上被高度授权，有机会接触多种资源。即使在去商店买东西或者下订单之前，他可以在家里查询这些资源。互联网提供了各种机会深入调查，不仅仅是竞争对手的报价，消费者还可以提出问题，询问或要求得到关于所寻找的产品或者服务的特点或者好处的进一步的信息。这些新的可能性事实上改变了消费者的行为，使其变得更加活跃、主动地与市场营销人员对话。

图 18.1　选择正确的沟通组合来适合产品

沟通组合各元素的影响的比较

组合元素	元素的影响 到达性	目标性	完整性	经济性
广告	很好	不好	不好	好
邮寄的方式（包括电话）	不好	很好	一般	一般
促销活动	一般	很好	很好	不好
面对面沟通	不好	很好	很好	不好

选择沟通组合和投资的一些不同的例子：

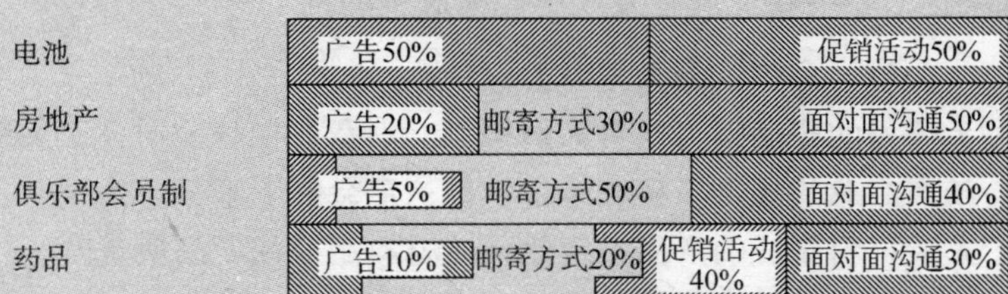

由于比较各种产品选择的重要差异或者做出评价，消费者的信息量越来越大，要求也越来越高，不仅仅是对于实际产品，还要求包括边缘的利益、服务、发货的快捷性、尝试的可能性、产品的质量保证或者退货。

但是应该注意的是，这么多信息的存在以及这么多可以通过互联网沟通的机会，也会造成困惑以及对于消费者形成限制。消费者可能在信息的海洋中迷失方向。

专栏 18.1

简单地说，简单的东西就是最好的

1980 年，我想买一个排气扇，我走进一家商店，看了看里面的三种牌子，听了听售货员的介绍，很快就买了一个。我只是问了售货员排气扇的功率是不是足够大，要了一个保修单以备零件坏时可以更换。

2001 年，我想把那个排气扇换个新的，我在网上搜索了 30 分钟，我发现有 6 种类型的风扇，超过 50 种型号，有 12 种特殊的报价。虽然这么多信息让我很开心，但是我却精疲力尽、头昏脑胀。我打印出了 12 页的信息，然后花钱打电话给一个工程师朋友，请他把这些信息解释给我听，并让他帮我选择。他很快地建议我说，我可以去一家商店，选择一个售货员推荐的排气扇。

由于沟通不充分导致的市场信条和神话

在沟通不充分的地方，消费者会形成自己的假设，这些假设固化成信条和神话。举一些尤其在发展中国家遇到的例子：

- 一分价一分货，因为便宜没好货；
- 大公司的产品因为花费大而昂贵，消费者在替公司员工买单；
- 新产品总是昂贵。耐心等待价钱一定会降下来；
- 人造材料制成的产品一定比天然材料制成的产品质量差；
- 一次性大量销售的同种产品一定便宜；
- 如果卖家吃亏了（比如清仓大甩卖、关店大销售等等），价钱一定便宜；
- 做广告的商品一定昂贵，因为消费者为广告买单。

要想排除上述观念中的偏见，市场营销人员必须针对某一点作广告或者演示，而不是泛泛而谈或者模糊许诺。

例如，市场营销人员发现需要告诉客户为什么他们的产品价格低。他可以说是因为大规模生产的原因、设计上或者原材料的经济或者流通的经济。这里市场营销人员传递两个正面的形象。第一个是他是一个聪明的生产商或者流通商；第二个是他把因为经济得到的好处传给了他的消费者。

同样的，市场营销人员在介绍新产品时可以通知消费者这个起始价格是个特别低的试销价格，暗示消费者最好抓住这个机会。

商店渠道

大量的购买行为发生在商店。不论生产商想要进行怎样的直接沟通，商店总是消费者再次获得这些沟通内容的地方。这里是购买“发生”的地方。因此，通过有效的沟通调查了解消费者在商店里的行为和把消费者带到商店里的原因是什么是十分值得的。

在西方和全世界的大城市里，“主要的”购物超市和小一点的“邻居”店是有着明确的区别标志的。主要的商店位于方便的购物超市里面，有些主要商店非常巨大就如同购物小世界一样。许多这样的商店像百货商店一样货物品种齐全、琳琅满目，各个竞争对手的商品都应有尽有。在这里，商店的目的是使客户感觉舒适，给他们提供机会但是不做出推荐。生产商在这样的商场展示产品主要通过产品包装和 POP（购买地点）材料传递自己的信息。

与大型的百货商店相反，邻居店为客户提供一个可以逛的地方，有售货员可以聊天、询问介绍和推荐。大多数情况下，客户就照着做。通常邻居店售货员乐于建立一种良好的人际关系，愿意与客户聊天，喜欢向客户推荐商品。在这种情况下，生产商必须培训售货员，必须让他忠诚、自信。世界上小城镇的大多数商店和城市里的邻居店很相似。

主要城镇里面还曾经有另一种商店：专卖店或者展示店。这里我们也简单介绍一下。在这里，生产商的角色十分直接，也就是说服客户参观展室。如果客户参观的话，就可以在不同的模型里进行“选择”，也会听到“技术建议”和关于产品的“信息”。如果做得好，展示店会非常有创造性，也是非常好的沟通渠道。

通过沟通影响顾客的信条

顾客选择商店主要出于方便的考虑。他们可能总去一家店，但是在购物时却在想着其他的商店。顾客也有自己的信条，市场营销人员必须影响这些信条。其中一些信条有：

- 新店卖低价；
- 非常大而现代的商店价格较高——否则谁来支付空调和照明费（在发展中世界更加盛行）；
- 打折销售价钱低（因为在零和博弈中，如果卖方赔钱，买方一定赚钱)；

- 如果你买了大做广告的产品，你就为广告买了单，你的钱都花在了牌子上而不是质量上。

市场营销人员因此必须做出下列沟通：

- 事实上，公司对于产品和保修备件的承诺是一样的，不会因为购买地点的不同而有差异；
- 广告是为了与客户保持联系，向他们介绍信息，是负责任的生产商的职责；
- 所有的打折销售都是为了给新存货腾出仓库空间，并不意味着原来的价格有很大的盈利空间。

商店环境

消费者的购买情况在某种程度上受到购买地点的环境影响。观众看舞台表演和观看体育比赛时情况是不一样的。在商店里也是一样，每个人都会受到其他人表现出来的态度影响，然后就会有看得到的冲动性行动。在商店里冲动性行动可以是拿起前面的顾客拿了的或者正在买的产品，这些产品很方便地放在商店出口处附近。

不管广告和促销活动在售前对消费者作出了什么样的努力，商店的环境影响了很多购买行为。举个例子，一些在世界上许多国家经营的公司如 Body Shop、贝纳通、宜家和星巴克投资很多钱、精力和想象力来创造出有社交氛围的商店或者购物中心。他们的商店经常是消费者们分享共同兴趣甚至相互影响的地方。

在许多国家里，购物不再是一种简单的有计划的购买行动。人们不仅是购买，也是在看有什么新产品、碰到他人、分享主意、进行社交活动，以及在大多数时间里享受一些在自己家里呆着享受不到的一些特殊的东西。百货商店，或者甚至是一些个人商店越来越倾向于创造一个环境来刺激人们，让他们享受购物行为，并且创造一种氛围让他们会重新再来购物。比如在一些法国的商店里，一定准备茶水和免费的饼干，给那些需要的人。如果和店主谈论某些店里并不出售的商品也是一个机会，有时候可以建立长期的关系。上述公司仅仅是所有那些流通公司的一小部分，它们懂得今天的客户要求更高，其行为正在发生变化。在一个高科技的世界里，如果能够发展“高科技”无疑是一个竞争优势。

客户也可以按照事先做出多少计划来分类。一部分是系统型的计划者，因为他们知道具体需要什么产品和什么品牌；另一部分是部分计划者，因为他们只是作出要买某种产品的决定，但是买什么品牌却不做决定；还有一部分是事先完全没有主意，完全取决于当时的瞬间感受，因此被称为冲动型购买者。冲动型购买者在每家商店都会被货物摆放方式、销售演示、免费样品或者特定的购物地点的促销行动所刺激。

沟通导致关系营销

今天买方和卖方之间的互动被认为是至关重要的。这就是为什么关系营销大行其道。这看起来似乎奇怪或者多余，因为从本质上和定义上说，市场营销就是关系。现在强调关系营销只是为了重点突出在任何商业交易中，建立良好的关系是有优势的而且是让人喜悦的。在卖方和买方之间建立、保持、发展和不断地改善这种良好的关系，从而形成一个长期的、稳固的包含友谊、信任和质量的关系。这也意味着或者应该意味着好处对于双方是平等的。

发展长期持续的关系上的交流意味着与客户建立约定和信任，目的是使客户忠实于某种产品或者品牌。而且得到满足的客户很容易拥护这种产品并且进行口头传播，口头传播在所有方式中是最便宜和最值得信赖的广告。

公司为了发展客户的忠诚度，其最终目的是让客户觉得该客户对于公司是重要的。公司应该把所有的客户看成自己潜在的伙伴。建立的关系最好是伙伴关系，这种关系表示客户介入到公司的活动中、项目中、问题中，给客户所有信息，并且找到办法让他/她感觉到能够参与公司的重要决策之中。比如关于产品内容、包装、定价或者促销活动等的决策。顾客越是感觉到他/她被询问或者介入到某个产品，他/她就越会对那个产品或者品牌忠诚。这就是有些市场营销人员所说的介入营销。

可信度

信息接收者把可信度归为信息来源的责任，但是仍需证实所收到信息内容的真实性。因此仅仅从供应商那里开始沟通是不够的，而是需要各种沟通方式的支持。中立的或者新闻报道中的沟通信息非常有效。比如，如果汽车生产商发布消息说他的型号跑得最好，那只是他自己的声称而已。如果这个声称被作为一个经证实的测试结果被一家中立的测试权威机构或者一家专业杂志的评论文章所发布，可信度立刻就出来了。流通渠道中的经销商和零售商等涉及到的人也应该被用来提供支持。

利益凸现是说服的核心

市场营销人员能够使用的主要有效的说服方式是凸现于消费者利益方面的。事实上这是任何说服的核心。市场营销人员在做沟通时必须随时牢记这一点。有时候市场营销人员没有发现多少关于其产品可以炫耀的特点，而是试图通过情感的诉求来打动消费者。这种策略只会在非常有限的情况下奏效。在正常条件下，如果产品对于客户的利益不能够被凸现出来，市场营销人员最好减少广告投入，转而选择针对消费者自身内在的动机来做促销活动。

降价、削价和折扣

没有什么比某种商品被标上**降价、削价或者折扣**这样的告示更让普通顾客激动的了。这里的心理暗示是：这真的是个好价钱。

但是令人悲伤的是，在这样的情况下，顾客很多时候买了很多根本用不了的商品甚至有些时候买了并不需要的商品。

尤其在东方，从开罗到马尼拉，有些店主习惯于先涨价后宣布降价或者打折。不管这种行为是否是不诚实的，顾客似乎容易上当，在那些商店里就可以看到这样的情景。事实上，这种行为在印度、巴基斯坦、孟加拉国、斯里兰卡等国家的印度次大陆上更加猖獗，那里有些商店永远挂着告示，表明商品正在削价或者打五折、清仓甩卖等等。如果这些打折是真的话，这些商店早在几年前就应该已经倒闭了。

固定价格和统一价格（Monoprix）策略

一些商店试图通过宣布他们的价格是固定的、不能还价、不会打折来为顾客建立信心。其潜在的沟通是说卖方没有多收价钱。在一些市场里，这也是在说消费者不需要拥有还价技巧！

在所有地方保持同样的价格是一些大型连锁店公司采取的另一个策略，这有助于建立消费者的信心。Monoprix，著名的法国商店连锁店通过其名字传达的信息是同种商品同价，不论消费者是在哪一家商场或者分店购买。

这种固定价格、统一价格策略在受过良好教育和有识别力的消费者中，以及在每个国家的旅行者市场中非常有效。

图 18.2　颜色传递的信号

在每个国家和社会和文化都存在一些关于颜色的地方的、民族的和文化的象征和标志，这些都是超出眼睛所能够看到的。市场营销人员必须观察这些并且切记不要搞错了，不要不小心使用错误的颜色传递任何错误的信号，因为不可能列出所有国家和文化的所有情况。下面只是列出了印度某少数民族使用的含义。

白色

标志着：纯洁、自由、简单、忠于基督

适用于：清洁、保健、护理等

小心：传统上悲伤的印度寡妇穿戴白色

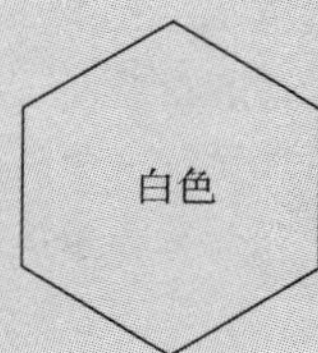

红色、橘黄色

标志着：力量、激动、热情、繁荣、紧张、忠于印度教、好运

适用于：激动的、吉利的、农村的、强壮的和确定的信息

小心：不适合于撰写激烈、严肃的信息

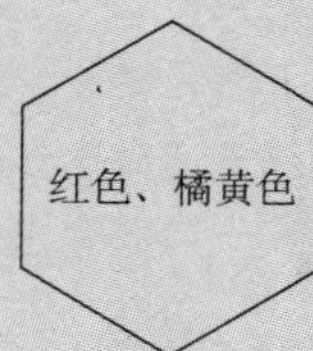

淡绿色

标志着：新鲜、繁荣、希望

适用于：保健、医院、卫生、农业的和精密设备

小心：不适合于撰写激烈、严肃的信息

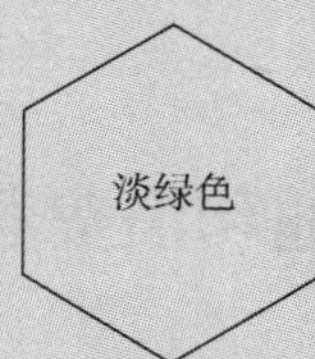

墨绿色

标志着：新鲜、农业、忠于伊斯兰教

适用于：自然产品

小心：不适合严肃的信息，不适合服装的视觉效果，等等

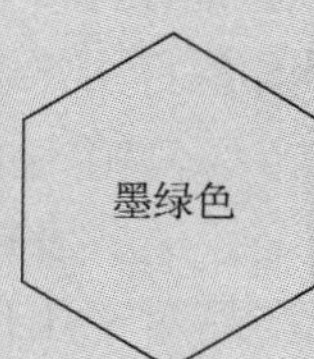

黄色、橙色

标志着：非正式的、有权力的、印度教吉利的和忠于锡克教、强壮

适用于：所有希望引起注意的信息，建筑机械，等等

小心：可能意味着暂停/等着不要冲/速度。与校车相关/保守

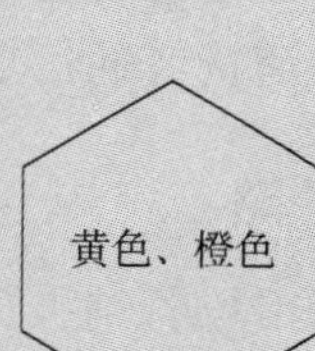

图 18.2 颜色传递的信号（续）

蓝色

标志着：繁荣、健康、有趣、男人气概、天空、海洋，等等

适用于：带有正面含义的高档商品

小心：被认为更适合男性而不是女性

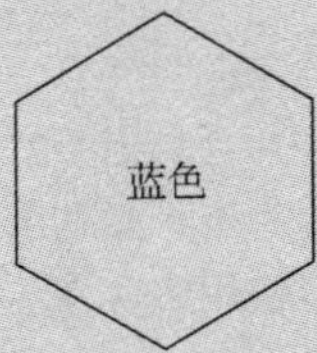

黑色

标志着：严肃、复杂、力量

适用于：与金色/银色，等等，一起使用的复杂的广告

小心：在某些情境下黑色代表悲伤

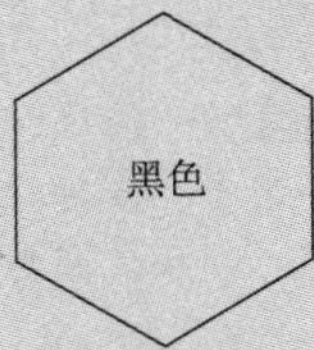

粉红色

标志着：柔软、柔和、清洁和良好的健康

适用于：健康产品、孩子和妇女

小心：不适合于男性

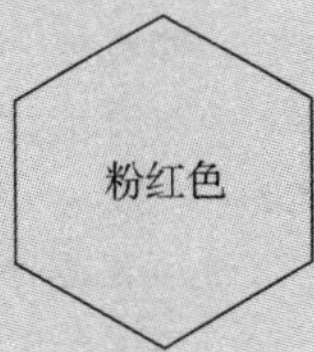

沟通和消费者档案

在本书的独立的一章消费者档案中，我们强调了为每种产品建立消费者档案的重要性。消费者档案与“媒体曝光”、“产品价值”放在一起，市场营销人员可以据此选择沟通使用的媒体和沟通中的诉求策略。事实上，消费者档案中的其他特点像消费者的年龄、收入、教育等等在凸现产品对于用户的利益时也是有帮助的。

即使市场营销人员利用资源进行情感诉求或者促销诉求，仍然需要了解消费者的信息以便把诉求说到消费者心坎里。

策　略

市场营销人员在制定利益诉求和情感诉求时，有必要检查一下可供选择的策略。

在诉求利益时，沟通集中在下面一个或者几个方面：

- 价格低廉（如果该产品的低价格是它的优势）；
- 产品担保；
- 物有所值；
- 维护费用低；
- 技术优点；
- 专家鉴定。

在诉求情感时，沟通凸现下面一个或者几个方面：

- 惟一性、形象；
- 生活质量；
- 爱国（促销本土产品时候的可选策略）；
- 强化正面信念；
- 名人认可；
- 幽默、性需要或者自娱自乐；
- 让消费者有参与感。

专栏 18.2

口头传播的威力

对于市场营销人员来说，没有什么比口头传播更好的传播方式了：

口头传播被高度信任。

口头传播肯定最便宜。

口头传播有多方面的效果。

所有的市场营销人员都想利用口头传播的潜在效力，但是只有极少数精明的人知道怎样做。

口头传播需要的不是钱而是想象力和诚实的努力。因为这个原因，大多数时间里，谦虚的市场营销人员或者以人为本的组织才能够成功。但是，仍有一些大的组织想办法造成口头传播（见下面的例子）。

当发现出现口头传播时，你要加强注意。有时可以看到产品或者服务的独特的销售计划。在大多数情况下能够意识到口头传播者燃烧的愿望和努力。这种愿望存在的原因是消费者觉得公司重视他们，这使得消费者对公司友好。

一些例子

餐馆里的告示

(续)

如果您不满意，请一定告诉我们；如果您满意，请一定告诉别人。

超市里的告示

一周内的所有退货不需理由。

新入客户登记卡

欢迎您！请告诉我们谁向您推荐的我们，我们会寄去礼物。

客户反馈表

请您写下可能愿意使用我们服务的朋友的姓名和地址。把我们优质的服务推荐出去是您做的好事，我们将因此送给您一个礼物以表谢意。

航空公司和酒店信笺存放处

请您在这些有美丽图片的明信片上写上您朋友/亲戚的地址。我们会支付邮资为您寄去。

这些或者类似的方法正在被像希尔顿酒店、“读者文摘”、印度航空和汉莎等大型组织使用。

名人代言

消费者行为学的学生要特别注意在广告中使用名人代言所带给广告收看者的影响，它可以帮助改变消费者的行为。但是专家鉴定和名人认可是两种完全不同的背书应该用在完全不同的领域。专家鉴定适用于支持市场营销人员在产品技术方面的声明——“他知道他在说什么。”而另一方面，名人认可适用于情感领域——“我喜欢的英雄喜欢的就是我喜欢的。”

专栏 18.3

全球性沟通的榜样——意大利公司：贝纳通（Benetton）

贝纳通是一家总部在意大利的服装零售公司。正如其创始人，Luciano Benetton 解释的那样：“我们的目标是无处不在，这样每一个国家的每一个人都成为了贝纳通联合颜色的一部分。”

这家做服装生意的公司已经在全世界发展起了拥有大约 8000 家商店的网络。这些商店被独立的店主拥有并运营。贝纳通公司通过80个独立的代

（续）

表工作。这些代表的作用是识别潜在的好店主、好店址，以及向店主提出建议并激励这些特许经营商。

贝纳通先生于 1964 年在意大利开了第一家店。四年后他在意大利有了 500 家店，30 年后他在 120 个国家有了 8000 家店：5000 家在欧洲、大约 1100 家在美洲、超过 1500 家在亚洲和其他国家。

贝纳通的沟通哲学来源于他们需要树立一个以全球消费者为目标的鲜明的形象并充分使用其有限的资源。正如《金融时报》（1992 年 4 月 20 日）所报道的，贝纳通公司声称“各种研究已经表明消费者像关注一个公司产品的价格与价值的关系一样关注该公司代表的形象。”

贝纳通的广告战通常被认为过于富有攻击性和挑衅性，但是这些广告同样得到了大奖，而且有些贝纳通的广告还被在世界各地的博物馆展览。这些有争议的广告在许多国家被看做禁忌。在法国，《广告周刊》“策略”宣布贝纳通如果坚持现在的广告方式，他们就不会写文章报道贝纳通：“除了那些广告令人感到恶心之外，那些广告也引起了对广告人责任问题的思考。难道可以做任何事，用任何东西来吸引注意力吗？”

在德国和法国，针对贝纳通的法律行动已经启动，还成立了零售商联盟统一协调各种活动，共同对付贝纳通。

尽管如此，贝纳通的广告战已经被认为吸引了比世界广告史上其他广告战都多的关注度。

对于贝纳通迅捷的国际发展势头，除了其早期拥有的有限的资源之外，我们归纳出下面这些主要因素：

贝纳通公司能够

★ 发现自然存在的跨国际的细分市场；
★ 开发出有国际发展潜力的产品；
★ 适应地方偏好；
★ 将风险具体化，而且只要可能就投资；
★ 使用国际沟通主题；
★ 富于创新；
★ 与特许经营商建立默契；
★ 与每个伙伴使用各自不同的沟通方式；
★ 充分使用物流专业水准和新技术。

专栏 18.4

名人卖东西

Achal R. Prabhala，最早刊登于“印度人”2002 年 6 月 2 日周五评论版

在一个骄阳似火的夏日，穿过德里 Daryaganj 的繁忙的小巷时，我迎面撞上众多的广告牌，上面都是 Sunil Shetty 在大肆宣传力士（Lux）内衣。这些广告牌占据了相当长的一段马路，摆放在遍布德里那一带的茶车、书摊和形形色色的便宜消费者货物的商店之间。

力士内衣：虽然在德里更加时髦的地区，你不大可能见到这样的东西，但是，清楚的是，内衣制造商和宣传内衣的名人对其知之甚详。当然了，为内衣做宣传传统上属于肌肉男形象的男演员，这些人被认为拥有一大群的追随者，但是是谁的愚蠢使他们没能成为中层阶层的营销机器呢？那么如果是银行服务的宣传呢？找一个年龄大的令人尊重的若有所思的这种类型的人来做。汽车呢？一个年轻时髦的英雄。化妆品呢？只有歇斯底里导致的炸弹需要使用。因此，似乎这就是广告、产品、名人宣传之间奇怪的故事。

“看了名人宣传后去买的顾客羡慕的其实是她将要成为的样子。她的想法是她会被这个产品转化成别人羡慕的目标，别人的羡慕又使得她证明自己是爱自己的。所以可以这样说：公众形象偷走了她本来对自己的爱，然后又通过她自己支付的产品价格还回去。”John Berger 由此说，从那以后很难理解每个人是怎样看待广告的，每个人都有自己选择的权利。

电影名人（还有体育名人）是公众新的中间人：如果以前是产品偷走了你对你自己的爱的话，现在是那个产品和 Aishwarya Rai，或者 Shah Rukh，或者 Govinda，或者 Amitabh 或者其他这样的人。

人经常听到“道德”——正如经常听到“体面”这个词。道德会有点勉强地与“坏”的东西（香烟、酒类）关联起来，而宣传这些东西的演员——Akshay Kumar，Sunny Deol，Shatrughan Sinha（在他早期时候）和其他——被认为这样做多少有些堕落，比内衣系列还要低了一整步（但是仍然相关）。

那么道德和体面该做那些全家都感到有趣的事，如汽车、化妆品、碳酸饮料和嗯……金融产品。决不要提美容文化，在一个唇笔广告上数以千计的不寻常的想法和灵感可以得到实施。决不要在大的场合提消费主义：人们会被迫，听从他们的新朋友——你，名人推销人——的建议，疯狂地花很多钱来使你感到高兴。也不要介意，有时候，你选择宣传的产品可能压根儿不存在，在金融大鳄榨取合作银行和小投资者的宏伟计划的企图之外。

一个在Mumbai做广告电影的制作人反驳说他会卖出了美容霜以外的任

（续）

何东西，完全不顾他积极介入烟草行业宣传给社会大众带来的巨大的损害。Gopichand Pullela，著名的羽毛球明星，温和地说他拒绝了一个可乐的广告代言，因为他发现果汁饮料要更健康的多。新闻进行了一会儿报道，然后很快就把它当成一个幼稚的、没什么宣传的商业决策。

因此一些明星作像力士内衣那样的广告，其消费者，一般为中高层的城市居民，可能也住在日本。Govinda 作了，Rupa、Sunny 和 Bobby Deol，显然还有很多其他的明星也这样做。Amitabh 什么都作。经过一度努力回归的日子，他，一张长长的脸，长满络腮胡子看上去很憔悴，俨然一副长者形象，现在却正儿八经地谈论金融，嬉皮笑脸地奉承可乐，或者恶作剧似地投掷钢笔。但是 Amitabh 总是高于生活。

在广告中，似乎 Amitabh（字面上的）阻碍了其所卖产品的发展。与强烈的叙述结构结合起来，这样的广告不是更多地宣传百事、Parker 或者 ICICI 等公司品牌和产品，而是倾向于在宣传 Amitabh。他是我们这个时代的超级产品，如果把他牵扯进像发黑的糖水那样的日用品这种世俗的商品，那么这样的商品广告大概就一定是坏广告。

有一些事很有趣：广告以很多不同的方式产生影响，甚至在有些东西影响我时我都不知道，而我也忘了做什么样的抵抗。最糟糕的是，我意识到广告可能不受我抵抗的影响，比如，Toscani 为贝纳通做形象代言，我根本没有办法躲开。

对于人们热烈地围观 Shah Rukh 推销百事可乐和现代汽车的视觉形象，我相信那当中有些人会去买百事，因为百事突然变得非常酷，因为连 Shah Rukh 都在喝它。但是汽车呢？如果德里城的 Sharma 先生有天晚上坐下来看喜欢的电视肥皂剧时，偶尔看到 Shah Rukh 炸掉一个大楼后，开着自己的 Santro 离开，第二天就会给自己的购物清单上加上“买车”这项吗？自然的，不会。

但是卖车的人知道。他们努力与更大的原则联系起来。这个设计的程序包括：例如“概念”、“生活方式”、“公平”和“回忆”。

在这种情况下，按照那样的原则汽车广告本身就是个不错的选择，不管有没有 Shah Rukh Khan。有这个演员，效果就被精明地放大。做出这个等式 Shah Rukh ＝Santro，这个广告让消费者每次看到数以百万计的遍布于每日生活的 Shah Rukh 的形象时都会想到 Santro。因此名人的加入可以产生多方面的效果。

所以急需有个答案的问题是，这样的广告有用吗？Govinda 能够帮着卖出1000个Rupa牌子的产品吗？Preity Zinta带来了1000个Cadbury的订单

（续）

吗？我们消费主义的经理们说如果名人长期使用某产品，如果两者之间有某种“适合的地方”，如果该商品因为与某影星产生联系而被人“崇拜”的话，那就有用。

当然了，在最近的记忆中，有一些商业利益和心理欲望汇合的令人愉快的例子。力士香皂就是一个：它现在无处不在，而且看上去具有其他美容香皂所有的全部功效，但是在某一点上，这种联系是非常清楚的。皮肤白皙的女演员＝力士美容香皂；Hema Malini 的光滑的香腮（最近 Laloo Yadav 想把它与他打算在 Bihar 修的马路相比较）曾经从根本上不可避免地与那个无毒的甘油和脂肪酸制成的粉红色小长条联系在一起。关于名人广告是否有用，并不取决于名人，而是取决于广告自身。

挑剔的公众总是被接连不断的商业销售攻势所侵犯；然而，在那些填满我们头脑的大量的信息里，有一些信息设法进入我们心里，内含的生活方式设法留在了我们心里，宣传的产品设法被卖掉。因此，重要的是，广告中的名人就是广告自身；每个人都做的事，是不需要分析和检查的，这个道理简单的就像有些永远都在那里的东西一样。

广告文化中令人称奇的是其采取的叙述结构，这种方式使广告本身就变成了一个完整的景观。Shah Rukh Khan 的曝光率主要不在于他最近演的电影的数量，而在于他出演的广告的数量，以及这些广告播出的频率。人们谈论新的百事广告好像它是一种新的来自 Karan Johar 的强大冲击，并且在观看的时候同样充满了好奇。

对我来说，这是接近于可怕的事情；想象一下吧，这样的一天到来，我们坐下来消费广告，就如同消费我们消费（所谓的）创造性的艺术一样。（或者更糟糕，我们坐下来消费创造性的艺术而实际上是在消费庞大的商业广告。）想象一下吧，一个广告频道；它的副业，“7 月 24 日广告……全天，全新”。但是所有这些都不太远了。广告和电影或者其他新东西发生联系也不会很远了。Satyajit Ray 在现在叫 Clarion 的公司工作时就出名了，同样 Shyam Benegal 在还没有制作出赢得国际喝彩的电影之前就在 Lintas 出名了。

但也有可能的是，即使在今天，媒体变为一种商业销售攻势，没完没了地引导观众生活和消费，这里似乎仍然有一些选择。作为一个消费者，我可能仍然会选择是否要买精神的能力、诚实、家庭、宗教、年轻或者新的装在便携的塑料瓶子里的便宜的可口可乐。我可以仍然保持愤世嫉俗和保留一份微弱的自我抉择的希望，即使愤世嫉俗可能偶尔被某些具有社会意识的影星或者作家的误导，而他们只不过是因为作为某种代言人而努力表现得好一些罢了。

（续）

正如电影里面的广告正在不断壮大，影星们继续代言商业产品，当我要面对我的思想活动受联合利华左右这样一个几乎不可逆转的事实的时候，我不禁浑身战栗。幸运的是，还有相当一部分处在选择的世界和选择的理论里，这种想法在那里是受到控制。想象一下吧，不然的话，本文的题目：电影明星们和他们的产品——为什么它们会那么奇妙，为什么你应该买它，为什么你现在要买一瓶……冰镇的可口可乐！

相关词汇

Copy：广告的正文部分。

Encoding：市场营销人员运用言语、图片信号和发言人来传递某个信息。

Decoding：消费者根据自身的个人性格特点和惯例理解和解读信息。

Impersonal communications：那些在大众媒体上做的面对一般客户的沟通。

Institutional advertising：一个公司用来更多地为了强化其一般形象而不是具体某产品的广告。

作　业

1. 为与客户就下列产品做沟通，设计沟通组合的草案。表明你的选择——个人接触，通信，报纸广告，电视广告还是促销活动。对于每种产品都作出你的选择：
   人寿保险、快件服务、避孕套、清洁剂
2. 从最近的报纸/杂志里选出四个广告，描述四种不同的沟通。
   利益诉求、情感诉求、公司形象广告、沟通寻求反馈
3. 采访十个常看电视的人。请每一个人说出能想起来的两个广告。看看他们能否回忆出品牌和广告中使用的诉求，幽默、性、代言人，等等。列表讨论诉求类型的效果。
4. 讨论“商店”怎样作为一个平台（1）收集反馈（2）建立联系。

参考文献

1. V. H. Kripalani, *International Marketing*, Prentice Hall, 1987.
2. Warren J. Keegan, *Global Marketing Management*, Prentice Hall, 1995.
3. R. Ludlow and F. Panton, *Effective Communications*, Prentice Hall, 1996.
4. C. A. Williams and R. B. Miller, "Change the Way You Persuade," *Harvard Business Review*, May 2002.
5. "Media" —（Cover Story）, *Business World*, 20 May 2002.
6. Mohan Rmamurthy, "Formula for Success", *Business India*, 15 April 2002.
7. Ad Campaigns, *Business Today*, 17 March 2002.
8. "Eat, Drink and Be" Geeta Doctor, *The Hindu*, 23 December 2001.
9. "What Makes O&M Rock?", *Business Today*, 7 July 2002.

第 19 章　创　新

“创新不是目的，它是个过程”。

——拉祖

“虽然想要得到创新的好处，不惜任何代价却不是想要的”。

——Robert Heller（修改）

“未来的麻烦在于它总在我们还没有做好准备之前就到来”。

——Arnold Glasow

本章教学目的：

- 了解不断创新的必要性和促成创新的元素；
- 区分市场营销中以及市场领导者和跟随者的真假创新；
- 了解创新的扩散及其方法。

创　新

对更好的生活水平的追求永远都不会停止。消费者寻求对于其需求的更大满足，而市场营销人员必须向着这个目标不停地努力，方法就是创新。所有的创新在根本上必须给消费者带来更大的好处，而在较小的程度上才是单纯为了带来新奇的需要而开始创新的。

市场营销人员的被迫性

从市场营销人员的角度来说，在稳定的情况下创新是个负担。但是，处在竞争情况下的市场从业人通常没有选择，对于他们来说创新是一个事关生存的问题。正如在充满竞争的市场营销的圈子里的说法——“创新还是蒸发”。换句话说，如果你想继续经营一家公司，就让你的产品或者服务始终保持与众不同。最少你能够声称你生产的方法、产品的使用或者服务的方法是与众不同的。只有那样你才可以把你的产品和竞争者的产品区别开来并因此告诉消费者你是创新的。

即使不考虑竞争压力，创新仍然非常重要。因为环境在改变消费者的态度和行为，加强消费者对更好和新奇的追求。说到底，一个成功的产品在运用了太长时间后就会变得陈腐。创新在某种程度上是面对竞争和消费者的追求所强迫下的反应，而如果市场营销人员能够主动思考并且加以实践，那么事业就一定会繁荣，成为市场领导者。

创新的种类

很多广告中的创新是对产品生命周期中的小调整或者伪装的改变。但是，它们的目的是让变化和创新成为一个连续平稳的操作过程。在大幅度的创新还在设计板上没有成形时，它们可以帮助现有市场维持并有扩展空间。

有一些创新仅仅是有着所谓的“差异”，是为了打破现有市场的新进入者推动出现的伪创新。这些创新只是为了宣布“我也是”，而不会给消费者带来真正的好处，只会破坏市场和营销沟通的整体可信度。

真正的创新会具有下列一个或者多个特征：

- 让消费者受益的新技术和设计；
- 让消费者受益的新材料和流程；
- 新的使用方法和处理方式。

所有这些的目的只有一个就是给消费者带来新的和真正的好处。生产公司在下列领域采取对消费者有益的创新活动：

- 包装；
- 促销；
- 宣传；
- 广告；
- 流通渠道；
- 市场定位；
- 定价；
- 技术信息；
- 售后服务。

创新的正反面

在决策或者发展创新时，企业要面对一些必须要抉择的困境：

- 针对长期战略还是短期机会做计划？
- 提前放弃还是冒着过时的危险？
- 培育顾客忠诚度还是追求快速盈利？
- 采取高价突进还是低价保守策略？
- 保持独立还是接受合资？
- 作个安全的市场跟随者还是冒险去作老大？

不仅仅是创新的质量和范围会受到上述答案的影响，实施创新的节奏和速度同样会受影响。

创新失败

进步而创新的公司意识到也证明了这样一个事实，就是失败的创新远比成功的多。有限的营销创新的失败可以通过大大地努力一把来追回损失，而“新产品”在全力推动失败后会严重伤到公司。因为这个原因每家公司都要始终提醒自己失败的共同原因。我们归纳了曾经导致新产品失败的一些主要原因：

- 没有针对正确的顾客；
- 准备不足；
- 错误的销售预测；
- 顾客不够多；
- 被销售人员拒绝；
- 错误的流通渠道；
- 虚弱的流通渠道；
- 对关键人员激励过于虚弱；
- 质量差；
- 价格太高；
- 低估了竞争；
- 过早地投入市场；
- 过晚地投入市场；
- 市场定位不好；
- 生产成本过高；
- 技术差；
- 高层管理者不投入。

图 19.1 创新导致创新

19 世纪电报和电话的发明和 20 世纪计算机的发明引领了真正的沟通和使得这个星球上的生活巨变。但是，正是创新活动在全球帮助增强和推广了这些伟大的创新。

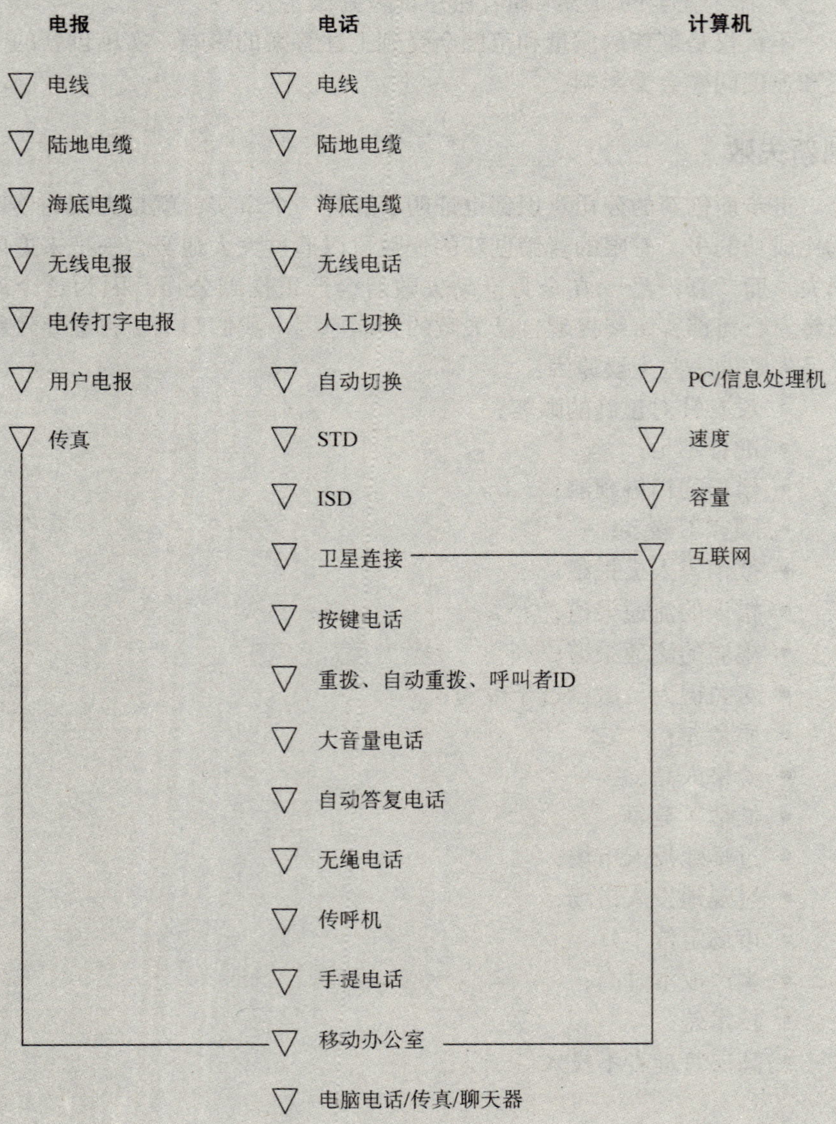

消费者接受创新——扩散

大量的新“主意”涌现出来，在初期看上去都是革命性的并且会带来好处的。思想家、投资人、评论人和知识分子包括普通大众在那时也可能都赞同一个特别的想法是好的。企业家和公司不断地在这些想法中间检验是否有的可以作为创新进行的市场投入。这样的创新可以是对现有产品的改良或者是制造出一个全新的产品。

有些出自于这样想法的新产品似乎一夜之间冲了上来，成为受到好评的新案例。这样的例子有便携式磁带收录机和小包装香波。但是，更大数量的新产品失败了，虽然刚开始的时候也被称为好想法。这样的例子有电瓶车和便携式水净化器。

如果不能被普通消费大众接受，再多事先的相关信息、知识的传播或者促销活动的安排都不能使新产品成功。很难事先精确地判定新产品被接受的程度是什么样的，但是市场营销人员一直在注意聆听各种接受或是反对的信号。善于创新的市场营销人员知道被广泛的普通大众消费者接受比被一部分冒险的消费者接受要重要的多。

对扩散进行研究的人员发现了下列新产品的主要特点会影响普通大众是否接受新产品，它们是：

★ 与现有产品或者情况相比相对的好处或者优势；

★ 与现有产品的兼容性；

★ 便于理解和维护的新产品的简单性；

★ 便于介绍、尝试及如果需要的话回收；

★ 在创新行动上的“可视性”或者最少易视性以及消费者可得到好处的可追踪性。

当然最重要的特点还是新产品的相对优势。如果相对优势微不足道，其他的特点将不足以帮助创新被接受或者进行扩散。

创新的营销是特别的

从前面的讨论我们应该清楚消费者正在逐渐意识到创新。创新的相对优势和可适应性构成了创新的成功要素，包括创新和最终的扩散。市场营销人员在这个过程中的各个阶段通过沟通和说服来帮助消费者意识到创新的出现。在沟通和说服那一章里我们讨论过市场营销人员一般可以采取的与消费者进行沟通的策略。创新的营销需要更大密度的沟通、有具体特点的说服解释、更大程度的“一对一”沟通的运用和反馈的系统回收。

图 19.2 创新链

一个成功的创新是在这个链的末端你所看到的。此链任何一个环节的脆弱或者失败，创新都不可能实现。

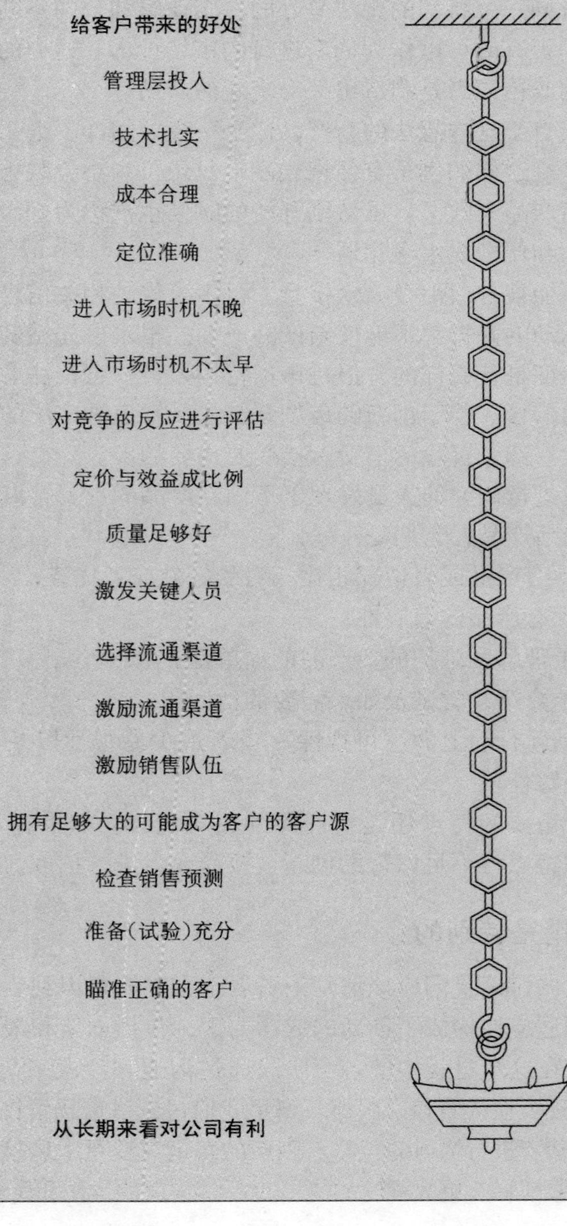

图 19.3　扩散的门

成功的创新能够穿过所有的门。

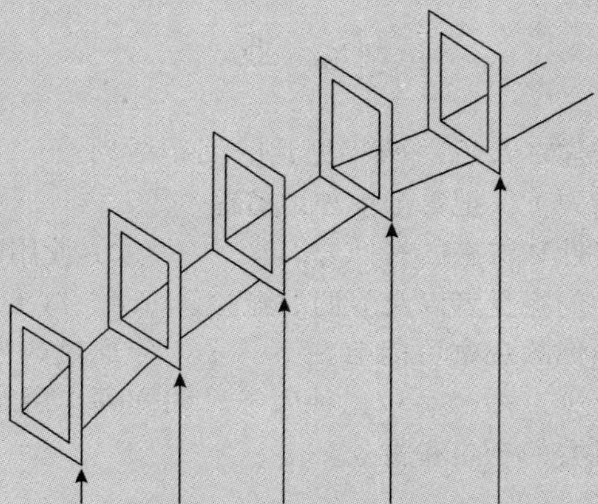

数字营销时代的创新营销

数字营销早已到来。在互联网的帮助下，越来越多的产品在线进行交易。专家预测，在下一个十年数字营销将增长数倍。与当初的恐惧相反，数字营销事实上改善了生产者和消费者之间的关系。因为这一点，就使得沟通、说服、获得反馈和快速评价创新成为可能。数字营销使得以前不可能的样本检视、反馈收集、反馈分析、对客户鼓励的传递和与客户的互动对话都成为可能。进行创新的市场营销人员应该认真利用这些机会。考虑到今天数字营销在与客户沟通和互动中的优势和无以伦比的地位，本书将用一章专门来讲述数字网络营销。学生应该注意这个新的章节具体描述了一些通过数字营销而产生的令人激动的新机会和策略。

相关词汇

Adoption：开始注意、表现出兴趣和尝试创新。

Early adopters/consumer innovators：典型的表现出愿意和容易接

受创新的消费者。通常他们也是意见领袖。

Late majority：那些大部分或者因为缺乏活力或者因为不愿意冒风险，从而比较晚地接受的消费者。

作　业

1. 挑出两个你在最近一两年见到的创新活动；一个成功而另一个失败且消失了。把每个单独地追踪一下：
   （1）新奇性和带来的好处方面　　（2）使用的沟通和媒体
   （3）早期的接受者以及他们的经验　　（4）口头传播
2. 列出按照你的观察可能会在下一个十年通过改变技术进行持续创新的至少三种产品和三种服务。同样列出因为人口流动将出现创新机会的产品和服务。

参考文献

1. Schiffman and Kanuk, *Consumer Behavior*, 6th edn, Prentice Hall, 1991.
2. R. Sarkar, "New Taste of Life", *Business World*, 1 July 2002.
3. T. Surindar, "Can the Scorpio Sting?", *Business World*, 1 July 2002.
4. Jayanti Ghosh, "Consumerism as Patriotism", *Frontline*, 7 June 2002.
5. Dominique Xardel, *Database Marketing* (French), McGraw-Hill.

第五部分

自　调

第 20 章　消费者保护

“让人感到奇怪的是国王——最有权力的人，竟是最需要被保护的人？”

——拉祖

本章教学目的：

- 了解消费者权利的存在和保护权利的必要性；
- 了解政府在保护消费者权利中的角色；
- 了解独立团体在消费者保护中的角色；
- 了解发达国家和发展中国家里的消费者保护；
- 了解关于消费者保护的立法；
- 了解市场营销人员的自律角色以及媒体在保证对消费者公平保护的过程中的角色；
- 了解消费者能够获得的法律支持及支援还有市场营销人员对确保消费者保护所起到的积极主动的作用。

消费者保护——消费者需要吗？

在理想的理论情况下，消费者和生产者之间的关系会以一种平等的方式自发地产生出来。然而在实际中，正如其他任何一种关系一样，两者之中的一方会更有力量，并且会使用这种力量将其意志以不平等的方式强加到另一方上。在消费者—生产者（市场营销人员）的关系中，通常是生产者更有力量而且能够使用其多余的力量。当然也有一些例外，也就是另一方具有这一优势。举个例子，当一个市场跟随者也就是小规模生产者向一个大型的工业消费者推销自己的产品时，生产者的命运就操纵在该消费者手中。无论什么情况下，我们都应该意识到较大的、组织更好的一方将赢得这种关系之中的优势。

第一种情况即生产者或者供货商处于更优势地位的情况，因为是构成商业中大部分的情况而引起我们更多的关注。

在这些情况下，首要的工作是使消费者意识到自己的权利。很难定义这种权利，但是可以简单地这样说，每一个消费者都有权利获得正确的合同规定的商品和服务。更进一步地说，消费者有权获得双方想要的数量和质量。我们特意使用“双方想要的”这个词，而不是“双方同意的”这个词，因为承诺就包括了同意的这层含义。再进一步地说，消费者有权利不仅仅是接到，而是享受所购买的商品和服务。这，事实上，是消费者权利的精神和基础。

消费者保护在大多数情况下是由政府建立的，有时候由消费者自己建立的机制，目的在于保护消费者的权利。

政府的角色

所有人都热爱自由和自由的行为。他们憎恨任何人，包括政府，对于他们生活和事务的任何侵入。当人们进行交易时，他们期待并且预期参与各方都是公平的。他们也意识到公平基本上是需要由交易各方自己来“确保的”。但是大多数人赞成应该存在一种机制，当交易中的某一方不公平地进行交易时，应当以强制性的力量来“强迫”公平的存在。

这种接受干涉个人自由的妥协行为并不是单单存在于商业交易中。它构成了我们这个愿意接受政府“支配”的文明社会的基础。我们的社会已经在安全、法律和秩序上使用了政府的干涉作用。在商业这样的领域里，这种干涉通常以法律所支持的“法规”的形式出现。虽然是以法规的形式出现，许多时候合同中会加入由规章机构进行干涉的条款。

正因为大多数政府公平关心的存在，下列消费者的权利和期待需要法规的保护。

★ 消费商品的安全

例如：食品中的原料、化学品、添加剂、香料和颜色等等；

★ 对于供应商品和服务的事实的披露

例如：标签上提供的信息；

★ 数量正确

例如：关于净重和毛重的计量，等等；

★ 质量正确

例如：遵守所适用的标准；

★ 避免虚假信息

例如：虚假广告和描述的管理；

★ 避免价格欺诈

例如：对印在商品包装纸上的最大零售价格的管理。

独立规章机构

大多数政府有必要把各种规章的任务委托给独立的机构来管理。其中的原因如下：

1. 因为政府有时候也是生产者或者消费者，至少不能在这样的情况下作仲裁人。
2. 可能需要专家来解读和仲裁某些特定领域的争议，不管是政府部门还是法院都不可能拥有所有的所需的各种技能；
3. 仲裁方必须能够代表生产者也能够代表消费者，这样才能够公平地保证双方的利益。

在那些民主国家必须存在大量的规章机构。这些机构利用强制性规章采取命令措施来避免而不是事后弥补的行为。这些机构在各种领域，即使在法律规章都没有明确界定的领域里，都被广泛使用。例如美国联邦通讯委员会（FCC），美国不仅仅建立了发达的通讯工业，规定了在这个巨大的工业领域进行竞争的基本规章，而且还树立了一些技术标准，这些标准受到全球广泛的尊重，成为设备的标准。例如，如果你在孟加拉国买一个电子蜂鸣器，看到上面的标签写着遵守FCC，你就能确定它在世界上任何角落使用都不会造成对收音机或者电视的干扰。

很难将所有国家的所有规章机构都陈列出来，不过这里给出美国和印度的当地各种机构和其管辖领域。

美　国

不用说，美国无疑是政府把各种规章的任务委托给独立机构管理的最好的例子。以下这些机构是独立机构中的几个，从名称便可看出其管理的相应领域。

CPSC——消费品安全委员会

FDA——食品和药物管理局

SEC——证券交易委员会

EPA——环境保护署

FCC——联邦通讯委员会

FTC——联邦贸易委员会

在上面列出的这些名字中，FTC不仅仅是管辖和监督其名字显示的那些内容，实际上它可能是消费者保护最重要的机构。它甚至被授权监管商业通讯的元件和条件。它拥有巨大的权力来确定和监管不公平或虚假广告。它可以要求广告商因为某产品的安全、相关质量/性能甚至是或比较价格向消费者投诉赔偿。

在有些情况下，FTC不仅制止虚假广告，而且发布命令让该广告商在相当长的一段时间内反复播出此广告作为对它的羞辱（见“更正广告”部分）。

印 度

印度是一个典型的例子，在理论上消费者保护一直是国家和民主政府公认的目标。立法机构对于消费者非常友善，并且是越来越友善。然而在实际生活中，印度对于消费者来说可不是个好地方。问题在于国家机构高度的官僚主义，而行政机关直到最近还对生产商和贸易商比消费者更加有权利的事实视而不见。他们基本上不注意消费者的权利，而且总是可以逃避责任不用受到任何惩罚。印度司法系统非常出色，但是在面对官方的冷漠和司法执行的缓慢时，消费者受到不公正的待遇方面就不是这样了。这种法律相关系统的缓慢和迟钝使得消费者陷入无助的境地。

专栏 20.1

更正广告

因为许多消费者看到广告往往深信不疑，如果一个公司发布的广告不实、有误导性或者夸大宣传，会导致消费者受到损失。因此，当竞争对手或者消费者投诉，并且致使规章机构卷入时，该机构可能会要求这家公司为此发布更正广告。这样做的目的是为了至少让以后的消费者受到警告不要受到误导，但是对于现有消费者已经造成的损失则已经不能挽回了。而且这样做还有一点儿好处就是让犯了错误的公司也受到处罚。这家公司还必须承担更正广告的费用，忍受丢脸的痛苦，失去将来承诺的可信性。也许因出于担心受到这样耻辱而产生这种的恐惧，其他公司就不会作错误的承诺。事实上仅仅这种预防性的效果就已经使得所有的规定都非常值得。

20世纪90年代，美国沃尔沃公司在美国发布了一个关于汽车碰撞展示

（续）

的广告。在这个展示中，一辆巨型的卡车撞坏了各种品牌的汽车，只有沃尔沃汽车没有被撞坏。事后发现这家公司针对试验，刻意特别强化了用来实验的汽车。于是规章机构介入，该公司因此被迫发布一个更正广告。广告中有这样一封信“公司总裁致所有利益相关的消费者”。它承认“……早先的广告不正确地把撞车展示变成了汽车磨损展示……”。

这样的状况在公众部门私有化以及政府退出非涉及国计民生的商业领域之后得到了改正。

随着工业和商业的私有化，政府退出规章机构以及立法上更加善待消费者的演变，印度必将在这个十年的末期变成一个消费者被授予权力并且受到保护的市场之一。如果要确定这样想至少方向是正确的，只要看看印度消费者保护法就够了（见下表）。其他的发展中国家的情况至少在方向上不会有太大的不同。

专栏 20.2

消费者保护立法——印度

在印度，保护真正的签约方的利益以及援助被侵害方的立法已经存在一个世纪多了。按照这些法律的规定，感到受到侵害的消费者可以寻求一种或者多种法律的司法介入。这些法律中著名的是那些民事上的和刑事上的关于程序、合同和销售的法律。

追溯到1986年，印度国会制订了一部消费者保护领域的单独的立法，来“更好地”保护消费者的利益。该法律赋予特殊的、准司法性质的团体权利来迅速地援助受到侵害的消费者。按照这部法律的规定，每个消费者被授予下列权利——

★ 知情权；
★ 保证权；
★ 赔偿权；
★ 保护权。

消费者法庭被赋予司法权利来实施和强化消费者的保护和援助。2001年，在印度的几乎所有的重要区县都建立了消费者法庭，消费者的投诉很快

(续)

得到了解决。在执法的过程中，消费者法庭已经树立了对消费者友善、公平和快速的良好形象。

受害者的投诉变得更容易被解决，而法律也从消费者那里学到了很多，这些都在法律法规的部分条款中得到了体现。下面举一些例子：

★ 投诉的消费者不需要支付任何的费用（正处在提议中的修订条款规定需要支付少量的费用）。

★ 如果消费者愿意自己陈述案情，律师不需介入这类案件中。（实际上正处在提议中的修订条款可能会在某种程度上规定被投诉方不得自己聘请律师，而须由公司相关员工出席法庭审理）。

★ 关于服务没有缺陷或者所承诺的质量得以实现的证明的责任，由被投诉的一方承担。

★ 消费者可以选择在离自己住处最近的法庭投诉，而不必考虑被投诉方所在的地区。

★ 每种能够想到的不公平的交易行为都被列在法律中，并都会受到法律的惩罚。

★ 这项法律不会与任何其他的法律相冲突。（事实上有事例显示曾经有被投诉的公司在其合同属于其他法律管理范围之内的情况下，滥用过去宽松的条款来对 1986 版的消费者保护法（CPA）的具体运用进行挑战。为了防止这种情况的出现，现在正在考虑一个修订条款规定 CPA 将在其他任何法律之外使用）。

★ 该法庭具有其他任何法院都具有的司法权利，如发出传唤、发布逮捕令、冻结财产以及在支付赔偿之外处以罚款。

但是，这项法律规定了相关的上诉条款和上诉的层级顺序，它们是：地区法庭、州委员会、国家委员会和最高法院。

这项法律规定了两年这样一个宽松的时间限制让受到侵害的消费者进行投诉。这就是说，在被投诉的事件发生的两年的时间内，消费者可以随时进行投诉。

自我控制

在许多情况下，生产商和供应商意识到进行一定程度上的自我控制可以给他们带来信用，并且避免政府介入。

自我控制在生产商和供应商有影响力且能够控制其会员协会的情况

下是可以成功的。自我控制远比政府的控制要好，因为它是一种预防而不是治疗。进一步说，政府管理机关的迟缓、拖拉的程序和腐败的行为对于消费者和生产商都没有帮助。生产商对此非常清楚。

实践中的消费者保护

消费者保护是否落到实处是要到实践中去审视，这一点比任何其他法律都要明显。在印度，虽然消费者保护的法律已经相当全面，但是许多供应商、生产商、市场营销人员和机构仍然侥幸地进行不公平的交易行为，采取不友善的态度和严重的违约行为。在很大程度上，即使在 2004 年末，大部分受到侵害的消费者没有自寻烦恼地去投诉供货商或者服务提供商。更严重的是，印度的消费者往往一开始就妥协，默许地接受没有现金发票或者协议的书面证明文本。在这些情况下，交易商和供应商误导消费者说，如果不开现金发票或者协议的书面文本，可以避免“销售税”。在这样没有现金发票和书面文本协议的情况下，供应商可以逃避惩罚而消费者几乎都很难进行投诉。

但是，慢慢地，情况发生了变化，消费者学会了坚持要发票和收据。越来越多的胆大的消费者把臭名昭著的供应商告上消费者法庭，并且从中受惠。另一方面，媒体，主要是主要报纸的城市版面，越来越对在消费者法庭发生的事情感兴趣。记者们经常报道这些案件，在显著位置公布审判情况；下面两个段落摘自众多这种新闻报道。段落描述了普通的消费者是怎么样获得赔偿的。事例摘自 2002 年 11 月 5 日和 2002 年 5 月 18 日的“印度人”上报道的关于 Visakhapatnam 区消费者法庭的审理情况的每周报道（逢周六出版）。

例：“……结果，法庭判处图片社用好的相纸来代替低于标准的、劣质的相片，从而满足消费者的要求。法庭还判处因为服务质量不佳，图片社赔偿 1000 卢比给消费者作为精神伤害的赔偿，250 卢比的案件审理费由图片社支付……”。

例：“……所卖的鞋子没有按照合适的设计制作，有些则违反了被诉方广告中提出的设计，这使得被诉方发生不公平交易行为，而且服务中也有缺陷。那位消费者对于同一双鞋的不同设计感到不高兴。法庭宣布休庭，最后判处被诉方向消费者支付 1385 卢比的鞋子费用，并且承担 500 卢比的案件审理费……”。

美国的情况

上述的例子长久以来在美国也非常普遍。消费者通常都意识到自己的权利，而市场营销人员也非常小心。而且，有一群律师专攻消费者权利，他们开始发布相关的免费信息，进而为该类案件提供律师服务。律师事务所建立专门的网站吸引客户。下面是从一个叫 Nolon. com 的律师事务所网站下载的一个典型的例子。这家 Nolo 事务所不仅向所有消费者提供良好的、充满鼓励的建议，也包括一些针对所有市场营销人员的金科玉律。

专栏 20. 3

Nolo 的消费者建议

……记住“货物出门概不退换”——让买方担心？这句话曾经是市场上的法律。现在不是了。今天，消费者很有权势。州消费者保护法律保护消费者不再受到不公平的或者欺骗性行为的侵害，并且通常比以往针对担保违约的惩罚要严厉。这种消费者保护法律几乎存在于每一个州，虽然细节有些不同。

案例一：在佛罗里达州，一个雪佛莱销售商承诺“到 Acapulco 四天三晚的免费假期”给任何买雪佛莱汽车或者卡车的人。看到这样特殊的促销，彼得从这个销售商那里买了一辆雪佛莱卡车。当收到假期凭单时，彼得发现所谓的免费假期实际上是分时的销售促销活动。这个假期旅行有很多的条件、限制和义务。彼得确信自己受骗了，便将销售商告上法庭。陪审团判处赔偿彼得 1768 美元作为补偿金（那个旅行的价值）加上 66. 7 万美元的惩罚性补偿。

案例二：在新泽西州，肯尼斯从一家商店买了一些家具。货物到时，肯尼斯发现家具有很多毛病。于是他拒绝收货，并要求拿回定金。家具店拒绝了他的要求。肯尼斯就将其告上法庭。陪审团判处给与他相当于定金三倍的补偿，并且判处家具店支付肯尼斯的律师费。

这两个案件都援引了消费者保护法。消费者保护法授予消费者独门兵器。在一般的案子里，原告只能拿回他或者她的实际损失。举个例子，如果没有消费者保护法，那个要求拿回家具定金的人只会拿回 600 美元的定金。但是在他们州的消费者保护法的帮助下，他拿到了相当于三倍损失的金额加上律师费用。同样的，那个控告汽车销售商要求拿回旅行的等值赔偿的人也

（续）

得到了赔偿。这种可能的大金额的判决让买方和他们的律师在遇到可能的违法事件时更愿意诉诸法律。

Nolo 给市场营销人员的建议

"大买卖"如果你是供应商也许你会这样说，"我是个诚实和有道德的商人。这些都不会影响我。"然而，也许事实并不是这样。有一件事必须注意，就是你需要了解你所在州的消费者保护法的详细内容，这样你就可以告诉你的雇员哪些行为可能给你带来麻烦。还有，这些州法律经常允许消费者起诉即使并不是故意违法。如果你销售一个总部在美国的公司的产品，比如 Schwinn 自行车，错误地在广告中说该产品在美国制造，而事实上却产于台湾，那样你就可能触犯了法律。

成百上千的案件涉及消费者保护法，例如：

某人控告一家百货商店卖完了广告中说的烘蛋奶饼的铁模，而没有给他一张留作下次继续使用的票根——这就违反了他们州的消费者保护法。

一个户主控告一家房屋屋顶合同商，没能按照广告所说为房屋屋顶的修理工作提供财务支持。

某妇女控告一家健康矿泉疗养地违背承诺返还她的定金，因为按照合同她可以在合同签订三天之内改变主意。顺便说一下，健康矿泉疗养地已经单独规定了条款。如果想了解，可以找一本这方面的 FTC 小册子来看一下。

大多数消费者保护法律禁止大量的"不公平的或者欺骗性的"行为。另外，许多法律列出被禁止的具体的行为，比如欺骗性的广告和定价，下面将对此进行讨论。

欺骗性的广告为联邦和州法律所禁止，广告如果试图误导或者欺骗消费者，则被认为是违法的，即使实际上可能并没有骗到任何人，是否蓄意也不重要。如果广告是欺骗性的，即使有世界上最好的目的也将面对法律制裁。产生作用的是广告给人的综合印象，而不是某个部分的技术上的真实性。多年来，联邦贸易委员会（FTC）对许多被控有虚假和欺诈广告的公司采取行动。如果 FTC 调查人员相信某广告违法，他们通常努力让违法者自己改正。如果不行，FTC 会发布一个停止命令，代表被伤害的人提起民事诉讼，请求法院命令（禁令）在调查还在进行中停止有问题的广告。

依据州消费者保护法，如果某广告违法，消费者经常有权控告广告商。例如，如果有人因为欺诈性广告买了某产品，按照州消费者保护法，通常有权利控告。他可以在小额索赔法院控告要求偿还，也可以联合其他消费者（有时会有数以万计的其他消费者）一起向更高级的法院控告索取大额的赔偿。

(续)

注意欺诈性定价 有两种定价行为最可能让你的公司卷进麻烦：与其他商品或者自己“通常的”价格进行不正确的比较，或者声称“免费”提供某些东西而实际上是有成本的。从通常的销售价格上进行降价是一种常见的销售方式。但是除非前面的价格是真有其事，对于同样的商品的真实的价格，否则这种降价就是误导行为。例如，如果你宣布某种新产品的价格为 129 美元，但是却以 79 美元卖给批发商，并因此卖给直接客户的价格也相应打折，所说的 129 美元从来就没有真正存在过，这样你就违法了。因为你让顾客以为他们买到的是打了折的产品。还有更加显眼的是专门为了某个促销买了一批特殊的商品，然后造出一个虚构的“正常”价格，或者一个仅仅维持一两天的价格。有些商人就是采取这样的伎俩，像是以极低的折扣买了二手的或者断档残货，然后误导消费者，让他们以为得到了降价。

如果你在广告中比较你的价格和其他商家的同类产品的价格的话，必须确定两件事：其他商家正在出售同样的产品，并且以比你的价格高的价格卖出了相当多的产品，而你则提供一个合理的降价。换句话说，用来比较的更高的那个价格不能是个孤立的或者没有代表性的价格。

关于提供“免费的”产品或者服务，如果送礼物，你不能在盒子上绑绳子。例如，如果你向购买的价值达到 14.95 美元的人免费赠送一个画笔，(当画笔实际上是不免费的你通常向买画人提供服务时，比如免费送画到家)，而如果送了“免费”画笔的话就不再提供该服务了。

你可以与美国联邦贸易委员会联系（网址：http：//www. ftc. com，地址：Pennsylvania Avenue，NW，Washington，DC 20850，电话 202 - 326 - 2222)，了解更多的关于消费者保护的法律，也可以与你所在州的消费者保护机构联系。

在结束的时候，Nolo 说：“把这篇文章发电子邮件给你的朋友——nolo. com”。

国际上的情况

所有主要的国家都联起手来在它们的国内以更加全面的方式保护消费者。下面的媒体报道是正在进行中的一个例子，是关于美国与澳大利亚合作的例子。

专栏 20.4

发表日期：2002 年 7 月 20 日

美国和澳大利亚签署两大协议，加强在消费者保护领域的合作

美国联邦贸易委员会（FTC）和澳大利亚竞争和消费者委员会（ACCC）今天宣布两个委员会的代表签署了两个旨在加强美国和澳大利亚在消费者保护领域的法律合作的协议。7 月 20 日在泰国曼谷举办的亚洲太平洋经济合作组织（APEC）会议中举行的关于电子商务的消费者保护的工作会议上宣布了该协议。

随着互联网的出现，消费者比以往更加广泛地从事跨国界的交易，并且因此需要加强跨国界的法律合作。这些得到了关于电子商务的消费者保护的 OECD 方针的认可。这两个协议将使得双方可以在各自的法律管辖范围之内更好地与欺诈、误导和不公平的商业行为作斗争。

监察制度

如果有政府部门的监察管理，独立的机构或者自我控制机构不会被设置，而如果有些地方出现明显失效的情况，监察机构就会出现。这些机构通常通过受到启发的消费者采取的行动来实现（见 Ralph Nader 专栏）。通常这需要某个人或者一群人在消费者被有权势的生产商—供应商联盟吓倒的时候站出来使消费者们觉悟。还有一件比较常见的事是受到侵害的消费者中的核心人物往往也聚集力量并发起运动。每年每个国家都有非常多的监察机构成立，但是只有很少几个存活下来并且发挥作用。

媒体的角色

媒体，尤其是报纸和杂志，可以在消费者教育、唤醒消费者的权利意识和向消费者提供可以运用的保护的信息方面起到非常大的作用。不幸的是，有些短视的媒体管理层可能认为大公司可以使媒体生存下去。但是，觉悟过来的媒体人意识到消费者养活了大公司，并且因此使得媒体可以生存下去。

通过媒体和贸易协会，公众应该可以了解到监察组织的情况（见专栏：ASCI）并且事实上为这些组织的成功作出贡献。

专栏 20.5

Nader——一个运动

Ralph Nader 毫无疑问是消费者运动的先驱。上溯到 20 世纪 60 年代，他把巨大的通用汽车告上法庭，控告他们忽视他们生产的汽车 Chevrolet Corvair 中的某些危险的缺点。虽然完全意识到通用汽车的强大，但是他无视朋友们的劝告。他出版了自己写的揭露真相的书《在任何速度下都不安全》。这本书掀起了一场风暴，而通用汽车并没有善意地对待他。这家公司采取了断然的行动试图想破坏 Nader 的声誉，他们甚至调查他的个人生活，寻找线索来破坏他的名声。Nader 穿上一件写有“侵犯隐私”的套装来做出反击。他向世界证明如果你是干净和诚实的，你是可以战胜大公司的。他获得了史无前例的赔偿金额。Nader 再一次表现出了他的品格，他用这笔钱建立了一家公众支持组织来帮助消费者。他带着使命感和热情继续工作，并且创立了一些消费者保护组织，像 NHTSA——国家高速公路交通安全管理局——他是重要的创始人之一。还有，他促成 FIA——信息自由法案——重要的修正案。

无疑 Nader 被称为消费者运动之父。他作为榜样将继续激励其他人追随他的脚印去保护消费者的利益。

专栏 20.6

ASCI（印度广告标准理事会）

ASCI 下面的广告不需要任何进一步的解释。

如果广告不规矩，我们就把它改过来。

广告是个神奇的东西。它告诉你产品和服务的范围，给你权力去选择。

（续）

但是可能有些广告不规矩、不诚实或者有误导性。您可以帮助我们终止这样的广告。把您关于这样广告的投诉发给 ASCI。地址：Bombay Market，Tardeo Road，Mumbai-400034 或者发电子邮件：asci@ vsnl. com。

印度广告标准理事会
印度广告行业监察机构

相关词汇

Nutrition label：印在食品包装上的信息，提供关于成分的详细介绍，包括热量、脂肪、糖量、钠、胆固醇等等。

Claim-fact discrepancy：广告中的欺诈，故意忽略介绍相关的资质。

Claim-belief discrepancy：造成消费者相信某些并没有明确说明的东西。

Boycott：消费者（通常是一群）采取的行动，停止购买某种产品或者针对某销售商。

作　业

1. 收集最少三种互相竞争的牙膏品牌的包装，比较这些标签。标签上印出了什么承诺和事实。
2. 收集三个你认为对消费者有教育意义的广告和三个你认为有欺诈的广告。解释你的判断。
3. 收集两组保修卡，讨论任何生产商强加的不公平的和单方面的自我保护的内容。讨论是否可以将其诉诸法律。
4. 参观你镇上的消费者法庭，在旁观席上见证法庭审判，写个报告记录当天的审判情况。
5. 假设你是一家旅行社的CEO，给你的销售人员写一份通知，告诉他们如何向消费者介绍旅游计划并避免任何不实承诺。

参考文献

1. Consumer Protection Act, Government of India, 1985.
2. www. ftc. gov. Federal Trade Commission USA Public Information Bulletins.
3. www. nolo. com. Website information on consumer protection and legal advice for public.
4. "Consumer Protection in Electronic Commerce", Workshop Proceedings APEC, Bangkok, July 2002.
5. Public Information Ad Bulletins, Advertising Standards Council of India, 2001.
6. Proceedings of Consumer for a as reported by *The Hindu.*
7. "Naders New Campaign", *Business India*, April 2002.
8. Proceedings of District Consumer Forum, Visakhapatnam, 2002 – 03.

第 21 章　商业伦理

"做对的事情比把事情做对更重要"。

——Peter Drucker

"上帝啊，我不要求告诉我什么是对的什么是错的，我只要求给我一双慧眼（明辨是非的能力）"。

——Hindu Prayer

"如果你能够看出好建议和不好建议之间的不同，你就不需要建议"。

——Roger Devlin

通过学习本章，你将：

- 了解商业伦理和市场营销之间特殊的相关性；
- 了解伦理是怎样被个人逐渐灌输、保持和确定在组织之中的；
- 了解商学院教授伦理的愿望；
- 了解那些流行的关于伦理的神话和那些真相。

商业中的伦理及其与消费者行为研究的相关性

本书的基本目的是为了让市场营销人员对于消费者行为有一个深入的审视。获得这种审视是为了帮助市场营销人员更好地提供消费者想要的产品和服务。对消费者行为的了解给了市场营销人员一个明显的优势，就是知道目标消费者的个性和选择。事实上几乎所有生产和/或销售公司都持续不断地收集和更新他们关于他们目标消费者的信息，并据此形成战略。

在很多圈子里都觉得深入了解消费者的行为可以让市场营销人员自己操纵市场，因此制定策略不必考虑基本的伦理，如诚实、正确和公平。策略的根本目的在于如何克服消费者的抵抗心理，从而卖得更多。这导致这样的情况出现：在市场营销人员的雇主或者公司看来，营销时的聪明行为和成功的销售是营销人员值得奖励的品德。除非公司划出一条底线，并且鼓励员工们在某些限定的范围内从事活动，否则伦理将成为第一个牺牲品。从长远的角度来看，这将对公司和它的消费者之间的关系造成巨大的伤害。

因此，不是别人，做营销活动的公司必须把伦理放在最重要的地方，而不是遇到灰色挑战或者竞争威胁就妥协。没有伦理就没有商业。

遵守伦理不是可以选择的问题

准确地定义伦理是非常难的，但是，大多数人理解伦理的含义毫无困难。大多数人并不质疑伦理不是选择的问题这个格言。正如你不会质疑别人生活的权利一样，你不会质疑他们期待从你那里得到合乎伦理的行为的权利。话虽如此，我们必须承认的是，违反伦理的行为在各个领域包括营销活动中都屡见不鲜而且受到容忍。在营销行为中——可能是产品设计、包装、定价、促销、发货或者质量保证，伦理在许多时候都被忽视。看上去诚实的商人，他们既受过良好教育、又令人尊重，有时候对公司的违反伦理的行为视而不见。对此常见的解释是这些商人受困于竞争的态势，因此没有办法——这种说法是不能被人接受的。真正的原因应该是他们追求商业超级成就的诉求让他们睁一只眼，闭一只眼，允许违反伦理的行为继续下去。简言之，他们在暗中破坏本应是他们的基本信条和哲学的东西。社会不能接受这样的商业堕落，因为这会影响到生活的结构。

遵守伦理是自上而下的

上面描述的任何一个商场上的不诚实行为或者堕落行为没有一些管理知识是不可能发生的。管理层在任何时候都应该保持警觉，在第一时间发现并阻止任何堕落行为的出现。他们应该教育自己的员工，并且主动颁布一些政策，防止违反伦理行为的出现。公司应该实行符合伦理的行为，自上而下，渗透到下面的各个层次。一些包括公司“愿景”中叙述那样的关于伦理的高尚的叙述都是好的但是还不够。企业管理层应该知道下面的管理人员一直在注视着他们上级和最高层管理者的一举一动，同时受到这些举动的影响，指导自己的行为。如果管理层没有关于伦理的指导，下面的工作人员会把它看做是一个信号，即公司并不是认真地对待伦理。在这样的公司中，商业上的成功成了高于一切的政策。所有这些都意味着，公平也好，犯规也罢，只要能带来成功的都可以看做是公司的策略。一个公司违反伦理的行为会导致其他公司以竞争的名义进行效仿。勾心斗角、尔虞我诈，竞争的对手们破坏了行业的整个形象，这些完全是由于少数公司的管理层没有远见或者缺乏胆量站出来，即使遭受到短期的挫折也要坚持伦理所造成的。然而，历史证明，那些站得端、行得正，在员工中灌输伦理的公司终将被消费者所了解并因此成为市场上的领导者。

遵守伦理是一个过程

伦理不是终点，它是一个过程。公司和个人应该不断地实践它，经常性地扪心自问，并且时常采取措施修正前进的方向。政府、公司或者团体引进伦理规则后，或者在不断维护伦理的过程中，整个组织都应该主动地持续不断地予以监督。遵守伦理规则的人员应该受到赏识和奖励，这一点非常重要；同样重要的是对于违反伦理规则的人要给与应有的惩罚。

在公司里谁应该来监督伦理的情况

虽然整个社会都与之相关，商业是由公司“运行”，而公司又由其管理层运行。但是让我们来看一看在能够和公司管理层说得上话或者有权力管理公司管理层的个人或者团体的情况，他们能够有机会影响商业伦理。这些团体除了公司管理层自身，还有股东、政府、行会、利益集团和消费者团体。现在股东，或者利用自身能力，或者通过被他们提名的董事长，拥有对公司事务的话语权。但是，股东最关心的是如何保护其股票的价值，并且年复一年地获取最大的分红。因为有这样明显的商业目的，股东不能被期待在公司的伦理问题上进行指导。

谈到政府，在每个国家，政府在某种程度上都会介入公司的“事务”之中，并且也有强制的权力。但是，政府通常行动迟缓，政府里的公务员事实上只是在执行政策或者进行指导性的工作。并且，个人在与公司打交道时容易粗心大意、腼腆或者更糟的是腐败。通常听到的情况是，政府公务员面对的应该监督的公司往往太大或者太有权势，而他的上级却不给予足够的支持。这就是为什么像美国那样的政府成立了独立的监督机构。

另一方面，行会具有保护成员雇员利益的基本目标。应该承认的是，它们确实对于公司的健康感兴趣，而并不会过多地考虑商业利益。行会也关注公司的长期生存，而且意识到如果公司的形象提升，它们也会受益。但是虽然行会愿意承认商业伦理是“管理”的基本功能，它们更多的是起到对于好的伦理的一种监督的作用。

利益集团和消费者团体应该自然地成为能够集中注意力于公司的商业伦理的最好的参与者。他们也许不一定会因为某个公司的长寿或者盈利性而获得好处，但是他们的命运可能却与在整个行业中蔓延的违反伦理的行为或者在行业中最主要公司里违反伦理的行为的蔓延行为休戚相关。当说到消费者团体的时候，并不是说最少数量的消费者必须正式地成立一个协会，并且与管理层进行交涉。更可行并且快速的是消费者个人应该质疑、揭露和挑战所有违反伦理的行为。如果说这些不是真的，那么就不会有 Ralph Nader 和消费者运动了。

遵守伦理是一种双向的要求

不应该认为只有生产商或者供应商有时候会违反伦理，而不幸的消费者总是被迫地承受。消费者也会偶尔留下明显的违反伦理的记录。有很多关于消费者违反伦理的事例，而且这种消费者的行为同样卑鄙。举一些例子：

- 改变商店里的价格标签；
- 故意损坏商品，然后要求更换；
- 篡改保修卡，从而延长保修时间；
- 威胁供应商要恶意投诉，来获得额外的合同好处；
- 隐瞒不利的信息与供应商做生意；
- 伪称具有某种特许，从而低价获得商品和服务（比如以谎言获得车船费的折扣）；
- 将商品和服务另作他用。比如把以福利价售给居民住家的煤油用作工业燃料；
- 大量购买以福利价出售给兽医的药品，制成高价药再次销售。

可以进行伦理教育吗?

对于“可以进行伦理教育吗?”这个问题的答案应该是“是的，不仅仅是可以进行伦理教育而且还是应该进行伦理教育”。正如已经说过的，遵守伦理不是一个终点或者一个事件而是一个连续性的过程，需要不断的调整方向。这就如同一个人不会某天洗了一次澡就说永远干净了，而是每天都要洗澡。每个人、每个组织都必须不断的重新学习和实践伦理。像宗教一样抽象，伦理必须每天都要被思考。教导伦理有两个目标，即获得新的成员以及让本来的信徒更加确信其所走的路是正确的。显然成功的公司实践伦理既通过管理榜样，又积极进行内部教育。他们都认为应该在各种学校中的某个阶段进行伦理教育，而不是依靠个人自己学习。毫无疑问伦理可以而且也应该被正式地在早期的教育阶段进行教育，原因有两个：第一，人类没有多少伦理是与生俱来的，而如果不进行教育，就会从周围的环境中去学习形成自己的观点；第二，人类具有强大的能力来理解长辈和老师教导的抽象的理论。

应该在哪里讲授伦理?

关于伦理的非正式教育始于家庭和社会。只要人还在社会，这种教育就还会进行下去。在教育机构中，小学和中学已经被认为是教育基本伦理的场所。在很多国家这些学校的课程包括公民学、社会研究和历史以及一些关于宗教、政治和文化科目的元素。所有这些科目都含有一些伦理价值和标准的内容。

本科教育主要教育文科、理科和工科等等。而商科是不同的，因为除非特别设置，商科的内容很少介绍伦理的。但是，一些觉悟的管理人士与众不同的努力来改变这种状况。他们认为本科教育教给学生职业知识或者技能，而且也是学生应该补充价值和伦理的地方。在商科的本科教育的课程中加入商业伦理学是个非常好的方式。

然而，大多数人认为最好的加强伦理的地方是商学院。商学院的毕业生有特别的机会在公司实践管理的正确原则，也可以成为伦理的实践者和传播者。大多数的商学院已经正式开设了伦理学，可以期待这种做法可以增加世界上遵守伦理的商人的数量。我们应该记得商学院的学生往往加入行业，获得重要的岗位，受到管理层和同事们的重视和尊重。

逐渐地商学院的毕业生们会一点儿一点儿地代替那些做得不符伦理的人，有些违反伦理的行为甚至一直都没有被人觉察。但是对于商学院教育，也不应该漏掉重要的东西。

在美国，在商学院的课程中强调伦理学开始于1990年。那时人们开始纠正四年前发生在华尔街的一些丑闻。在这些丑闻中，让大家惊奇的是有些犯罪分子位居高层而且受到过商学院的教育。很明显商学院的教育在于强调获得效率、物质上的成功和财富。学生们在孩提时代通过家庭和宗教训练或者晚些时候在小学学到的道德和价值观，很显然需要在商学院得到强化。

由哈佛带头，几乎所有商学院都开始设置伦理学的课程，并且设置案例模拟道德困境以寻求解决办法。今天在商学院中设置伦理学几乎成为全世界共同的特点，而且越来越专业，阅读材料和教学工具都不断涌现出来。

一些错误的言论

流行的言论	事实的情况
伦理是与生俱来的，不能被教导	这种说法大错特错。历史甚至神话传说中都有很多例子关于莽汉是怎样变成圣人的，以及劣迹斑斑的人怎样变得专做好事的人的。
伦理说说容易，但是生活只以成败论英雄	说说伦理也不那么容易。成功是很重要，但是应该说的是如果放弃那些价值来获取成功就不是成功，而是失败。
什么是好的，是不能定义或者教导的。应该根据商业情景来决定。	恰恰如何判断情境中的价值就是伦理要教育的内容。
如果只有我遵守伦理而其他人并不，我甚至都活不下去。	不是只有你一个。将来竞争必须是遵守伦理的，消费者会决定这一点。
没有所谓的允许“健康的”竞争，好的竞争者只会是死亡竞争者。	这可能是个目光短浅的商人的观点。如果他能够杀掉所有的竞争对手，他也就失去了激情。而且，在这个话题里“国王”是消费者，他们决定竞争越多越健康。
有许多困境，因为遵守伦理的决定会导致受伤	困境的存在就是人们应该做好准备在面对的时候进行伦理的评估的原因。一个决定如果以某一种方式进行可能会伤害一些人，那么如果以另一种方式进行可能会伤害另外一些人。关于平衡的伦理的评估和给最大多数人最多的好处应该指导决策的制定。这就是伦理的全部内容。
我受本能支配，不需要伦理学来指导我	伦理学归根到底是训练你，让你的本能变得理性化，能够分清对错，并作出让最大多数人获得最多好处的决策。

图 21.1　一个 CEO 面临的伦理冲突

这里是企业伦理的两面

光明的一面	阴暗的一面
我希望我的采购组织是完全诚实的，在选择和购买材料时不接受任何报酬。	我给我的营销人员所有的自由去娱乐、吃饭、喝酒或者行贿从而获得订单。
我要求我的经理们对我忠诚，不要跳过我，或者直接去找董事或者股东。	我与下面的人保持联系来了解底下发生的事情
我做好准备招募人才，而且希望找到有（与竞争者业务同样）经验的人。	申请外面的工作是背叛（如果我的员工这么做的话）。
我要求对我们买的所有材料进行严格的质量检查和控制。	买方这么顽固，为什么我的伙计们不能软化卖方的检验员，让他们相信我们?
我要求从供应商那里得到长期的信用。	我要求买方立刻付款。
我要求所有工人都付出全部的努力，如果不是就是违反商业伦理的。	公司可以付更多的工资，但是我应该付更多吗如果我可以少付一些?

专栏 21.1

运营中的伦理——一个真实生活中的故事

20 世纪 80 年代我在一家位于印度某城市的国际公司工作。我们的公司是一家有 60 多年历史的以卖铁路设备而著名的公司。面对传统领域市场份额的下降，我们决定实行多元化，开始接受国防组织的合同。我们计划研发一大批高科技的工程设备提供给正在进行一项巨大的本土化项目的国防组织。

我们必须自己花钱寻找合适的项目、生产原型/样品或者提供我们的设施去进行检查和资格审核。我们必须参加投标，与国防部许多检查和采购组织打交道。因为我们公司是国防领域的新兵，开拓可不是那么容易。有几个声称有路子打通国防部关系的咨询师找到我们。他们告诫我们怎样精明的通过各种手段建立关系来获取新业务。我们毫不理会这些专家。

（续）

在公司的最高层，我们深入地考虑了形势，然后作出了我们的八个命令：

我们投资开发高质量的设备；

我们不挖墙脚；

我们不机会主义地报价；

即使机会来临，我们也不会降低我们投标的价格来获取订单；

我们将遵守伦理来进行营销，**永远永远不行贿**；

我们不用中间人去做肮脏的交易而假装我们自己是干净的；

我们接受推迟和失望，如果它们来了的话——向公司的员工解释这个政策。我们不会因为没有赢得合同或者没有使得设备通过检查而互相埋怨——如果失败的原因是因为公司的遵守商业伦理的政策；

恰恰相反的，如果任何买方或者中间人来找我们索取不合法的所得或者贿赂，我们将先发制人。为了实现这个目的，我们将向公司的每一个人宣布这一点：技术上的、生产上的或者营销上的、分支机构的或者总部的每一个人都要不停地向外面发出信号，我们只依靠业绩获取业务。

这个政策被坚持住了。一个接着一个的投标，我们都被推迟和否定，我们可能被某些人看成是傻子。但是慢慢地、渐渐地有一些话在周围传播并传到了上面去——这家公司不想行贿，不想靠吃饭来赢得订单。这些明的暗的声明阻止了想腐败的人来找我们。我们只是被邀请参加技术—商务的谈判。在买方组织的外围办公室里，一开始关于我们的笑话是我们公司是有哲学思维的，也是最好的失败者。我们不断在大大小小的投标中失去订单。即使在一些场合我们的价格低于拿到订单的公司的价格，我们也会失掉订单。

不到一年，情况开始发生变化，非常高层的官员开始怀疑有什么东西被遗漏了。在投标中，即使我们的报价接近中标人，而且差距非常小，我们公司通常也被放在不被推荐的名单之中。秘密的注释和报告一定说这家公司并不真的感兴趣。这与事实相冲突，因为我们每次总是努力参加下一次的投标。一次、两次，一而再，再而三的，我们被最高层邀请去参加特殊的谈判会议，总是被问到我们是否真的有兴趣作业务，如果是的话，为什么这么刻板。我们以最高层代表公司参加了所有这样的会议。我们礼貌地坚定地传递这样的信息，我们提供优质的质量和好的价格，而且我们准备等待只通过业绩来获得订单。巨大的商誉产生了，而且对方还说应该以我们的价格作为标杆。我们开始获得商业和教育订单，有时候即使我们的价格要高一些仍然获得订单。

到了第二年，情况发生了巨大的变化。权力机关的大多数官员都开始推荐我们的投标，因为支持我们公司是某种信号——这个人是正直和诚实的！

（续）

对于我们设备的检查是非常严格的，但是如果我们的设备获得通过，检查员是非常高兴的。在某种程度上，他们愿意和正直的公司发生关系。

在三年之内，公司不仅在形象上非常出色，通过坚定的遵守商业伦理，在一个非常艰难的领域里获得了商业上的成功。　　M. S. 拉祖

专栏 21.2

商业伦理是基石而不是飘摇的小棚子

Inmac 的故事

Inmac 是一家专营电脑软件和供应的公司。始建于加利福尼亚州，现在它在欧洲的许多国家比如法国、德国和英国开展业务。它的特点是没有商店，销售产品通过将产品目录——每个月换一个新的——寄给各个国家的大约 10 万多家公司。

公司通过邮件、电话或者互联网接受订单。他们的承诺是：不管位于国家的哪个角落，24 小时交货。

为了遵守自己的承诺，**Inmac** 发展了一种强大的文化，这种文化被认为是公司成功的关键因素，现在被归纳为 **Inmac** 精神。

1. **遵守商业伦理** 在长期过程中的诚实、真实和公平的价格。
2. **保持进取** 主人翁态度，树立远大目标，行动有导向，但不能过分。
3. **业绩考核** 通过及时的反馈进行管理。
4. **接近客户** 知道他们的需求，提供有价值的产品和服务。
5. **授权** 分成很多小的运行单位。
6. **追求卓越** 让每一个员工建立职业主义精神。
7. **领导行业** 在产品/服务/销售进行领导。
8. **只管我们自己的事** 集中精力在我们的商业和执行上。
9. **简单精干** 保持简单，避免公司臃肿，防止官僚主义。
10. **建设未来** 相信我们是一个伟大的地方，会发展想法和职业。

通过顾客关心建立品牌，而不是通过广告，这是好的商业伦理

Howard Schultz 是星巴克的主席。通过星巴克基金，这家公司总是努力

（续）

回报于做生意的社区。H. Schultz 在 2000 年 9 月从哥伦比亚商学院获得一笔奖励商业伦理的奖金。这里是他的获奖演讲的一些节摘，由 Hermes 于 2001 年 9 月印刷：

“我们在星巴克一直在努力创造一个没有出现过的行业，建立一种非同寻常的品牌。我们真正与众不同的地方是在于我们很少花钱做广告。我们拥有一个企业管理团队，他们懂得如何而且正在努力建立一个如此强大和有力的品牌，而几乎不通过促销活动。事实上我们没有钱做广告，因此我们必须找到一个不同的办法。我们对自己说如果我们想要建立一个大企业和大品牌，对它的所有顾客都拥有真正的意义、相关性和信赖感，那么我们首先必须与我们的员工建立信任。

树立品牌，与我们的客户建立信任和获取经验都不是那么容易的。现在树立一个品牌更难，与客户建立相关性也比任何时候都难。消费者难以置信的苛刻。他们每天受到这么多的信息和噪音的干扰，而似乎没有哪家公司有足够的钱打破这些噪音创造品牌和相关性。

消费者比以往任何时候都更喜欢向公司提出严肃的问题，而且必须得到一些既有相当真实性，又比‘我们的产品卖这些价钱’‘你可以看这产品的特点和好处’要好的答案。消费者想知道公司对员工以及社区的所作所为。他们想要知道这家公司在更广的范围里支持什么，以什么为骄傲。

但是经常有人获得客户的尊敬吗？很少有。但是一旦这样的事发生了，人类精神的力量真的就出来了。关于今天的目标，真正好的公司不是树立一个品牌或者赚到钱。那些只是通往目标的途径。目标是‘尊重人的精神，尊重从事商业的人，尊重消费者。’”

这家公司相信用于广告的大笔资金正确的应该属于客户。因为尊重伦理的政策，这笔资金应转向回报它的消费者的社区，从而获得忠诚消费者的尊敬。

相关词汇

Social marketing concept：完成市场看得见的需求的同时。始终把社会的最大利益作为最重要的目标。

Deontology：强调行为的个人和社会的价值而不是经济上的价值的理论。

Teleology：评价行为中的道德价值的理论。

作　业

1. 讨论在商学院单开一门讲授伦理学的科目，还是将伦理学的内容分散到每一门课中去的利与弊。
2. 公司可以做广告说自己比其他公司更遵守伦理吗？在竞争的世界里什么是它可以获得相应信誉的伦理实践？
3. 你孩子的出生证明有个错误。名字写错了。因此就需要面对许多困难。你只需要改变名字中的一个字母。你询问的城市官员说官方的正式的更改需要花上六个月的时间，采取很多行动，也要花不少钱。他同情你，甚至承认错误不是你的错。错误很明显是由写出生证的职员造成的。他建议一个快捷的办法就是你“丢了”出生证原件，这样就申请一个副本。在开出副本的时候，你“让”正确的拼写写进去。毕竟你是在改正一个错误而没有什么不好的想法。讨论这件事是否涉及到伦理。
4. 你需要经常购买一种非常贵的处方药，另一方面你的医生拿到了这种药的大量的免费的样品药，用来在各种病人身上试验。你提出一个双赢的方式就是与医生做交易，付给他钱买下药品。是否应该有人包括药品生产商对这个奇怪的交易做出反应？
5. 每个人似乎都在说教育越多越能够带来更好的伦理。如果这是真的，没有受过教育的人应该在做出最违反伦理的事情。举例说明你的观点。

参考文献

1. Seema Singhi, “Ethical Issues at Work UK-India Comparative Study”, *Vikalpa IIMA*, Japuary-March 2002.
2. R. C. Sekhar—Response/Sage, *Ethical Choices in Business*, 1997.
3. S. M. Kahn and P. Markie, *Ethics*, Oxford University Press, 1998.
4. A. Kitgen and R. Campbell, *The Ethical Organisation*, Macmillan Press, 1996.
5. A. K. Rewat, *Value*, *Ethics and Business*, 1998.
6. Thomas J. Peters, R. H. Waterman, *In Search of Excellence*, Harper Collins India, 1994.

作 业

参考文献

第六部分

应　用

案例研究一

Hyderabad 电池有限公司

这是一个真实的案例，讲述的是创新的传播和消费者劝说领域的困境问题，由 Zubain Hussain，GM，A. J. Prasad 博士，印度 Hyderabad 的 HBL-NIFE 有限公司 CMD 和 M. S. Raju 教授，印度 Visakhapatnam，印度的高级管理学院特别为本书提供。

Reddy 先生是位于 Hyderabad 的高科技电池公司 HBL-NIFE 的运用工程师。2001 年夏天，他在老家休假。他去拜访一个朋友，这个朋友在这里有个工厂。那天去拜访时，他发现他的朋友正陷入深深的苦恼之中。工厂停电了，genset（柴油动力备用发电机）不能启动，因为用于发动发电机的启动电池突然失灵。工厂在煎熬中停了下来，但是如果不能马上通上电，这批次正在流程中的全部原材料就都必须扔掉。生产经理已经抓狂，因为工厂距离最近的城镇也有 40 公里，换一个电池至少需要两个小时。那就不仅意味着一个批次的原材料都将报废，而且失去的时间也影响到下一个批次的准备工作。

Reddy 先生的那位朋友非常困惑也非常愤怒，因为这已经不是第一次他遇到电池失灵的情况了。他去年刚刚更换了电池，由于头一天刚试验了电池能用，所以从来没有想到今天会遇到问题。他问 Reddy 先生想到现在的技术已经发达到可以把人送到月球上去，为什么电池生产商不能做出更好的用于柴油发电机的电池。这些话让 Reddy 陷入思考之中。就在前两天在 HBL-NIFE 他收到了空军将用于启动飞艇的新的航空电池批准文件。如果飞艇都可以启动，为什么固定在地上的柴油发电机却启动不了？这也许是他们公司的一个机会。

背　景

这个国家对于电力的需求以非常快的速度在增长，而政府——运营发电和输送电公司，却发现很难跟上需要增长的速度。所以，使用者由于超负荷用电导致经常性的停电。这种情况在某些行业尤为严重。比如加工业需要持续用电，而主要的供电企业却无法满足这一需求，因此加工业的企业都开始自己发电。而一些较小的行业则采用柴油发电机来作为后备电源。还有一些企业则采用不间断电源系统（UPS）来作为后备电源，UPS 系统是用电池来存电和发电的。然而 UPS 系统的造价非常高，因此通常只在断电后和启动柴油发电机前的间隙中使用。其他行业，如电信业在后备电池无法长期供电的情况下，会利用柴油发电机来防止由于停电导致的通信中断。今天，柴油发电机成为了最普遍的后备电源，所有用电的行业都开始使用柴油发电机来作为后备电源。

停电时，发动机会迅速启动柴油发电机，同时，内部供电系统会立刻转向后备电源，从而保证了不间断地运行。通常柴油发电机是用电池来带动直流发动机。这种直流发动机需要在很短的时间内（通常是在 5 秒内）使用大量电流来发动引擎从而达到可以持续运行的转速率。柴油发电机通常使用的是在大型运输工具如卡车中很常用的 12 伏，180 安培的汽车电池。用这种电池来发动柴油发电机有很多好处：

- 这种电池可以从任何电池商店买到，甚至在小镇的修车铺里也可以容易地买到。而且在很多偏远地方的小电池商店也逐渐可以修理这种电池了。
- 这种 12 伏，180 安培电池的成本是将近 2000 卢比，对一个企业来说这个价格很合理。
- 还有一些“后街男孩”将卡车电池以非常有竞争力的价格卖给柴油发电机和反用换流器等二手市场。
- 这种电池在使用中不需要特殊的维护技巧。

使用这种电池的不足之处是：

- 新电池的使用寿命只有两年，二手电池的使用寿命是一年。
- 使用不当的话，这种电池会变质。
- 由于电极受到侵蚀或漏电，这种电池会突然报废。而且这种电池的电量会随着使用时间的增加而逐渐变小。
- 新电池需要充电三天才可以使用，由于反映时间太长，无法立刻进行替换。
- 电池很称沉，运输很困难。
- 这种电池的常规维护需要加满去矿物质的水，并且对电池的电解液进行特殊的重力检查。

- 这种电池会流出一种酸烟，污染周边环境，还会损坏地砖和机床。

了解消费者需求

回到办公室里，Reddy 先生立刻就和他的同事和他的总经理讨论这个机会。立刻，他们就通过个人访谈地形式在广大的用户群和柴油发动机的生产商中展开了调查。他们了解到了如下的客户需求：

- 所有的消费者都欢迎有另一种更可靠的电池的出现。（在有需要时，这种电池应可以立刻启动柴油发动机。毕竟，柴油发动机的目的就是在于防止电力供应中断。）
- 对于柴油发动机而言，最理想的电池应该是不需要维护的。通常，维护柴油发电机的人员通常都是机械师，他们只有很初潜的蓄电池知识。（应该不需要加水或重力检查）
- 更换电池应该立刻可以进行。如果满足了这个条件，他们可以考虑买一个备用电池。（在加酸时和电池第一次充电时，电池的反应时间应该很短。）
- 放电的速度应该很慢，适于保存。很少使用或充电不足不应该导致电池变质。（即使有一个月没有使用过了，电池也应该可以启动柴油发电机。在许多情况下，电池应该是在柴油发电机使用过程中进行充电，而不是在主电源使用时充电。）
- 应该在设计中就考虑到电池可以在短时内释放出大量电流，而且可以迅速恢复。
- 价格不应高于现在所用电池的价格。（即使有其他的一些优点，用户也未必愿意支付更多的钱。）
- 最好更小一些和更轻一些（不是很重要）。
- 消费者希望在拿电池时和使用中都很安全（没有酸烟和腐蚀性物质）。
- 消费者认为蓄电量是很重要的，这是确保电池值得信赖的一个因素。负责引擎的技师和电工认为 180 安培的电量是必要的。

HBL-NIFE 公司的解决方案

HBL-NIFE 公司的管理层认为在这个案例中所有需求都可以得到满足。这个公司很幸运，因为他们已经处于为特殊用途开发特殊电池的行业中。创新和细分市场使得这家公司得以生存。他们已经向航空工业供应启动电池，开发了非常小型的性能可靠的电池，可以用于飞行舱内也可以用于地面。这种电池真的非常小，很轻，防漏型，寿命相当长，电力充足。是专门设计来进行“强力冲击的”。这样一个电池——XX 型号只要小小的改一下就可以用于启动柴油发电机。

商业等式

XX 型号电池的减低能量大约在 30 安培左右。这个数值“看上去”低但是作为启动电池在提供短暂冲击的电力时实际上比 180 安培的汽车电池要好得多。由于防漏而且低容量，充电的需要低。

HBL-NIFE，如果考虑到已经收回了巨大的研发费用，能够把新业务当作边际利润来做，以每个电池 1500 卢比的额外工作价格接受大批次的订单。六家主要的柴油发电机生产厂商，每年购买 10000 个电池，而替代品每年有 6000 个电池的市场。即使仅仅抓住这整个市场的 25%，也意味着一笔的价值 600 万卢比的 4000 个电池的新生意。

这笔新生意的市场份额主要来自 10000 个 180 安培能量的汽车电池，是由知名的电池生产厂交给六家原始设备制造商 OEM，也就是所谓的柴油发电机厂生产的。如果 XX 可以达到 OEM 产品的性能，大量的不断增加的替代品市场就将跟上来。就掌握的情况来看，竞争者的反应没有什么可以担心的。对于大型的汽车电池生产厂家来说，柴油发电机 OEM 部分太小，不值得进行反应。那些提供替代品的散户制造人会做出反应，但他们的能力也仅限于——利用他们在当地的关系以及进行降价。不过从长远来看，他们必将让位于先进的技术。

定价方面的情报是 OEM 愿付 1900 卢比获得品牌电池，替代品用户需付 2500 卢比买品牌电池，1700 卢比买再利用的电池。

要 点

1. 按照传统思维，市场上的用户都认为 180 安培能量是必需的。HBL-NIFE 应该说明其电池的能量吗？
2. 怎么样建立品牌意识？HBL-NIFE 只是在国防领域和主要的电站领域知名。他们应该创造一个二级品牌用于民用或者柴油发电机市场吗？他们应该怎么样把 XX 电池的特点转化为资金？（性能可靠、容易使用、已充上电、需要的时候可以电话召唤、体积小能量大等等。）需要建立一个新的品牌名称吗？（有许多建议——Vamana、Lightning、Aero，Alladin、Little Genie、Punch、Start Pack、Dynamite 等等。）
3. HBL-NIFE 应该集中精力于 OEM 上吗？应该采取什么样的策略让 OEM 批准和指定这种电池类型？电池只占整个柴油发电机成本的 1% 不到，什么会激励 OEM，技术还是价格？
4. HBL-NIFE 应该提出一个低于竞争对手 180 安培的价格，还是因为技术先进，把在地面上使用的产品定一个高一点儿的价格？定价策略不能因为干扰了国防部而破坏整个计划，毕竟国防部是 HBL-NIFE 的主要客户。在民用市场应该保证长期的最大程度的盈利能力。

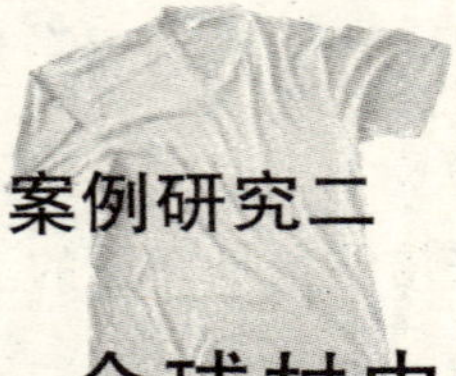

案例研究二

全球村中的消费者行为

这不是一个传统意义上的案例研究。这是多米尼克·夏代尔和拉祖特意为本书写的文章，目的在于改正关于全球化影响的一些概念。学生们应该研究这篇文章，讨论他们各自国家或者地区的全球化的消费者和生产者的概念。

全球化

今天在发展中国家，尤其是印度和中国，人们听到太多关于全球化的话题。首先这些国家在很长时间里都不同程度地存在一些闭关锁国、贸易保护主义政策、孤立主义政策。近来受到 WTO 的压力，加上现有政府自身想要开放的真实愿望，这些都推动这些国家打开自己的窗户和门户。这最多是把孤立的损失翻过来，而不能看成是伟大的成就并将其美化为全球化。

在西方的许多国家里，像法国、德国或者西班牙或者在东方的国家也一样，像泰国、新加坡、马来西亚或者韩国，它们甚至在 WTO 之前就已经实现全球化了。

如果印度—中国或者巴基斯坦说他们现在全球化了，他们别奢望世界上的其他国家和地区会起立鼓掌。全世界会说的也许是——晚进行全球化总比不进行强。

全球化一定会来。我们已经没有必要讨论支持还是反对全球化，或者讨论全球化的不可避免性。但是我们可以讨论市场营销人员和消费者要怎样适应它。

全球化不是单方向的侵略

今天在印度或者其他发展中国家，我们通常听到这样的说法：获得全球，但是不要让全球获得你。听起来似乎现代的成吉思汗和亚历山大正从美国、日本、英国或者法国冲出来抓你。或者是东印度公司的幽灵或者殖民者山姆大叔重新站起来掠夺国外的无辜者？这些恐惧都是不真实的。也许在印度次大陆是新的现象，但是在大多数国家中某种程度上的全球化总是存在的，而现在的并不比以前那些更可怕。这些国家的经济甚至文化看上去仍是繁荣的。总的来说遍布全世界的奇迹奇观、文化景观并没有消亡，反过来在全球化时代似乎有更多的人去旅游并且知名度也更大了。

商业是自发地愿意全球化，而且全球化也不会导致单方向往来或者侵略。在商业上所有的参与者都受益。正相反的是，全球化只会带来更大、质量更好的商业。因此需要做的就是预测会发生哪些变化和如何做好准备。

全球村

正如那种极端的观点认为全球化是一种侵略，面对它必须保护自己一样，另一个极端的观点是希望整个星球很快像一个和平的村子，可以很容易到达各个地方，也可以使用同样的、单一的办法解决问题。两种观点都不正确。

是的，如果只是谈到可以方便地到达各个地方的话，这个星球是个村子。流动只不过涉及到技术、资本、货物和服务。劳动力流动仍然有限制，仍然有巨大的令人吃惊的多样性。消费者仍然会抗拒一致性。但是，一些和消费和产品相关的成功的想法和概念将传播开来，在全球村里会以更快的速度传到更多的人那里。这将创造出一批新的具有可比性的、可能不是一致性的特点。

这是否意味着将拥有全球的消费者？换句话说，是否有可能向有着不同文化和住在不同国家的人们贩卖同一种产品，使用同一种方法？如果看一下现在的一些跨国公司创造和营销的全球的品牌的例子，就会找到这个问题的答案。

成功的全球品牌

一些著名的跨国公司似乎成功地创造了全球品牌，也找到了全球的消费者。这种情况不仅发生在食品和饮料行业，也发生在家具、计算机、纺织品和汽车行业。第一眼看过去，这些公司似乎以某种方式成功地在多个市场环境推动了他们的同一种方式。在可以通行的地方对多个市场实行一种统一的方式当然比对每一个市场单独运用一个营销策略要节省很多成本。但是，即使像麦当劳、雀巢、可口可乐或者Kellogg这样的大型全球公司也必须使他们的产品适应当地的市场和文化，或者改变定位策略。全球化的广告战在各个国家不断地出现和进行，但是其宣扬的内容仍然会遇到障碍，尤其在一些抵制国外生活方式的国家里。

这些公司发现他们的全球化营销策略只能够在树立同样消费方式的品牌和消费者态度这些有限范围内发挥作用。他们发现当运用某种全球化方式时，必须针对操作国家的特色采取本地化策略。不仅仅如此，在一个大的国家里，由于内部的地域性的文化、宗教、语言等的差异，进行更加细化的调整和区域化的情况非常明显。

下面的目录里这么多的品牌从这个意义上说已经成为了全球品牌，即它们和本地最好的品牌一样出名。推广这些品牌的那些公司都是跨国公司，多年以来，他们尊重国家或者地区的不同特色，然后他们成功了。这些公司一方面以他们的品牌管理能力出名，另一方面也以适应消费者的需要和态度出名。但是，必须记住在一开始的时候，他们中的许多公司都遭遇到了失败或者教训。他们能够达到今天的地位只不过是因为他们理解和处理好了运营国家的消费者行为。这样的国家正在慢慢地将某个国家的消费者变成全球化的消费者。

必胜客	Kellogg	柯达	诺基亚	现代
贝纳通	TATA	宜家	索尼	百事
可口可乐	标致	Ph. Morris	迪士尼	大宇
麦当劳	雷诺	雀巢	三星	IBM
肯德基	施乐	Wills	夏普	National

这篇文章的下面的一些章节将详细考察上述的成功的全球品牌中的几个品牌的经验，找出其成功的原因。

每一种产品或者服务都可以全球化吗?

理论上来说，任何已经在全球消费或者即将消费的产品或者服务都是全球化的候选人。这就是为什么我们找了那么多看上去很简单的食品和饮料领域的全球化的事例，虽然这些都可以在任何地方进行当地生产。第二点，新概念产生的能够带来新的消费者或者给现有消费者带来新好处的商品和服务也可以成为全球化。因为这个原因，我们碰上了那些正在参与全球化游戏的跨国公司，这些公司拥有技术、创新和营销技巧来传播创新。

时　机

一种产品、服务或者概念的全球化成功的程度也取决于时机。很难定义正确的时机，但它应该是在产品已经成熟，而且目标国家的发展阶段表明消费者将从某种全球化产品的引进中受益。

概念的全球化

那些希望推广其全球化产品的公司努力预先判断消费者的反应和目标市场的既得利益。关于消费者的情况，他们试图通过适当的调查来了解被接受的前景。他们确定针对消费者行为的那个方面来引进——态度、价值观、或者生活方式，同时采取行动打造对自己有利的行为。在这样的调查中，他们首先从产品自身的概念着手。很多时候概念预先决定了产品的成功还是失败。

例如，在印度的各个市场上，相当多的公司使用直销的概念介绍新产品，但是只有几个获得了成功。在这样的例子里，产品是有人要的，但是消费者适应直销这种营销方式的速度很慢。尽管如此，有几个公司坚持了下来，并且取得了成功。这样的例子有 Eureka Forbes，安利，Burlington，等等。

案例专栏 1

麦当劳主义

George Ritzer 在他的《社会的麦当劳主义》（Pine Forge 出版社出版）中解释了麦当劳公司怎样在全世界开展活动，创造出一种新的针对快餐的全球消费者文化。他解释了麦当劳主义过程的各个要素：

★ **效率**：以高超的技巧向客户提供快捷的服务、有限制的菜单和品种选择、停车车位和方便的位置。

★ **可预测性**：在全世界，去麦当劳吃饭的人都知道会在那里得到什么样的食物。

★ **系统的一致性**：所有的配料都是预先配置好的，每个麦当劳餐厅的食物的大小或者重量都是一样的。

★ **系统性控制**：麦当劳系统使用技术来减少人在生产流程中的介入，并因此控制食品的数量和质量。

即使接受麦当劳、雀巢或者可口可乐或者其他来自西方的品牌是实现全球现代文化，或者接受西方的生活方式的标志，地方文化仍然非常强大并还在影响消费者行为。事实上地方文化还远没到消亡的时候，而是看上去正在重整旗鼓，向新的全球化文化反击。

文化侵略

世界上很多国家并不反对商业全球化或者想法和商品运动的全球化。像日本、英国和法国一直都知道它们的繁荣建立在全球化的商业基础之上。经过相当长的一段时间，它们都已经成为全球化的成熟支持者。它们愿意向世界上的其他地区出口，也愿意从世界其他地区开放地进口，不过开放程度仅限于技术、商品和服务。所有这些国家，包括最开放的国家在内，没有国家愿意进口文化，接受文化侵略。这恰恰是问题的症结，而有时候它也表现为消费者对于全球化的抵抗。

对于全球化的抵抗

发展中国家的全球化经常伴随着社会的美国化或者西方化。许多进行了全球化的国家都表现出某些抵抗。如果分析这种抵抗的来源，可以看出来自四个实实在在的来源。

首先，现有一些政策总是从政治角度看待每一件事。某些人可能感觉到对他们政治理念的威胁或者简单看到这是抨击政府工作人员加速不好的外国商业侵略的机会。

第二种，现有一些当地生产商看到了竞争、蚕食他们市场和利润的威胁。

第三种，现有的像工会这样的“有组织的工人”看到了对工作机会或者工作安全的威胁。

上述的三条所说的都可以被说成是相关利益群体，必须通过策略和保证来对待。

第四种也是最正当的抵抗来自于那些担心文化侵略和环境破坏的公众利益团体或者非政府组织。这种抵抗必须以全部的诚意认真重视和解决问题。如果不这样，即便是最出色的想法和有用的全球化创新也可能失败。这第四种抵抗现在正在积蓄力量且不能被忽视。例如，最近世界上最富裕的国家在西雅图（2000 年）和热那亚（2001 年）举行的讨论世界经济政策和重点的会议，激起了越来越多当地市民的反抗行为和其他行动。有组织的环境保护主义者们和消费者利益保护者们站出来保持或者制造障碍来保护当地的每样东西包括当地的消费。这些团体简单的抨击不人道的全球化进程。

案例专栏2

其他的观点

完全不考虑因反对WTO导致的全球化压力是不正确的。认为只有既得利益者、无知的人或者胆小的人才会对全球化有疑虑是不对的。一些受过良好教育的人也表示害怕不公平的各方之间展开很明显的不公平的斗争。这是否意味着破除障碍创造一个全球村会最终得到一个贫民窟？

作为范例，我们看一下J. C. Usunier在他的由Prentice Hall出版的《越过文化的营销》一书中提到的“……WTO不断开放的各个国内市场，其结果是可能具有不同水平社会保障的国家之间不断增加在世界范围内的竞争，并且因此竞争不可能在一个公平的基础之上。全球化造成社会保险越来越难以提供，因为其在全球竞争的条件下提高了商品的成本。全球化会使消费者受益，而不是工人，如果工人是一个单一的公民时，事情将变得复杂……。”

很有趣看到Usunier提到了工人也是一个消费者的情况，这意味着会有一个基本的冲突。因为大多数国家的消费者人数会超过工人，大多数人的第一反应是全球化是受欢迎的。但是，是工人把购买能力注入到消费者群体的。从长期来看，当工人失去生活能力时，消费也就消失了。

为了举一个例子，我们看一下印度一个典型的工厂的情况。工厂有1万工人，他们都居住在镇上独立的房子里。每个房子里面平均还有另外四个人依靠这个工人生活，这样组成这个镇的全部5万人口。在附近的区域还有大约两千人靠向工厂和镇子提供各种服务而生存。

全部加起来有6万人——这个地区的消费者，他们的购买力依赖于那1万名工人。可以很容易的看出来，这个社会的消费者由于全球化废掉了他们生活的提供者，也就是那些工人，而得不到丝毫的快乐。

当地产品和全球化

今天在许多国家，很难分清某个产品的产地。在法国，顾客走进像家乐福或者欧尚这样的大型超市购物，他或者她可以看到数百种产品产自亚洲、非洲或者南美洲，而且多数情况下他或者她并不知道甚至没有注意到这一点。在许多国家，只要该产品是消费者需要的；质量、价格和使用寿命合适，消费者并不是特别在意寻找本国的产品或者外国产品。即使曾经在欧洲非常流行的旧口号，例如“Achetex francais（购买法国货）!”也不再时兴，因为人们都知道所谓的当地产品比如家居用品、家具、汽车或者计算机，许多的组件都是在国外生产、从国外进来的。只要这些产品在价格和质量上达到要求，消费者就会继续购买这些产品。

因此，那些强调“买国产货”、“中国制造”或是“日本制造”的广告商们发现这种做法不再奏效。举例来说，美国、欧洲以及许多其他国家的消费者们发现他们买的品牌越来越多是产自其他国家的，但是只要这些商品在价格、质量上符合他们的要求，他们还是会继续购买这些商品。

但是这并不意味着融合了当地智慧和名声的当地产品就没有前途了。正好相反，当地产品的创造性由于受到全球化的威胁而得到激发。他们发明新的广告、销售和与当地消费者沟通的方式。并且，他们也努力模仿，积蓄力量把产品卖出国门，与国外的对手进行竞争。

很好的一个例子是法国的奢侈品品牌，这些品牌包括化妆品、香水、时装、皮制品、珠宝、手表甚或葡萄酒和烈酒，它们在法国卖得很好，但是也必须在国外市场寻找好的机会。（公司或者品牌像卡迪亚、圣罗兰、迪奥、Camus、香奈儿、路易·威登或者古琦等，都是全球性的而且不需规模很大就可以非常盈利。)

生活方式的侵略

如果现在即使在西方，世界全球化仍然会造成问题的话，那么全球化注定将在中国和印度这样的国家造成严重的灾难和问题。这些拥有数千年传统和历史的国家有着很强大的本土文化。这些文化和国家将坚决抵制任何对于他们通常做法的侵略。这种抵制将表现为某种程度上有组织的社会性的或者宏观层面的反对进口当地的商品和服务。但是，在微观层面，也就是在消费者个人层面上，不会有任何看得见的刻意避免尝试外国货的行为。

案例专栏 3

本地化的伙伴关系

如果两个公司在国内市场竞争，并不意味着他们在各个角落总是处于不断碰撞的状态。一旦他们走到海外，他们不仅可能合作，而且可能在营销上

（续）

通过共同的物流链甚或地区性的某个品牌的组合方式进行互补合作。

同样的以前相互竞争的来自不同国家的两个公司可能在第三个国家组成战略伙伴关系。

下面就是一个关于一个丹麦公司 Dandy A/S 和一家在法国经营的美国公司通用食品公司建立伙伴关系的例子：

Stimorol 和 Hollywood 的故事

一家丹麦口香糖公司，Dandy A/S 生产 Stimorol，在向法国出售产品的时候遇到了困难。Dandy 在生产口香糖 dragee 方面非常成功。法国 Hollywood 公司（美国通用食品/卡夫拥有）在生产同类产品方面要稍微差一点，但是与主要物流出口（大型超市）的关系更好一些。事实上，只有大型公司有能力把其产品注册为能够通过物流渠道在大型超市销售的商品。注册需要支付大笔的大型超市"入场费"。丹麦的 Dandy 和 Hollywood 最后成立了一个超越竞争的联盟（1）Dandy 被特许生产 Hollywood 的 dragee 产品，被允许通过 Dandy 的国际销售组织销售所有的 Hollywood 的产品。（2）Hollywood 被特许在法国营销 Dandy 的 Stimorol 品牌，以及生产 Dandy 的产品。

来源：哥本哈根商学院 S. Hollensen 著的《全球经济中的一个大欧洲》，1991 年。

跨国公司向国家和消费者的友好示意

对所在国表示友好的一个重要的办法就是由公司提供与产品或者服务相关的赞助活动。

英国公司 Body Shop 是卖健康保健系列产品的公司，通过以合适的价格向所在国购买公司所需原材料和赞助保护环境、反污染或者人道主义的协会建立了沟通的策略。

法国公司 Nature and Decouvertes 通过大约 45 个商店向享受自然和想要探索自然各个方面的人们出售产品。它与各种各样的致力于探索和保护自然的协会建立了联系和伙伴关系。

美国公司雅芳化妆品公司出售化妆品和香水以及其他一些女士用产品，正在赞助女子运动，主要是跑步项目。其主要目的在于强调雅芳关心那些购买其化妆品、护肤品和保健品的所有妇女的活力、进取心和保持良好体形的愿望。

美国安利公司出售一整套家居用品，正在每年赞助各种文化活动以刺激它的销售商。

案例专栏4

全球村片断

我们走在全球村里面，来到了印度巷。在第一个房子里面有很多活动，里面的家伙在生产标签。我们问他生意怎么样，他说在发生变化不过挺好。早先他生产的标签写着"从 Xanadu 进口"，需求量很大。显而易见消费者在寻找多样性！过了一段时间当从 Xanadu 的进口停止的时候，他接到生产写有"出口品质"的订单。到那时候他才知道通常的质量比外面的人要求的质量要差一些。现在当所有的东西似乎都是进口和重新包装的时候，他的主要订单是这样"由我们自己的劳动者组装"的标签。

我们沿着马路继续走，走进了时髦的美国街。有个家伙正在数他从刚打开的纸箱子里面拿出来的很多像章。他解释说他把这些像章供应给一个旨在促进地方制造的会议。这些像章看上去很好，上面写着"当美国人，买美国货"。我们对此印象深刻，问他谁向他供应的这些像章。这家伙回答道："你没看见像章后面印的小字吗？——中国制造"。

要　点

全球化一定会来，国内的生产商和消费者必须学会适应。商学院的精英们必须引导舆论，保证不要将许多的精力和努力浪费在抵制不可避免的事务上。在另一方面，商学院的精英们必须集中精力宣传全球化在提高全球整个生活水平方面的优势。下面几个问题必须提出来并且明确予以解答，从而更好地了解情况，找到努力的办法。

1. 国家可以只出口不进口吗？
2. 可以只是引进技术而不引进商品和服务吗？
3. 买进口货就不爱国吗？
4. 只是进口新的商品和服务却不进口与之一同而来的新的"生活方式"是可行的吗？
5. 国家的就业机会的创造独立于国家的商业和经济活动之外吗？
6. 在一个消费者大量超过工业工人数量的国家里，必须牺牲消费者来满足工人吗？
7. 日本或者法国似乎正在努力在商业上全球化而在文化上本地化，这样是不可能实现的吗？

案例研究三

Blair 水净化器——印度

由多米尼克·夏代尔节选自科罗拉多大学 James E. Nelson 教授的案例——已获得原作者许可。

“非常遗憾我不能留在 Diwali”，Rahul Chatterjee 想，“不管怎么说，至少可以回到 Kolkata 的家呆一小会儿。” Chatterjee 在 Blair 公司作国际市场联络员。他旅行的目的是去收集 Blair 公司进入印度家用水净化设施市场的可能性的背景数据。

Chatterjee 旅行主要是研究 Kolkata 和 Bangalore 的印度消费者，收集可能的竞争者的信息。这两个城市代表在地理位置、大小、语言和基础建设方面是相当不同的城市地区——但是它们的居民在水供应上都受到同样问题的困扰。

收集来的信息将被用来做进入市场的推荐理由和分析进入策略的要素。Blair 公司的管理人员将把 Chatterjee 的推荐和 Blair 公司的其他那两个集中精力于阿根廷、巴西和印度尼西亚的联络员的推荐相比较。

印度家用水过滤和净化市场

这个市场看上去明显是个成熟市场，有四到五家知名的印度厂家在竞争市场份额。但是另一种观点把这个市场描述成一个分裂的市场，因为没有一个厂家赢得了全国性的认可，而可能有 100 家小型的、地区性的厂家，每家只不过在印度 25 个邦中的一两个之间竞争。

Chatterjee 收集了 10 年期间的三种相似产品种类——吸尘器、缝纫机和彩色电视机的单位销售估计。再者，一家在德里的研究公司向他提供了 Aquaguard 的单位销售估计，这家公司是印度的几个邦里的最大的销售水净化器的公司。Chatterjee 把这些数据用两个预测模型计算，得出了表 III－1 列出的水净化器的估计和预测。“如果有什么该提到的，”

Chatterjee 向他的老板解释说，“我的预测是比较保守的，因为它们只预测了初次购买行为，而这 10 年的替代品销售并没有计算在内。”

表 III－1 1990～2005 年印度水净化器工业预测（单位：千个）

年 份	1990～1995 实际每年销售估计	预测 1996～2005		
		现实的情况	乐观的情况	悲观的情况
1990	60			
1991	90			
1992	150			
1993	200			
1994	220			
1995	240			
1996		250	250	250
1997		320	370	300
1998		430	540	400
1999		570	800	550
2000		800	1200	750
2001		1000	1500	850
2002		1300	1900	900
2003		1500	2100	750
2004		1600	2100	580
2005		1500	1900	420

在水质量糟糕的时期，许多消费者没有什么别的选择只能饮用他们找到的水。但是，受过良好教育的、更富裕的、更有健康意识的消费者采取行动保护家庭的健康，而且经常这种行动持续整年。Chatterjee 想，对这样家庭的数量的比较合适的估计应该有大约 4000 万户。Chatterjee 把这 4000 万户加上另外 400 万户有着同样的价值观和生活方式，但是还没有采取足够的措施来提高家里的水质量的家庭当作自己的目标市场。

家庭水净化的传统方法

目标市场中传统的水净化的方法依赖于烧开水。但是，把水烧开会破坏水的可口性。烧开水也花费多、麻烦，而且在去除不纯净的物质和不好闻的气味方面没有效果。目标市场大约 10% 的家庭还要把烧开的水通过“烛形过滤器”过滤后才保存起来。

家用水过滤和净化的机械方法

目标市场的大约 40% 的家庭只使用机械装置来提高家里的水的质量。这个群体的消费者里面有一半使用烛形过滤器，主要是因为价格便宜且易于使用。销售价格视材质和容量而定，从 350 印度卢比的小型塑料的到 1100 印度卢比的大型不锈钢的。

这个群体的消费者的 50% 使用“水净化器”，这种装置需要三个水净化的环节。第一步除去沉淀物，第二步除去异味和颜色，第三步除去有害病菌和病毒。所有的净化器在除去病菌和病毒方面都比烛形过滤器好。水净化器一般使用不锈钢容器，价格在 2000 印度卢比到 7000 印度卢比之间。

目标市场剩下的 10% 的家庭既没有过滤器也很少烧开水。这个群体的消费者中的很多人还没有意识到水的问题，而且觉得水的质量还是可以接受的。就算他们意识到了水的质量的问题，他们也不会花钱买他们认为昂贵的或者没什么效果的商品。总的来说，Chatterjee 相信这个群体的消费者中只有很小的一部分可能会被吸引改变习惯，成为客户。最有吸引力的部分是目标市场中 90% 烧水、烧水而且过滤、或者净化水的那些家庭。

按照 Chatterjee 的研究，产品性能中最重要的性能是除去沉淀物、病菌、病毒、容量、安全性，和“着陆点”空间。销售价格对于消费者来说也是一个非常重要的因素。下一个最重要的因素是容易安装和便于使用。形状和外观也还算重要。最不重要的是保修期和购买的财务支持。

如果 Blair 公司进入印度市场，可以从下列三种办法里选一个：（1）合作的方式；（2）合资的方式；（3）并购。在合作的项目中，Blair 公司将向印度公司供应关键净化器配件，印度公司进行生产和销售组装好的产品。在协议期内，Blair 公司按每件收取相应的特许费（期限一般是五年，到期可以选择再加三年）。合资的办法是 Blair 公司找一家有意向的印度公司作为合资伙伴，生产和销售水净化器。合资项目的利润将根据协议由两家分。合资协议通常会有双方在最少多长时间的合作之后，一方把在合资项目中所占的部分卖给另一方的条款。并购的方式是 Blair 公司收购一家现有的印度公司，然后把业务扩展到水净化器。并购后产生的利润归 Blair 公司。

在印度商标和专利受法律保护。商标可以保护 7 年，然后可以支付一定的费用延长保护期。专利的期限是 14 年。总的说来，Chatterjee 告诉他的老板说 Blair 公司在印度不会“产生比在美国更多的保护知识产权的问题，只要我们不和法院打交道。”

整个来看，在 1996 年印度颁布的关于投资和贸易的规定，使得做生意变得比以前要容易得多了。来自欧盟、日本、韩国和美国的数百家公司进入印度国家经济中的各个部分。在家用电器市场，Chatterjee 发现 11 家这样的公司——开利（Carrier）、伊莱克斯、General Electric、Goldstar、Matsushita、Singer、三星、三洋、夏普、东芝和惠而浦。这些公司中的许多都还没有大量盈利，但是都看到了未来几年内的正在发展的巨大的市场。

Blair 公司

Blair 公司成立于 1975 年。1980 年 Blair 公司开始出口脱盐器和相关产品。产品首先卖给墨西哥和伯利兹的度假胜地，后来卖给德国的瓶装水厂。随着出口业务的迅速发展，1985 年 Blair 公司发现必须成立国际部。国际部的销售增长仍然很快，1996 年几乎达到 1.4 亿美元。大约 7000 万美元来自拉丁美洲国家，3000 万美元来自欧洲（包括装船运往非洲的部分），4000 万美元来自南亚和澳大利亚。国际部在法兰克福、东京和新加坡有销售办公室、小型集散地和物流装置。

法兰克福办公室在 1990 年推动开发和销售了 Blair 公司的第一个完全针对消费者家庭的产品——家用水过滤器。

Blair 公司的高管们饶有兴趣地看到水过滤器和水净化器的成功。纯净水的市场非常巨大、利润很高、对有社会责任感的公司也非常有吸引力。但是，水过滤器过滤的水的质量通常还不够理想。所以，1994 年末，管理层指导开发了水净化器，加入生产线。工程师们最后设计出来的产品被命名为“Delight（高兴）”。从那时起，Chatterjee 和其他市场分析员就接受了这个名字，不知道进入印度市场是否会侵犯另一个已经存在的品牌。

Delight 净化器

Delight 净化器使用了一系列的技术来排除沉淀物、有机和无机化合物、微生物或者芽孢和异味。只要水中的不洁物还不在“合适的”

浓度，那些技术就仍会产生作用。Blair 公司的工程师们把“合适的”转换成世界卫生组织关于饮用水的水平。“但是”，Chatterjee 想到，“我们在进入印度市场前还要进行好好的测试。失败的风险实在太大了，不能忽视。而且，除了这个，我们测试的结果也可以用来说服消费者来购买我们的产品。”

Chatterjee 和其他市场分析员仍然面临如何把技术化为实实在在的产品的问题。例如，“着重进入”的设计使产品在水一接进家来，就对水进行处理，然后才让水流出去。反过来，“着重使用”的设计却是把产品放在厨房的操作台、墙上或是水龙头末端等需要使用的地方，只有当水流经那个地方的时候才发生作用。根据成本估计、竞争产品的设计和对印度消费者的理解，Chatterjee 建议工程师针对印度市场只做“着重使用”的设计。

其他的技术细节也需要解决。例如，Chatterjee 必须向工程师提供关于过滤器流量、容量大小、整个尺寸，加上大量的具体的小特点等等的建议。这样的特点包括是否可以放一节小电池，以备万一停电（印度经常发生的事）时可以继续使用几个小时。另一个小特点可能是装上一个或者两个“铃铛或者哨子”，来告诉厨师、女仆和家庭成员这个东西还在很好地工作着。而另一个可能是“可添加”的特点，允许使用者往水里添加氟化物、维生素或者是调味剂。

Chatterjee 了解到印度市场会逐渐需求大量的型号。为了实现这个目的，他要求画图师画出两种设计让他在最后一次调查中向印度消费者调查。

竞争者

在印度市场有超过 100 家公司竞争家用水过滤器和水净化器。Chatterjee 和印度研究机构列出了三个主要竞争对手的特征和其他几个对手的简要特征。

Eureka Forbes

水净化市场上最有名的竞争者是 Eureka Forbes，一家成立于 1982 年的合资公司，由伊莱克斯（瑞典）和 Forbes Cambell（印度）建立。其使用的水净化器的品牌是“Aquaguard”，这个牌子太有名了，以至于有消费者误把它当成所有水净化器的名字了。Aquagrard 显而易见地成为了市场领导者，接近于成为印度的国家级品牌。但是 Eureka Forbes

最近引进了第二个品牌的水净化器“PureSip”。PureSip 型号几乎和 Aquaguard 型号完全一样，只是在杀菌和病毒时使用的成分略有不同而已。这个不同使得 PureSip 型号的水净化器可以把水储存起来备用。还有一个不同的地方是，有些 PureSip 型号的水净化器不需要用电。

但是，这两个产品之间最大的不同是销售的方式。Aquaguard 专门由 2500 个销售人员直接给居民打电话。与之相反，PureSip 有独立的小家电销售商来销售。1996 年 Aquaguard 和 PureSip 的零售价大约分别为 5500 印度卢比和 2000 印度卢比。Chatterjee 相信 PureSip 的销量比 Aquaguard 要小得多，但是会增长很快。

Aquaguard 水净化器通常会装在墙上，需要一个小管子把水引进净化器入口。两米长的电线连接到 230 伏特的交流电插座上——印度标准 230 伏特。如果电压降到 190 伏或者以下，净化器将停止工作。这个产品其他一些不方便的地方还有，它里面有少量的活性炭，只能用来去除微弱的有机体的气味，但不能去除强烈的气味或者无机溶解物像硝酸盐和铁化合物。它的设计不允许把处理过的水储存起来。这个装置还需要有一点儿压力才能工作，而且其每分钟一升水的流速对于部分消费者来说太慢了。

Aquaguard 的促销策略强调人对人的销售。每个销售人员都被指定到一个具体的社区，由一个销售小组长指挥。电视报道和杂志报纸的广告给人对人的销售提供支持。Chatterjee 估计 Eureka Forbes1996 年在其销售活动中将花掉 1.2 亿印度卢比或者销售收入的 11%。他估计 1 亿到 1.2 亿印度卢比将被花在销售佣金上。Chatterjee 估计这家公司该年的广告支出也在 100 万印度卢比左右。

Eureka Forbes 是一个可怕的对手。它的销售队伍庞大，高度激励，而且管理良好。而且，Aquaguard 是最早进入水净化器市场的第一个产品，这个名字具有极大的品牌价值。产品本身可能是其策略组成中最为薄弱的部分——但是将很难使消费者相信这一点。还有一点，其销售队伍构成了极强的竞争优势，代表了巨大的固定成本，而且基本上销售力量集中在大城市地区。印度人口的 80% 住在农村地区，那里的水质量更加差。

Ion Exchange

Ion Exchange 是印度的超级水处理公司。专攻水处理、处置过的液体和工业市场中的废水。它的家用水净化器的品牌名字是 Zero-B（零细菌)。

Zero-B 净化器使用了卤化树脂技术作为三步净化程序的一部分。第一步是通过过滤纱布除去悬浮的不洁物。第二步是使用活性炭除去不好的气味和味道。第三步是使用碘来杀菌。最后的这个特色非常有吸引力，因为可以帮助防止碘缺乏病，而且净化后的水可以存放八小时而不必担心变制。

最简单的家用净化器叫做"Puristore"。Puristore 装置放在厨房里水池边的台子上，不需要电源，也不需要把它挂起来。这个装置可以存 20 升的净化水。零售价是 2000 印度卢比。每年使用者需要花 200 印度卢比更换卤化树脂。

Chatterjee 估计 Zero-B 占据了印度水净化器市场的 7%。这么小的市场份额的最大的原因可能是消费者对于这个品牌还不了解。Zero-B 净化器上市不到三年。没有大量的做广告，也没有像 Aquaguard 那样集中那么多的销售人力。总的来说，Chatterjee 认为 Ion Exchange 可能还是市场上一个主要竞争对手。

Singer

最新进入印度水净化器市场的是 Singer 印度有限公司。最早，Singer 印度公司是 Singer 公司的一个分支。位于美国的 Singer 现在拥有自己的水净化器"Aquarius"。这个产品在 Kolkata 还没有销售，不过在 Mumbai 和 Delhi 都有了。

德里的一家研究机构可以收集到 Singer 净化器的一些信息。这个产品分九个步骤，而零售价为 4000 印度卢比。它去除沉淀物、重金属、不好的味道、气味和颜色。它也杀细菌和病毒、真菌和线虫。净化器需要水压（最少 8 - PSI）来运行，但是不需要电。外形是可以放在台子上的，可以拿来拿去。这个装置的寿命是 40000 升水，每分钟 3.8 升——典型的印度家庭大约可以用四到六年。如果水流的速度放慢一些，产品的寿命可以延长到 70000 升。但是，达到 70000 升以后，产品必须抛弃掉。这家研究机构还报告说，该公司进行了强烈的广告宣传，伴随着在德里的推介活动——强调电视和报纸的广告，加上户外的和转载的广告作为支持。德里的 Singer 的十个展室都清楚地展示了产品的运行情况。

Chatterjee 知道 Singer 在印度是一个知名的品牌，而且，Singer 的物流渠道比市场上的其他任何竞争者都要好，包括 Eureka Forbes 的。

Singer 的三大物流销售渠道中最显著的是公司拥有的 210 个位于主要商业区的展室。像 Eureka Forbes 一样，销售队伍主要存在于大的城区市场。

其他竞争者

Chatterjee 还意识到了印度市场上其他的净化器厂商，像 S&S Madras 的 Delta 品牌，Alfa，Spectrum，Batliboi 等等。这些公司加上 Zero-B 和 Aquarius 在 1996 年可能卖出 6 万台，剩下的 19 万台将是 Aquaguards 和 PureSips 的。

最少有 100 家公司在印度生产和销售烛形过滤器。几个仅销售烛形过滤器的厂商占据着这个国家农村市场的 5% 以上。

最后，Chatterjee 知道 1996 年印度销售的几乎所有的净化器都是在大城市地区进行的。现有的生产商只是占有了印度全部人口的 10% ~ 15%。如果有一个合适的产品卖给城市之外的地区的话，可能会出现销售高潮。

推　荐

Chatterjee 决定 Blair 公司进入印度市场必须取决于三个“如果”。

首先，进入市场应该从大城市开始，最好是西海岸。第二，进入市场的产品应该在印度生产，只有几个关键部件在开始阶段从国外进口。第三，Blair 公司应该找到印度合作伙伴。

实地测试和产品推荐

Chatterjee 首先面对的是是否应该建议进行一个实地测试。这个测试要花 25000 美元，在印度三个城市的家庭放上 20 个装置，监测这些装置的性能三到六个月。

市场进入最根本的是产品设计。Chatterjee 觉得一种标准模式是最好的。最普通的模式是放在台子上的类型，应该可以存两升净化过的水。两种特殊的模式是可以除去铁、钙或者其他金属污染物的，专门针对某些特殊地区。

关于市场进入和市场营销计划的推荐给出了两个选择

关于市场进入和市场营销计划的推荐根据两种情况给出了两个选择。

如果进入市场是以发给特许证合作的方式的话，Blair 公司的财务投资会是最少的。

如果进入市场是以合资或者并购的方式的话，财务投资和每年的固定成本将大得多，并且很大程度上依赖于运营的规模。

Chatterjee 相信相当大的广告和促销费用来传播 Delight 是必须的。

即使不采用在商店零售的方式，而使用人员直接销售的话，Chatterjee 认为销售的价格也不能变，因为销售佣金是必须付的，加上用于维护的和管理销售队伍的必需的固定成本。

"如果我们要销售 Delight 的话，就必须快一点行动了。" Chatterjee 想。

要 点

1. Chatterjee 应该推荐进行一个实地测试，从而"丢掉" 25000 美元和 6 个月的时间吗？从另一个方面来说，他能够预测消费者的接受程度吗？
2. 什么样的消费者教育会帮助"Blair"？
3. 从消费者的角度今天什么需求还没有得到实现？
4. 在这个案例中如果产于印度，对于"Delight"来说，什么样的投放前广告策略和投放后的广告策略应该被采用？
5. 列出水净化器的买方——消费者的特点。详细阐述这个消费者的价值。

案例研究四

Oriflame

这是一个真实的案例，由多米尼克·夏代尔在研究了瑞典公司 Oriflame 的运营情况的基础之上提炼出来的。该公司长期坚持在化妆品的直销中对消费者行为给予重视。

Oriflame 和化妆品领域

Oriflame 是一家建立于 1967 年的瑞典公司，在爱尔兰和波兰建有自己的厂子生产天然的化妆品。

Oriflame 关于直销的独特的市场理念，使其在北欧市场以外同样取得快速的市场增长。该公司现在在欧洲、远东、澳洲和美洲的 42 个国家都有代表处。

全球的化妆品市场是成熟的，从 2000 年开始每年以 3% 的平缓的增长率在发展。欧洲占整个销售额的 37%，是化妆品的主要市场。该区域的增长率同世界其他任何地区相比都是最强的，尤其是加入了东欧的话。相反，美国市场呈饱和状态，发展缓慢。

研究表明，全球 10% 到 15% 的化妆品销售是通过直销的方式实现的。各个国家的百分比数据是瑞典（20%）、英国（15%）、芬兰（13%）、法国（7%）、丹麦（11%）、东欧（11%）、西班牙（7%）、荷兰（6%）、挪威（4%）、其他国家（6%）。

背景情况

世界直销联合会表示，全世界 600 亿美元的产业采用直销方式，每年有数百万人在从事这个行业。大多数从事直销的人不仅仅因为他们喜欢那些产品或者想要提高收入，而且也因为他们可以从事一项独立的活动。直销在全世界发展，许多人同时既作着消费者又作着销售人员。

今天，大多数成功的直销公司如雅芳、安利、玫琳凯或者 Oriflame（所有这些都在印度也有经营），使用一种叫做传销的销售系统。《华尔街日报》中的一篇文章是这样描述传销的："传销是这样的一个销售系统，它完全抛弃了店面。传销出售所有种类的产品，从钢笔或者牙膏到计算机、汽车、甚至房子。这些产品通常比在店面购买便宜 15% ~ 50%。"这些法则在各个地方都几乎一样。获得授权的销售商把产品直接送到客户的家里去。一般的第一群顾客是自己的家庭和朋友们。作为被授权的销售商可以得到特殊的价格，一般是比最终的销售价格便宜 30%。销售商要么自己把这些产品卖了获得一些差价，要么在自己的网络下面再招募新的成员来做新的获得授权的销售商。安利公司从传销网络的规模来说现在也许是最大的。他们把这些网络的关系叫做上线和下线，并且发展成了完整复杂的体系。新招募进来的成员买产品的时候，上线可以根据其购买的金额按照规定的比例提取佣金。整个市场都因为批发和零售价格的差异而受到激励。因为这些差异是非常大的，足以刺激整个链条。对于公司来说，仍然运行良好，因为不再有中间商店来拿走那些差异利润。简而言之，通常被传统批发商和零售商链条拿走的那部分数量巨大的金额得以保留，并且提供给了传销网络。

Oriflame 的网络

Oriflame 在整个销售的过程中扮演的角色是产品包装、财务事务、数据处理、仓储、运输和营销。他们也必须组织培训项目，提供产品目录和促销材料来支持个体销售商。

Oriflame 在全世界有数以千计的销售商，每人都使用 Oriflame 的产品。这些销售商通常都有其他工作；因此，他们与 Oriflame 的关系有时候只像是在从事一项爱好。从过去的情况来看，销售商们的收入严格地按照佣金支付，而他们的基本销售工具是 Oriflame 提供的富有吸引力的销售小册子。每年数百万用 17 种语言印刷的册子被各地使用。

Oriflame 的方法是把包含范围广泛的高质量的化妆品通过人对人的方式出售给消费者，后面是一个独特的网络营销计划在给予支持。销售商每两到四周拿到新的产品册子，然后把产品卖给朋友们、亲戚们和同事们，这些人构成他们主要的客户基础。销售商们根据销售情况向公司下订单，然后从 Oriflame 收到成批的货物，然后把相关的产品送到各个顾客手中。

在世界上不同的国家的几年实践之后，对于其结果远远超出以前的预期，公司毫无怨言。公司发现可能天空才是受到的限制，而甚至天空都可以被控制。在新千年的开始，在 2001 年，这家公司想要强调如下的要点：

要　点

1. 对于同样是第一个顾客的销售商，这家公司应该怎样进一步提高自己的服务？加快产品流通速度通常也意味着需要多花成本，应该向销售商让利多少合适？
2. 这家公司应该进行广告战的投资吗？对于一家直销公司来说，保持关注度的广告有多重要？当媒体的价格增长到需要削减销售商的收入的时候，还值得继续吗？
3. 这家公司应该扩大其产品范围到非化妆品产品来提高销售额吗？如果那样，需要采取新的销售方式吗？
4. 针对不同的国家，这家公司应该采取本土化管理，还是采用派出管理者的方式呢？建立一个采用新颖的、更加深入的销售方式的公司，需要什么样的管理方式？

案例研究五

是什么让 Titan 手表嘀嗒嘀嗒

本篇源自 Titan，一个占领了消费者的手腕，进而赢得了他们的心的手表的真实故事。本篇不是提供一个案例等待学生的解决办法，也不是提供任何困境的问题。这是一个罕见的营销成功的案例，老师和学生应认真分析了解成功的原因，以及消费者决定购买 Titan 的因素。

手表并不仅仅是显示时间的工具，对于使用者来说，是管理时间和计划当天活动的工具。和任何其他的东西比起来，手表更是个人物品，也是长期的伙伴。随着不断增长的消费者数量，手表正在成为宣示个性或者表现时尚的方式。比起其他任何东西，消费者已经更加依赖这个独特的物品。因此毫无疑问全世界的消费者都愿意选用与其个性相关的手表。消费者也不愿意带上自己不喜欢的手表。由于人类行为的多样性，每次手表的购买行为都是消费者行为的一种演练。消费者们总是在寻找具有“带起来很好”的特征，同时又有基本的“计时很准”的质量的手表。

生活水平的不断提高连同现代社会对于时间的压力的不断增强，正在使精确计时的手表成为必需品和基本生活物品。与此同时，对于那些获得更高的社会地位和社会等级的人来说，拥有多个手表是普遍的现象，而拥有最新款式的名贵手表是地位的一个标志。处于这样比较高社会地位的人们同时拥有两块或者三块表是非常普遍的。而且，这样的消费者一生中可能会买十多块表。

手表也已经成为很好的礼品选择。在这种情况下送礼者和收礼者都认为送手表传递的是一个珍贵的信息，而手表的品牌本身就是信息的重要组成部分。

带着这样的背景，让我们去看一下印度的情况，那里既是一个典型的正在形成的消费者市场，也是一个发展中的国家的市场。

国有企业 Hindustan Machine Tools Ltd.（简称 HMT LTD.）和另一家国有企业 Allwyn Ltd. 曾经形成最好的合作，HMT 做日本西铁城的代理，而 Allwyn 做日本的精工的代理。两家都在 80 年代以前的 20 多年取得了很好的收获。而在 80 年代，这两家公司都让位于新生的光芒四射且勇敢的明星 Titan。虽然 Titan 也和一家法国公司进行了很有效率的合作，而且与 Tata 家族也有联系，但是 Titan 自己建立了一个品牌。

在表述这段历史的时候，当了很多年 Titan 执行董事的 Xerexes Desai 使用了非常谦虚的语言表示，运气帮了 Titan 很大的忙。但是，经营手表市场的营销人员认为勤奋、精明的品牌管理、把出色的配送放在首要位置是 Titan 取得令人注目成就的原因。

学习管理的学生都想知道这个成功背后的秘密。下面这篇节选自《印度时报》2000 年 12 月 13 日刊登的“Titan 的冲突”的文章可以给出最好的答案。

2000 年 12 月 13 日，班加罗尔

仅 10 年前，HMT 还是国内无可争议的手表主要销售商。今天，这个荣誉属于 Titan。Titan 成功地让手表成为时尚的标志，在晚一些时候进入低端产品 Sonata 时，仍然取得了令人瞩目的成就。即使世界级的大企业像斯沃琪、西铁城和精工到目前为止都不能对 Titan 的市场份额产生多大的影响。Titan 的副主席兼执行董事 Xerxes Desai 告诉 Deepanjali Bhas 和 Sujit John 究竟是什么让 Titan 手表嘀嗒嘀嗒。

为什么国外手表公司没有能够在印度建立生产机构?

按照规则，如果称自己为瑞士手表，每块手表中 50% 的运动部件必须在瑞士生产，而且手表还必须在瑞士组装。能够在印度建立生产机构的惟一一家外国公司就是斯沃琪集团。关于这个已经谈到过了。

说到日本人，他们在统一行动方面非常不成功。西铁城现在正在印度进行第三次尝试，但他们的形势仍然不理想。西铁城和精工在世界范围内已经远远落后了。他们在欧洲和美国已经严重丢失了市场份额。他们缺乏人力资源。他们在他们最根本的市场上都存在困难。所以当他们想在像我们这样的市场夺取市场份额，是不会成功的。我们已经从他们手里夺取了其在中东和欧洲的市场份额。

你怎么看待中国的挑战?

中国人没有品牌，但是他们把手表卖得不可思议的便宜。在全世界

我们都有人从中国购买手表然后贴上自己的标签。他们通过严重剥削劳动力，享受政府的保护和低利率贷款的财政支持，中国人制造手表的成本非常低廉。

而且中国的生产能力极度过剩。每个生产商极力在价格上打败其他人。事实上，他们现在的状况全部非常糟糕。但是现在中国人对全世界都是个威胁。世界上充斥了来自中国的便宜的产品。但是这是不能持久的，尤其是因为中国人还没有建立任何的品牌。

在低端产品市场我们还有 Sonata，现在做得非常出色。现在在销量上已经超过了 Titan。我们在低端市场同样装备完善。

您认为在未来的一段时间内 Titan 不会面临任何严重的挑战吗？

有些挑战会来自中端市场——尤其是时尚品牌。那些厂商从中国购买产品，然后贴上自己的商标。像 Esprit 就是这样。这个市场的其他品牌还有 Guess 和 Fossil。但是这些品牌在美国和欧洲建立时付出了沉重的代价。这样的代价对于印度来说太高了。当然他们也不可能在这里以低价出售产品。我不知道他们遭到多大程度上的挑战。我们会向他们挑战，就像我们正在向所有的品牌和营销方式挑战一样。我们立体的产品线对他们也是个障碍。

您仅仅是简单的运气好吗？10 年前，手表几乎都是 HMT 的。

是的，运气在 Titan 的成功中扮演了一个非常重要的角色。HMT 忽视了低端市场，便宜了我们。

不考虑市场开放，在手表行业 Titan 已经牢牢掌握了巨大的市场份额吗？

自从三年前对于手表的数量限制被取消后，我们采取了相当数量的针对零售的广告和出国展示的活动，但是我们的竞争对手却没有采取什么实际的销售活动。国内的竞争对手中，Allwyn 已经完了，HMT 和 Timex 仅仅在维持生计，Maxima 出现了而且正在壮大。

说到新的加入者，我认为对它们来说存在着可怕的进入壁垒。外国品牌没有成功的原因就在于这些壁垒：我们牢牢的掌握着配送系统，以及外国手表昂贵的价格。例如，瑞士的品牌中，有 patrician、plebian、king 和 commoner。但是它们都非常贵。king 超出了所有人的承受能力。commoner 则根本不值那个价钱。

但是外国手表所附带的那些价值呢？

是的，有附带价值。但是如果人们只是 10 年或者 20 年，或者一生只买一次这样的手表，那样的产品就几乎没有什么二次购买。而且如果这样产品的价格低于40000印度卢比，那么它仍然毫无意义。根据统计，印度人不喜欢花大笔的钱来买手表。愿意花费10000印度卢比以上的钱来买手表的人，我认为这个比例是非常低的。

虽然如此，这些瑞士手表会为我们在高端市场开辟一个市场领域。很长时间以来没有买过6000到7000印度卢比的手表的人们现在看到的是标价100000到200000印度卢比的手表。我们认为这会造成消费者希望拥有更贵的手表。因此这就为我们创造了一个高端市场的机会。我们现在正在等待这个机会自己出现，而它也确实正在出现。我们计划在这个市场领域介绍一个新的品牌，一个将比Titan具有更大吸引力的华贵的品牌。

你们在海外也进行了大笔的投资，情况怎么样？

我们从中东开始投资，在那里以强劲姿态出现。我们在阿联酋和也门属于最高的三或者四个品牌之列。我们的销量上在也门排第一。我们在东南亚做得还可以，现在需要给与更多关注。这些市场被所有其他人忽略了。孟加拉国、斯里兰卡和缅甸的市场则连日本人也忽略了。

我们在欧洲做得也还可以。我们的第一笔巨额投资是为了了解市场，以及建立配送系统。我们希望今年能够盈亏持平。但是需要实现重要目标是：要从印度不停地花钱到欧洲做广告。从现在起三年内，在欧洲产生的销售额应该可以覆盖广告花费，而且应该开始产生利润。我们现在集中于几个国家——葡萄牙、西班牙、法国和英国。如果你必须成为一个世界级的企业，你必须在欧洲成功。欧洲是一个要求很高的市场。

您考虑过拥有品牌大使吗？就像瑞士品牌那样？

名人效应确实有用。欧米伽有15个品牌大使，但是这样花费太高了。我们考虑过这种可能性，但是现在，不。我们以后也许针对一个真正豪华品牌使用这个办法。

要　点

1. Titan提到了印度消费者行为的哪些方面？
2. 为什么在现在这个时段，Titan对于名人效应并不十分积极。
3. 如果日本的西铁城和瑞士的斯沃琪想要进入印度市场，相对于Titan，消费者对他们的品牌会有什么感觉？
4. 男性消费者和女性消费者都使用手表，但是需要的感觉却不一样。请加以讨论。
5. Titan可以将手表的形象提高为珠宝或者投资一样吗？

案例研究六

BigboXX. com——香港

这个真实的案例由多米尼克·夏代尔和 M. S. 拉祖在进行了网上研究和参考了 2000 年的 McKinsey Quarterly 2 上刊登的对 BigboXX. com 的 COO Stephen Winterhalder 的采访记录的基础之上写成的。

在现在这个数字营销的时代，不仅仅能够生存，而且能够繁荣的公司都是在市场营销方面非常敏锐的，能够从以砖头水泥建造的办公室商业营销模式顺利的转到电子商务营销模式上来的。我们现在举一个例子，这家零售商从事的仍是其传统意义上的领域，就是顺利地进行了上述转变，取得了令人瞩目的成功。

BigboXX. com 是一家 2000 年 4 月成立于香港的从事办公室用品的公司，是亚洲一家大的联合体 Hutchison Whampoa 的一部分。

这家公司向企业单位供应纸张、计算机易耗品和文具。它提供一些基本的家具和计算机硬件，拥有大约 5000 种产品，其中 4500 种可以在次日提货。另外 500 种产品被称为流通产品，像家具或者计算机硬件，因为公司不存货，大约需要 10 天来供货。公司运营着一个 50000 立方英尺的属于 Hutchison 的租给 BigboXX. com 的仓库。

办公室用品市场

办公室用品市场，包括线上和线下销售，大约有 50 亿港币。这个市场群雄割据，五家最大的公司仅仅占有 25% 的市场份额。这仍然是一个非常传统的市场，75% 的交易通过批发商来进行。

BigboXX. com 有穿着讲究的礼貌的像快递员那样的服务代理人到客户的办公室送货。在香港，典型的办公室用品公司集中业务于供应纸张，或者计算机易耗品，或者文具，而 BigboXX. com 这三个都作。

客户划分

BigboXX. com 根据雇员人数把所有现有和潜在的客户进行分类。超大客户是那些有 500 人以上的公司，大客户，100 到 500 人；中客户，50 到 100；小客户，50 人以下。最好的客户是大客户和中客户因为这些客户的单位订单足够大到可以支付实施成本，而总的年消费额也非常大。超大客户实际上要求非常高，然而 BigboXX. com 需要它们完成更多的营业额，又可以作为宣传使用。BigboXX. com 意识到当他们按照客户关系管理（CRM）系统运行并且运行良好时，就可以开始进行行业细化目标分类。公司也可以针对像银行这样的特点鲜明的行业提供产品系列，不过眼下还没有这么做。

BigboXX. com 超过 30% 的销售订单通过线上完成。其中 20% 的订单通过客户直接在线上完成，即直接键入 www. BigboXX. com 进入公司网站，根据价格目录直接线上下订单。而另外 10% 的订单，公司必须派人去和客户面对面的洽谈价格，然后进行线上交易。

事实上，BigboXX. com 像传统商业一样运营。如果到 BigboXX. com 公司的总部办公室，你会觉得这不是一家电子商务公司。公司有一个客户运营经理，四个销售行政人员和五个数据输入员工。这些人像传统的方式一样接待你和处理订单。此外还有另外一个团队的人员进行的是劝说客户通过互联网下订单。

公司有一个称为 BigboXX 的实验室。公司从希望将其变成客户的公司请来三四个人，给他们一个简短的展示，为他们建立起系统——告诉他们“从现在起您就是我们特殊的客户，这些是您的密码，通过它您可以在任何时候下订单。”然后那些人离开，而且十分喜欢这种方式。当他们回到自己的办公室时，他们只要键入自己的密码，然后按回车，就可以下订单了。人们愿意这样做；只要你鼓励他们。

Stephen Winterhalder，BigboXX. com 的首席行政官解释说：“在网络上，我们提供实时存货检查和订单报告。你可以进入我们的网站，看到上周、上个月、去年你定了多少支钢笔，还有谁下的这些订单。通过更广泛的客户经验，我们已经使用了一些复杂的 CRM 技术来提高客户保有率以及提供更相关的服务。”

“BigboXX 这个名字是来源于这样一个事实，那就是我们知道品牌通常是重要的，尤其是在这种市场之中。因此我们同广告代理商一起进行了一个范围覆盖非常广泛的品牌发展项目。在我们认为是核心价值和公司特性的基础上，我们有两个方向可以选择。一个是找一个比较抽象的名字，很多网站都是这么做的，或者试图以更加直接的方式传递一些价值观。BigboXX. com 这个名字在香港多语种的空间里干得不错，而且，按照我们的调查研究，这个名字在整个亚洲都会不错。它简单，容易记忆，可以部分解释我们的业务，而且因为有两个 X 显得很有趣。"

"我们正在从经验中学习。市场研究告诉我们三个关键因素：精确的送货、及时的送货和良好的客户服务。价格事实上已经没有那么重要了。现在我们实际上保证 5000 种产品的存货可以次日供货，运营起来是非常难的。但是我们做到了 95% 的次日送货。

而且，Hutchison 这个品牌也帮了不少。帮助我们在同供货商打交道时获得支持。他们都相信我们的业务会做大，所以我们就不需要做很多工作来证明自己的实力。在我们外出到客户那儿去推销 BigboXX 时，Hutchison 的品牌也有帮助。当他们看到这个品牌时，就相信一定会有所回报。

Hutchison 这个品牌带来的一点儿不利的后果就是期待值非常高。如果我们只是使用 Hutchison 到处去推销，然后第二天却不按照约定供货的话，问题就大了。这一点事实上帮助我们集中精力于客户所需要的。"

经过两年的运营，Stephen Winterhalder 必须为将来做出计划，问自己什么是发展 BigboXX 所需要的新产品或者新市场。

这是已经做得很好的公司面临的典型形势，想要通过为机会和计划做好准备确保未来的发展。这也是一个公司如何在已经存在的传统的工作模式下顺利的引入逐渐发展的电子商务的案例。最重要的是运用系统来帮助发展。

要　点

1. 作为 Hutchison 公司的一员，对于 BigboXX 是个资源吗？在将来会慢慢的变成一个缺陷吗？为什么？
2. BigboXX 应该努力把其 B2B 业务扩展到 B2C 吗？会有什么风险？
3. 一个公司可以用同样的方式服务大型和小型的公司吗？
4. BigboXX 应该怎么样衡量绩效（线上、线下）？
5. 有可能把传统的配送渠道和互联网结合起来吗？

6. BigboXX 可以开展什么新的业务？
7. 从你公司的业务领域找出两个业务，可以按照案例中的例子，把它们转变成电子商务公司。判断你的选择。
8. 上网搜索 BigboXX. com。选择商品并且进行购买询价。作出该网站的客户友善度报告。

案例研究七

“请让我使用您的名字！”

案例由 Mohan Lal Agrawal 提供，摘自他为新德里的 SMS，IGNOU 准备的文章，用来描述名人代言所带来的困境。

K. Fernandes 先生——最近加入印度伟大季节（GSI）有限公司，是一家营业额在 25 亿印度卢比的跨国食品生产商的印度分公司的营销总监。公司给他的第一个主要任务就是对于公司几个知名的领导品牌进行新的营销推动，这些品牌的市场份额面对不断增长的竞争都在持续下滑。作为第一步，他决定集中精力于两个主要的品牌。Energy 速溶奶粉用于家庭，而 Delight 是番茄酱的品牌，年营业额分别达到 3 亿印度卢比和 4. 5 亿印度卢比。他们所占有的市场份额分别是 1987 ~ 1988 年度的 47% 和 28%，而在 1983 ~ 1984 年度仍然占有 63% 和 41%。尽管市场份额在下滑，这些品牌仍然保持有比其他竞争品牌高得多的消费者的喜爱度和忠诚度。

关于选择更好的促销主题，Fernandes 先生和公司媒体代理商一起开了个会。会议产生了几个在召回消费者和提高消费者喜爱度方面如何提高品牌的新办法。其中一个建议是找到共同的兴趣和爱好，使用相关的名人代言。代理商给 Fernandes 先生一篇关于在印度名人代言的背景资料和一个部分品牌使用的名人清单（分别在附录 A 和附录 B）。

背景资料看上去像是一篇杂志文章而且一通到底没有小标题。不过，Fernandes 先生喜欢这种随意的方式和代理商研究的深度。背景资料如下：

附录 A　关于名人代言的现实状况的报告

记得这张脸，记得这个产品。Gavaskar、Pataudi、Imran、Sridevi、

Vinod Khanna……这些脸你可以在任何地方任何人群中看到并记得。他们起到的是名人的效应，这些男人和女人俘获了千百万人的心使他们沉湎其中，让他们充满了美好的梦想。

当他们代言产品或者为产品做模特时也能起到同样的作用吗？名人们出售产品可以像出售梦想一样好吗？消费者会梦想像他们的偶像头一天晚上在电视上推销的鞋擦子吗？

也许是，也许不是，但是大量的广告商和广告代理机构似乎这样认为，看现在到处都是狂轰滥炸的面对消费者的名人广告就知道了。

在黄金时间在电视前花上两个小时，就可以看到大量的板球明星和电影明星在小小的屏幕上推销范围广泛的产品，如须后霜、电视机、咖啡、轮胎、印度小吃、衣服、软饮料、鞋擦子甚至养老金计划。非常常见的是，同一个名人可能同时在推销不止一个产品。

对于名人的使用当然不仅仅局限于印度。拿起任何一份外国杂志就可以发现著名的面孔在代言着几乎每一种可能的产品。

名人做广告也不是什么新鲜事。例如，力士，就已经使用电影明星做广告几乎用了半个世纪。Ashish Mitra、Hindustan Thompson 协会（HTA）的高级副教授把名人做广告叫做“历史战役”。

尽管如此，在早些年，名人广告在通常情况下局限于电影世界。只有很偶然的情况下使用过像板球运动员 Faroukh Engineer（为 Brylcream 做广告）。感谢媒体创造名人的冲动，现在广告商有来自各个领域的一大群的明星可供挑选。

随着大多数板球和运动项目的电视直播，现在运动员们也成了家喻户晓的人物。电视肥皂剧也促生了一大批新的小明星，每周都进入遍布国家数以百万的家庭中。它们有时候唤起人们强烈的感情，甚至可以成为人们生活的一部分。

每个国家都有某种标志来统一人民。每个国家都有自己的英雄。大众崇拜他们，甚至为他们而死。

严格的说，Lintas India 营销服务和媒体总监 Pradeep Kakkar 说，名人可以被用来完成下列三个广告的基本目标：

- 传递信息，引起注意；
- 制造喜爱度；
- 激发行动。

Kakkar 说，在商业领域，广告战是为了产生行动，而在一个更广的意义上，它们寻找办法改变人们思考或者感觉的方式。

但是，关于消费者对于广告具体如何进行反应，广告人没有统一的意见。许多人认为消费者不会简单遵循直线的意识——喜爱——行动这样的路线。按照他们的说法，在做出决策的过程中有其他一些微妙的元素在起作用——比如，兴趣和愿望。一点儿不奇怪，不同的广告代理商遵循不同的模式来解释消费者行为。

有一点几乎所有的广告人都同意的是名人帮助产生快速的注意。名人起到“钩子”或者“夹子”的作用，使得看到的人停顿，至少是短暂性的，然后才会跳过这一页。因为一直都引人注目或者至少比较熟悉，名人们能够抓住注意力。

Malavika Tiwari，一个国内最好的模特和摄影师，说：“如果你让Shabana Azmi为某个产品代言，人们会说，她在为什么产品做广告？人们至少会再看第二眼。”否则，在一片杂乱之中——今天有数以百计的广告和商业活动在争着引起消费者的注意——一个无名的面孔会被忽略掉。

但是非常常见的是，名人广告战有因为错误的原因引起注意的风险。你可以自己检查一下这一点。努力记住你最近在电视上或者杂志上看到的名人代言。现在，回忆每个名人所代言的产品。这时你可能就开始犯晕了，或者更糟的是，如果你还能想起产品的话，可能会把名人同错误的产品联系起来。即使你回忆正确了，非常可能的是在大多数情况下，名人的形象会非常强烈而产品本身可能只像是广告的匆匆过客。这就是名人压倒产品的明显情况。

刚才的联系可能过于简单化了。一家知名广告代理商Response主席Ram Ray说“随机的，你可能记不住广告内容。但是这并不表明这个广告没有用。广告的目的是产生一个预定的良好的印象，这样你在适当的场合回想起来。我需要这么多的产品，但是现在，我可能说不出来哪种牌子我喜欢。我在商店里才作出决定。这就是真实的时刻。”尽管如此，他仍然承认名人广告战中宣传的某个产品可能会被完全忘记掉。

为了找出某个广告是否有效，也许应该在广告之前和之后对于给定的框架之内的所调查产品的预定的喜爱程度进行测量，Ray如是说。

在Kolkata的印度管理学院教授营销学的Kakkar说：“心理学上有足够多的证据表明名人广告战所传递的信息不一定就是正确的，而且在某些环境下甚至可能具有反效果。”

使用“边缘的”而不是“中心路线”的危险在于观众的注意力可

能不是集中于被传播的对象，而是转移到名人本身了，因此还不如使用一个非名人进行直接的广告宣传战。Kakkar 说。

对于名人的使用也构成其他问题。Ashish Mitra 说，“名人广告最大的问题是名人。比如，Vinoid Khanna 为一个售价 3 印度卢比一包的香烟品牌作代言。而实际上，每个人都知道他抽 555 牌香烟。消费者会认为他抽任何便宜的牌子的香烟都有些不可信。”消费者一定要相信做广告的名人真的抽那个牌子的香烟。

Ray 进行了一个类似的类比：“Amjad Khan 可能适合代言 Bidis，但是如果让他代言标价很贵的香烟的话就完全错了。你需要的是一个对香烟有更加理解的人更适合做这个代言——也许年轻的 Kabir Bedi 合适。”

调查研究表明名人在作代言的时候如果其个人背景符合产品形象的话，效果会更加显著。OBM 的副主席 R. Sridhar 说：“有很多广告宣传战成功的提高了销售额或者传递了某个信息，就是因为更有相关性。”

但是谁来决定什么才是相关的呢？让消费者自己来做决定，甚至广告人都不能总是就某个广告宣传战的相关性达成一致。例如，Gwalior Rayon 公司用 Pataudi 和 Sharmila Tagore 做的广告努力，Mitra 说，“我个人感觉 Pataudi 没有给广告增加任何东西。他完全盖过了产品本身。”与之意见相反，市场分析和产品促销（MAPP）的创意总监 Rui Engineer，把 Gwalior Rayon 的成功归之于 Pataudi。该广告把 Gawlior Rayon 从第 9 位提高到第 2 位，仅仅排在 Raymonds 的后面。“肯定是 Pataudi 的个性和行为方式吸引了观众的注意。他穿衣服的方式，他的行为举止；另一种类型的名人将不可能这么惬意和优雅地做出来。他做得太好了，以至于都成为那些衣服的同义词，有时候那种衣服就被成为‘Pataudi 装’。我们曾经考虑在广告中单独使用他，但是 Sharmila 的配角的支持作用使得广告变得更加出色。”自相矛盾的是，这个案例中的产品卖得非常好，但是其实际品牌的名字却有时候被忘却。

Ray 觉得 Vimal 用 Ravi Shastri、Vivian Richards 和 Allan Border 的广告很有效果，而 Mitra 认为并不合适。

Imran Khan 的 Cinthol 广告也引起了一些争论。据说他对于 Cinthol 的销售帮助很大。MAA 沟通的营销总监 Rama Rao 反对这一点。他觉得 Godrej 使用的板球明星是非常浪费的。Rao 说：“我不相信现有的消费者在商业广告上看到他会增加信心。每个人都确信 Imran Khan 并不常用 Cinthol。”

Godrej 还使用了另一个大名人，Dimple Kapadia，来宣传 Crowning

Glory。她在 Parameshwar Godrej 的私人游泳池照亮了整个夜晚。那是在冬季，游泳池加热了，一个侍者拿着一杯白兰地站在那里等着她。这就是成为名人的重要性!

“所有那些希望像 Dimple 那样美丽并且受到那样待遇的女士都应该使用 Crowning Glory。”自然地，没有一个广告商或者广告公司会这么直接的说出来这样的话，但是事实上名人们往往把标志卖给向上努力着的奋斗者。这个策略阴险地在人的潜意识层发生作用。Gwalior 广告的 Engineer 说，“Pataudi 可能那种消费者梦想成为的那种人。所以他们就买了那种产品。”

名人作为梦想对象的使用也有隐藏的危险。它经常产生许多“不协调”，按照 Mitra 的说法。名人广告在做“大众的个人产品”像香烟广告时就毫无效果，他说。在解释这背后的心理学原因时，他说，“我希望自己称为 Imran Khan。我把自己的价值观放进了香烟之中。我不希望任何人告诉我说我应该抽某种牌子的香烟因为 Imran 为它代言。Imran 凭什么来告诉我我该抽什么烟?”

这可能就是到现在为止香烟广告中很少使用名人的原因。一些年以前，一家香烟生产商计划做一个使用了一个长得很像 Amitabh Bachchan 的人做的广告，这个人走路、谈吐而且也许抽烟都像那个大明星。就在广告就要发布之前，Bachchan 在拍电影 Coolie 时遇到了一次几乎致命的事故，这次事故使得他很长一段时间不能行动。那个广告就没有发布。没有能够知道广告播出后会对广告相关的品牌的销售产生什么样的影响。

将名人用于私人使用的个人产品时，例如肥皂，效果会更好，Mitra 认为，“消费者可以在卫生间里，也就是自己的避风港里进行幻想。即使他的老婆也不知道他的幻想。”他补充道。

没有一定的简单的规律关于什么产品可以或者不可以被名人广告有效的宣传。Rao 指出在世界范围内，名人都被用来帮助销售与生活方式相关的产品，这些产品往往很大程度上因为冲动而购买，或者用于定价非常昂贵的独特的产品。

按照 Kakkar 的看法，实验的研究表明，在器具、食品和用于社交场合的某种产品之中，名人广告只是会对最后一种产品产生正面的影响。

产品的不断提高的标准也使得使用名人成为必需，一些广告人如是说。当一个品牌和另一个品牌之间没有什么不同之时，逻辑和讨论都没有用了。广告代理商们没有别的办法，只能针对消费者的非理性和弱点想办法，使用名人充当钩子或者劝说者。

但是，按照对名人广告持肯定态度的广告人，David Ogilvy 观点，名人证书通常比平均水平得到更多的记忆，但是对于改变喜爱度影响低于平均水平，除非那个名人正好是个专家，比如 Gavaskar 对于板球拍。与之相反，如果这个大师级运动员做广告促销 All Seasons 食品，Sridhar 说："我，作为个人来说，不相信 Gavaskar 是任何烹饪或者食品的权威。"名人权威的可信度在这里受到怀疑。

另一个反对名人广告的因素，Ogilvy 补充道，是观众假设该名人"已经被收买了，这个通常都是事实。"

偶尔难得一见的是，某个广告商选择了一张陌生的面孔，在一个广告中使之成为明星。Surf 的 Lalitaji 和 Horlicks 的 Suchitra 就是这样的 2 个名人。从长期来说，他们拥有更大的影响。广告商几乎不，在任何时候，允许他们为其他产品做广告，消费者不把他们当成商品。在那些持续时间较短，很容易造出来的明星已经失去了芳香或者被从他们的地位上拉下来之后继续在观众面前成长。

关于 Wills 过滤器的长期播放的"为每一个人制作"的广告，通过不断更换那些夫妻，得以保持名人的地位。但是这样的广告太少太少了。

我们的明星们可以踏实的休息，他们有足够代言广告的作业把他们的时间都占满了。越来越多的广告商和代理人加入到这种一窝蜂之中，不惜代价的和明星们签约。

他们中间很多人甚至都没有停顿一下，来考虑是否他们真的需要名人。在许多的案例中，一张普通的脸就足够了。名人，曾几何时认为做代言人有失自尊，现在积极地进行着自我推销。运动明星们已经成立了辛迪加，如职业管理集团和 Dev Features，还有其他的。

一些小公司愿意使用名人，但是发现价钱太贵了。

正是由于越来越多的名人广告，因为关注到这一点，广告行业的许多人已经开始质疑这些名人广告的有效性。

Mitra 和 Kakkar 同意广告商们过分热情而且不加区别的使用名人了。Rao 说："现在，名人广告被用在任何事情和所有事情上，即使是营销过程中的中间纠错的时候都用。这是非常有风险的并且应该避免。"

Kakkar 说："Lintas 想要确保名人的功能就是其所作的是整个传播

策略的一部分，这样名人就不会成为中心焦点。整体上来说，我倾向于不使用名人除非正好有一个完完全全适合的。”

但是，Ram Ray 对于这个问题持一种有所不同的观点。“你并不总是需要一个哈佛的家伙来告诉你产品中什么是好的。商人应该时不时地根据自己的直觉来办事，把产品套在某个名人的身上。围绕着某个明星展开广告宣传并不见得就是个愚蠢的主意。它可能管用。”

Mitra 接着反驳说：“如果我花数百万却不知道我要的是什么，而且如果名人并不能给广告增加任何东西，我觉得那就是在浪费金钱。使用名人成了一次花费昂贵的炫耀，没有任何意义。”

Kakkar 觉得周围只有 6 个或者 7 个真正值得进行营销宣传的明星，而且广告人不停的又去找他们。按照 Ray 和 Mitra，Gavaskar 已经不再有效了。“他现在是个模特，不是个名人。他已经过度曝光，已经失去了作为名人的那点儿神秘，” Mitra 说。Ray 补充道，“他为每个来找他的产品做广告。他没有什么自爱。观众不是傻瓜，知道 Gavaskar 完全是在为钱做这些。”

现在有各种各样的原因来解释这个国家名人广告的不加区别的增长。Mitra 提到了其中的一个原因：“现在我不确定人们是否不使用名人来消除名人广告的影响。”

他继续坦率地说道：“很多广告人渴望社会都有追求向上的愿望。他们通过用名人示范产品来宣告他们到达了那个场景。实际上，从来不可能忽略名人名字的人的数量之大是不可思议的。”他相信“凭经验的证据”的基础上得出的结论名人广告在某种程度上起到的是唤起获得社会认可的功能是对的。

很多的广告从业人员对这个观点有共鸣。商人富了以后总是在寻找新的地位标志。“学习”名人现在看上去成了“内在的东西”。许多商人愿意花很多钱来说：“Rai tho mera pass hai（Rai 现在和我在一起）!”

Malavika Tiwari 说：“当一个顾客拿着从杂志上撕下来的一页纸，指着那个整页的显示说‘这就是我想要的’，那么那就是他想要的。他花的是他的钱。”

但是比较大的广告代理商并不总是有心情认可比较小的客户的奇思怪想。最近，当一个电视制作人坚持使用某个明星的时候，代理商礼貌地告诉公司另外找个人来干。

但是，有些代理商同样喜欢用名人因为名人能够保证广告会被人谈起，而这就是好的广告应该做到的，Ray 说。

Mitra 也争论说现在使用名人是一种“捷径”。“广告商和代理商不去思考。也许他们相信一个名人一只手就可以搞定一个广告。”

Lintas 的 Pratik Basu 觉得使用名人反映了某种程度上的懒惰。“这是一条容易的路线，是快速通道。而经过许多努力创造出一个像 Lalitaji 那样的明星要难得多。”他补充道。

将来名人广告会怎么演变？几乎所有人都同意趋势是在发展。争论的问题是发展的方向是否正确。

在未来几年里对于名人的需求仍然会继续，Kakkar 说。按照 Ray 的看法，印度经济在未来 10 年将继续创造出超过“经济可行的”数量的人们——多到足够支持市场来选择产品——拿着许多“第一代的钱”来消费。

因此，“对于西方生活方式和领袖形象的没头没脑地接受”的情形还会继续，而且还会增多。因为名人们“引起某种虚荣”，那些人的弱点就是经常不能抵御对于名人的狂热的崇拜，Ray 推断说，“我看到很有些人总是把很多钱花在没有什么意义的东西上，他们会被市场营销人员利用。他们会变成为名人广告创造价值的牺牲品，在受到广告的影响的过程中钱包变瘪了。这是非常正常的事。”

同样，随着消费者迅速增长的购买能力和每天出现在市场上的新产品，各个公司都纷纷拿起所有能够找到的快速的武器来打击竞争对手。名人广告因此将继续被用来抓住消费者的注意力。

Kakkar 觉得不分区别地使用名人做广告还会继续下去，而其他人要更加乐观一点儿。这些人中的一些人认为广告商们一旦发现其所作的名人代言的产品在市场上销售下降，就会变得越来越注意区分不同的明星。他们可能会更加谨慎的对待产品—名人比赛的，Mitra 说。

Rao 说：“从现在起再过 10 年，广告商们和代理商们应该就会针对正确的产品以正确的方式使用名人。”Sridhar 认为广告代理商们必须极大地提高他们使用名人的技术，更加“有技巧地工作”。

同样，从现在起几年后，广告行业同过去几年的没有做好准备的状况相比，自身会变成极快地发展。

市场也会成熟，Ray 相信这一点。具有讽刺意味的是，名人广告自身到那时可能就变得不再那么有效，因为消费者不再轻信“错误的导向”，他指出上述这一点。从长期的未来看来，名人广告甚至可能不再被认为是时髦的了，他说。

那些至少在一段时间内仅仅只是猜测。与之相反的是，现在是范围广大的产品系列都由名人做广告，已经超过了单个的产品广告。广告涵盖整个产品系列，尤其在运动服这个领域，广告人如是说。他们指出Rod Laver和Lacoste产品系列在任何国家都几乎已经成为家喻户晓的名字了。

总的来说，随着社会的开放和社会化的进程，时尚和流行的变化，新的可能性会出现，替代那些已经被时间磨掉棱角的那些。超大制作的电影的时代正在走向日暮。明天的明星们有能力取代我们现在的电影胶片时代的超级巨星和这个时代吗？那时候的梦想还像现在一样吗？答案应该和未来几年的名人广告的发展进程有关，这个就像其他许多事情一样。

我们希望我们的客户完全消化了上述的这些背景，然后再决定请我们进行名人代言的广告设计。

附录B

一些使用了名人的品牌：

Dabur Chyavanprash	Shreeram Lagoo
Cema Bulbs	Sridevi
Cinthol	Vinod Khanna, Imran Khan
Crowning Glory	Dimple
Bagpiper Whishky	Ashok Kumar
Sylvania Lakshman Bulbs	Asrani
Rajnigandha Pan Masala	Paintal
Maaza	Jalal Agha
Tata Tea	Amjad Khan
Konark TV	Deepika
Sevashram Brahmi Amla Kesh Tel	Jaya Prada
Chur Yum	Satish Shah
Nelco TV	Vinod Khanna
Jaykaylon Fabrics	Dev Anand
National	Mithun Chakraborty
Nutramul	Dara Singh
Indana Ghee	Dara Singh
Adhuik Washing Powder	Moon Moon Sen

Boro Calendula	Anooradha Patel
Hawkins Pressure Cooker	Neena Gupta
Tortoise Mosquito Coil	Satish Shah, Keshto Mukherjee
Digjam	Shekhar Kapoor
BSA Bicycle	Vijay Amritraj, Kapil Dev
Ginni Oil	Moon Moon Sen
Surya Bulbs	Swaroop Sampath
VIP Vests	Shafi Inamdar
Dinesh Suitings	Sunil Gavaskar
Cherry Blossom Whitener	Sunil Gavaskar
Masik Ayojna	Sunil Gavaskar
Boost	Kapil Dev
Vigil Soap	Dilip Vengsarkar
Mayur Suitings	Dilip Vengsarkar
Laser Blades	Dilip Vengsarkar
Wilman Blades	Ravi Shastri
Proline	Ravi Shastri
Gwalior Suitings	M. A. K. Pataudi
Gold Café	M. A. K. Pataudi
PHX TV	M. A. K. Pataudi
Maltova	K. Srikkant
All Seasons Foods	Sunil Gavaskar
State Bank Card	M. Azharuddin
Vimal Suitings	Viv Richards, Ravi Shastri, Allan Border, Geet Sethi
Complan	Anita Sood
Lifebuoy Personal	P. T. Usha
Srichakra Tyres	Dilip Vengsarkar, K. Srikkant
Prudent Toothpaste	Ashok Kumar, Anoordha Patel
Murphy TV	Om Puri, Sridevi
Pan Parag	Shammi Kapoor, Ashok Kumar, Jalal Agha
Khaitan Fans	Hema Malini, Raj Babbar
Bata Shoes	The whole cricket team

Rajdoot Motorcycle	Rajiv Kapoor, Dilip Dhavan
Lux	Sri Devi, Parveen Babi, Zeenat Aman, Padmini Kolhapuri, Rekha, Meenakshi Sheshadri
Kwality Ice-cream	Kitu Gidwani

研究了媒体代理商送来的附件 A 和附件 B 后，Fernandes 把副本发给品牌经理和营销经理，让他们就关键的问题发表看法。

要　点

1. 背景资料中关于 Energy 和 Delight 产品的内容提出了什么主要问题?
2. 什么样的名人适合 Energy 和 Delight?
3. Fernandes 可以去找一个总体的品牌大使吗？就此讨论一下。
4. 可以要求代理商为 GSI 的产品造出一个专有的名人吗?

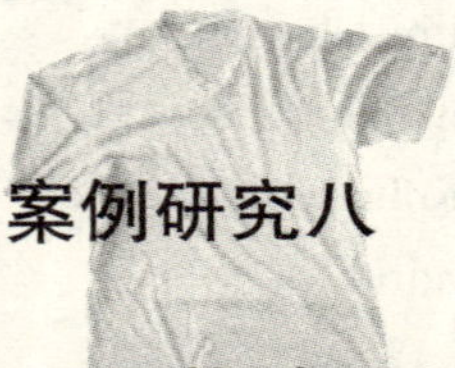

案例研究八

降落在任何地方！

这个案例由 Mohan Lal Agrawal 提供，节选自他为新德里的 SMS，IGNOU 准备的资料，案例讲述的是专业化团体采购中的消费者行为。案例中一些基本的背景事实都发生在上世纪 80 年代晚期。

降落在任何地方！

随着一声刺耳的刹车声，计程车停了下来，D’ Souza 先生，又一次咒骂着这礼拜一早晨的交通和他自己的无能为力。D’ Souza 先生是印度航空公司的市场营销总监，现在正去参加午饭前的几个策略讨论会议中的一个。这次会议有着特殊的重要意义，因为会上要讨论他们公司新直升飞机的市场营销开拓计划，这种直升飞机是印度同类产品中第一个由私人公司提供给市场的。看了看表，他靠到了车坐靠背上，至少要迟到 25 分钟。因此，他决定用这段时间重温一下他将作的展示讲解的要点。

公司的情况

印度航空公司（IAC）建立在印度四大都市之一的出口处理区域里面。这家公司非常显著的特点就是它是私营公司中第一个获得生产直升飞机的生产执照的企业。到现在为止，只有 Hindustan 航空公司（HAL），一家公有公司，拥有生产直升飞机的执照。

印度航空公司是一家印美合资的企业，美国的合作伙伴是美国 Brantly Helicopters 公司。这家合资公司是由 Rangnani 先生创办的——他是印度空军的前技术员，后来定居在美国。这个项目是响应印度政府邀请非印度永久居民的印度人（NRI）把专业知识带回国，提升印度的新工业文化的创意和宽大心愿而成立的。公司于 1986 年以 1000 万印度卢比作为种子资本创立的。按照合资办法的规定，直升飞机将由美方合作者设计并且在美国专家监督下在印度组装。按照印度政府要求的出口义务，75%的产品将被出口，而剩下的在印度国内销售。

产品的情况

公司决定在开始阶段生产两种型号——一种可搭载两名乘客，另一种包括飞行员可搭乘5名乘客。这两个型号都设计有4个活塞驱动，来抗衡市场上惟一竞争对手HAL的涡轮驱动的“Chetak”。

除了其他重要的用途和优点之外，这些直升飞机可以不需要直升飞机机场地降落在任何地方。而且，由于油耗低和维修成本低，每小时飞行仅需花费1000印度卢比，而Chetak则需要8000印度卢比。D' Souza先生想要利用这两个优点在市场上形成与众不同的竞争力。生产厂的质量标准是非常高的，因为人们都认为这个行业“技术优越就是游戏的名字”。除了运行中的质量检查之外，美国专家将在印度工厂监督安装工作，而美国联邦航空的官员会参观确定质量情况。

除了上述的这些，同竞争对手比起来，那两个型号的价格是非常低廉的。预计1988年6月这种直升飞机将投放市场。

市场需求

公司进行了年度市场需求预测，一直到1990年。根据市场需求和竞争对手情况的评估，公司预测每年有60架的需求。而工厂拥有每年生产120架直升飞机的能力。因为直升飞机作为“管理人士的交通工具”的观念还在积蓄能量，D' Souza先生期待着能够上调需求预测。作为直升飞机的第一个私营生产厂商，他确实正面临着市场信心和信用的问题。不过，他觉得同一家值得信赖的美国生产商的联盟以及严格的质量管理可以平息市场上的抵触。至于完成75%外销的任务，公司已经接到了来自几个国际市场中心的令人鼓舞的询价。除了美国（这个公司有着天然的进入优势），公司还已经收到了来自泰国、日本、新加坡、土耳其、意大利、澳大利亚和英国关于产品和运输的询问。

而关于印度国内的销售，D' Souza正在确定两种型号直升飞机的可能的使用者。按照这些特点，即价格低廉，运行费用低以及可以降落在任何地点，他认为两人座位的直升飞机是可用于进行交通管制的警察、救灾、医院和甚至新闻报道使用的理想采购对象。已经有德里Doordarshan和两个邦的警察部门表示对这个产品感兴趣。至于5人座位的型号，D' Souza 先生寄希望于需要经常往返于工厂和总部等不同地点以及进行其他商务旅行的公司管理人员。

营销关注点

在会议上，D' Souza 先生想要分享他眼下的营销关注点和长期的前景计划。他意识到，由于销售具有高技术的工业产品的背景要求，这些产品是因为其性能而被购买，而不是因为其产品的外观特点。同样的，他认为团体采购行为构成了第一个需要克服的主要障碍。其他眼下急需关注的还有，组建优秀的销售队伍和促销组合，比如，公关宣传和口碑宣传。他同样需要检测市场对他定价计划的反应。在今天的会议上，他不仅要介绍自己的计划，还要邀请同事们就关键问题发表意见。

要　点

1. 用户被正确地划分了吗？对于使用者来说，在现存的选择中应该如何定位这种直升飞机？
2. 这家公司可以怎样从竞争对手中，比如轻型飞机，拉来市场需求？可以如何使用 USP？
3. 应该怎样接近并说服集团购买者？买方公司中谁是决策者？
4. 就现在这个材料的内容来看，能不能说在印度飞行的直升飞机必须特别制造？如果是这样的话，价格重要吗？

专题论文 I

在印度乡村吸收银行存款

—— 一个用于广告和促销的框架

印度乡村地区事实上得到非常少的市场营销方面的关注。甚至私营部门已经感到犯了错误，忽视了这个完全可能的销售和收入的金矿。近年来，亚洲涂料和印度杠杆等公司已经把这些乡村地区作为重点地区来看待了。银行业尽管在乡村地区广泛设置了分支机构和营业网点，对营销他们的服务却没有给与足够的重视或者根本就不重视。本文旨在重点讨论4P中的一个——促销。(作者：Mohan Lal Agrawal)

目前，印度的银行和金融机构正面临过去从未有过的挑战，要同时面对来自行业内的和非银行金融机构的竞争。在印度市场自由化、私有化和全球化的环境下，印度消费者也开始在银行中进行选择来完成他们的交易了。银行的确需要制定战略并寻找新的细分市场——但没有必要在印度首都和大城市进行。

由于绿色革命、政府持续扶持和更好的基础设施建设带来了经济增长，印度乡村正在快速成为银行业重要的消费者市场。当然，印度银行机构已经在乡村设立了30多年了。实际上，印度银行业走入乡村正是1969年主要几家印度银行国有化的宣传目标之一。那么，对它们来说，在印度乡村它们的新举措是什么呢?

新事物来自于一个事实——印度乡村过去和现在的情况已经完全不同了。60年代末期，在国有化以后，印度银行被迫在乡村地区设置网点，并被要求行使社会银行的义务，参与在财务上相对低回报的发展活动。社会银行义务不再具有强的约束，尤其在1980年以后，印度的银行不再受这样的强制了。实际上，乡村地区现在只是一个可选可不选的区域。

印度乡村也将成为印度银行吸收公共存款的可选区域吗？如果回答是肯定的，这些银行如何使用劝说（广告和促销等）手段来使这些潜在的存款转换为一种有形的业绩呢？

印度乡村：简介

最近的数据显示印度人口即将达到10亿。大约有2/3的印度人口在乡村。在乡村人口普查的单位一般是村（不到5000人）。据估计，1996年1月1日，印度家庭数量为9860万个，其中7740万家庭或者78.5%的家庭生活在乡村。平均每个印度家庭有5.97人，而在乡村则达到6.02人。

根据对乡村和城市家庭的最新调查，乡村地区几乎占总的家庭收入的2/3。平均每个印度家庭的每年收入为4597卢比，其中乡村家庭的收入高于3500卢比。乡村家庭的收入主要来自于农业（47.9%），务农收入（13.3%）和牲畜业（6.6%）。商业、薪水和非农业收入共同构成其余的26%（见表I.1）。

表I.1　乡村家庭财富模式

财富百分点	乡村%	城市%	所有印度家庭%
最低的15%	0.16	0.01	0.11
最低的30%	2.11	0.77	3.14
最高的30%	78.08	88.33	80.33
最高的15%	48.23	62.37	50.72

收入的增加和认知水平的提高促使印度乡村追求质量更高的生活。现在乡村消费者需要各种各样的耐用消费品和非耐用消费品。家庭主妇们想要诸如炉子和压力锅这类的产品，以便使做饭更容易也更快一些。她们还希望在品种更多的范围内选择衣服的设计和质地。这些提高生活质量的愿望已经带来消费品向乡村地区的显著流入。快速消费品市场从1984年的73.3亿卢比增长到1989年的208.3亿卢比。同期乡村市场对整个印度市场的贡献从28%提高到37%。1987年前，乡村市场以17%的速度增长，1988年则增长23.3%，1989年41%。NCAER消费模式数据显示，在1977～1978年度到1987～1988年度之间，食品消费下降

了，而乡村家庭更多的收入花在消费品上面。

今天，乡村市场在很多产品类别中占据重要的市场份额，例如，肥皂（59%），剃须刀片（50%），有包装的茶叶（40.5%），止痛片（45%）和电池（56%）。乡村消费者还开始大量购买两轮车以使出行更方便。这使农民有了闲暇时间。许多农民利用这些时间来从事诸如家禽饲养和渔业等农副业生产。

印度乡村潜在的银行存款

印度乡村正在进行超越于统计数据的迷宫的转化，城乡一体化也越来越显著。这些变化带来了更多的人员、资本、产品和日益增长的信贷链的流动（Reddy，2000）。农业商业化，尤其是棉花等商品作物不断提高的作用带来信贷对于买者和卖者的重要作用。因此，化肥和杀虫剂以赊账的形式提供给农民，并常常可以延期付账。目前，印度的银行一般不鼓励这种性质的金融交易。然而，一些非银行金融机构却对这种交易提供直接的金融服务。比较而言，家禽和鱼等副食品比谷类产品发展更快。也就是说，农村农业正根据产品种类和加工过程不断进行多元化。在农产品贸易发达地区，传统的以土地为基础的租赁已经被以贸易为基础的租赁所取代。在那些大量种植棉花等商品作物的地区，这种租赁已经相当普遍了。

多元的生产活动以及在乡村的大量劳动力，可以提供各种各样的工作机会使人们过上体面的生活。举例来说，一个小农场主同时也可以是一个小商人，还可能是本村卫星电视的经营者。在这种情况下，要描述和监控贷款的最终用途是很难的。在某种程度上，雇佣关系和实际收入都呈现出季节性的特点，尤其对于佃农来说，更有理由来申请消费贷款了。随着乡村雇佣现象的增多，这种担保成为可能。目前对于官方贷款市场的业务安置已不适应这种消费贷款的需求。另外，农村经济显著的商业化和多元化发展在全国范围内是不平衡的。

农民们相信存在命运因果报应必然性的日子也渐渐远去了。今天，更多的农民相信他们能够铸造自己的命运，对金钱的追求不再受到人们的鄙视。农民们发现银行可以帮助他们提高生活水平。他们不再把他们的钱藏在泥罐里，埋在房子底下。他们现在把剩余的钱投资买保险和保证金，把结余存在当地的银行里。在印度，金融存款的数量相对来说很小，只有国民收入的10%，而居民存款则占到25%左右。金融机构需要支付给储户一定比率的回报。由于银行存款时惟一的非抵押存款，银行显然在金融系统中占有一个特殊位置。

乡村银行业

印度的银行业历史悠久。在海得拉巴一个纪念演讲中，RBI 副总管 Reddy 博士谈到，“在公元前 2000 到公元前 1400 年的吠陀时代的文献中找到了关于放债行为在印度存在的记录。佛教时代的文献，例如《本生经》，以及最近的考古发现都提供了庄家或者银行家存在的证据。《摩奴法典》的记载也显示了放债及相关问题在古印度的重要性。”

印度储备银行具有参与最高层次农村信贷和银行业务的职责。同样成立于 1955 年的印度国家银行（SBI）肩负着扩大银行业务，尤其在乡村和城乡结合地区开展业务的使命。因此，SBI 成为开发农村信贷业务以补充合作社工作的重要工具。1969 年，为进行经济调控，14 家商业银行被国有化。这些银行与合作社和印度国家银行一起进一步发展了农村信贷业务。这些合作社和商业银行的努力在 1975 年完全针对乡村地区的地区农业银行（RRBs）成立以后真正显现出来。1982 年，为了巩固成果，促进或监督各机构运行，加强乡村地区信贷业务，NABARD 成立了。

最近几年中，出台了大量的政策以加强乡村银行业。这些政策包括由 RBI 和印度政府向 NABARD 注入额外的资本金，对 RRBs 进行资本结构调整和重组，简化贷款手续，由公共银行提供特殊贷款计划的准备，以及发行印度农民信用卡。最后，在 NABARD 的支持下，出台了一个联合自助组与银行的计划，以增加小型信贷机构的资源储备。这些努力形成了非常广泛的乡村金融网络，发展了银行文化，使正式信贷来到乡村，打破了放债者的垄断。

乡村的选择艺术

在乡村，主要的金融机构有原来的农业信贷社、合作银行、商业银行和地区农业银行（RRBs）。尽管吸收存款是这些金融机构的主要作用，由于总体资源不足，这些机构更多的是借贷而非收集存款。他们必须自己来平衡存款余额与乡村地区贷款需求之间的差距。邮局也在吸引乡村储户的存款，他们的业务包括储蓄、接受定期存款和提供小额储蓄计划。表 I. 2 到 I. 4 总结了乡村地区吸引公共存款和选择艺术的状况。

表 I. 2　主要农业信贷机构

维　度	1969 ~ 1970	1982 ~ 1983	CAGR 百分比
机构总数	162700	98089	
每个机构的股本	11598	70312	14. 9
每个机构的存款	3852	40546	19. 8
每个成员的存款	21	60	8. 4
预付的贷款	460	1003	6. 2

表 I. 3　国家合作银行

维　度	1969 ~ 1970	1982 ~ 1983	CAGR 百分比
机构总数	25	28	28
分支机构总数	169	474	8. 2
来自个人的存款（单位：百万卢比）	500	3871	17. 1
未偿贷款总额	5100	29063	14. 3

由于数据有效性问题，此处未包括商业银行数据。

在印度乡村选择把钱存在哪家银行的标准

前面讲过，印度农村的储户选择银行时趋向于对比各种可能。表 I. 4 列举了农村储户考虑的主要因素：

表 I. 4　在印度农村选择银行的主要因素

* 地理位置方便	* 贷款可获得性
* 银行的声誉	* 分支机构间便利
* 总部所在省份	* 授理速度
* 储蓄利息	* 贷款利息
* 会说双语的员工	* 操作小时
* 口头有效性	* 银行文化导向
* 服务费用	* 人员效率
* 分支机构的吸引力	* 经理人给人的印象
* 资金安全	* 提供服务的范围

表 I. 5　印度的农村银行（1996 年 12 月）　　（10 万卢比）

地　区	农村网点	城乡结合部网点	城市网点	农村存款	城乡结合部存款	城市存款	农村贷款	城乡结合部贷款	城市贷款
北　部	1738	186	36	1685	344		664	36	133
东　北	555	75	22	404	160	77	240	54	24
东　部	3149	377	48	2828	732	49	1299	212	3574
中　部	4041	490	99	4087	1042	381	1748	322	128
西　部	870	121	21	573	152	90	400	84	29
南　部	2110	504	72	1661	747	280	1845	693	146
全印度	12463	1753	298	11238	3177	1097	6194	1474	416

乡村市场推广设计：一个战略框架

促销这个词来自于拉丁语 promovere。在营销商品和服务的背景下，这个词意味着从消费者角度而不是生产者角度为所要销售的产品和服务塑造的具有动人之处的方法和途径。促销组合包含 5 个主要传播工具：广告、销售促进、公共关系，人员推销和包装。最近，促销还包括推广公共和社会事件（Kotler，2000）。

作为促销战略的一个工具，广告的目的在于让消费者知道银行和银行所提供的服务。建立人们对银行的兴趣是它的基本的目的。而广告的最终目的则是让消费者到银行来并一直使用这家银行。广告本身不能销售人们不需要的东西。公共关系与广告使用同样的媒体，对广告进行补充。例如，广告产生视觉效应而公共关系建立可信度。在实践中的一个挑战是让它们很好的配合。印度银行的公共关系和广告常常是一致的，但有时也各自为政。

广告和促销战略在印度乡村遇到了挑战。对在印度乡村开展业务的银行来说，通过必要的教科书广告来树立一个热情、友好的人的形象是非常难的，要通过印刷品来宣传也是很困难的。由于语言障碍的存在，对农村人来说，印刷出来的字只是一张图画。在偏远的乡村，很好的了解当地环境甚至只是开展工作的第一步。银行不得不找到一个特殊的方法与农村人交流，而这些人往往对银行采取漠视和怀疑的态度。

大众传媒的低覆盖阻碍了乡村市场的迅速发展。来自国家读者调查和 ORG 的调查数据显示，只有 9% 的农村成年人阅读报纸或杂志；31% 经常看电视，36% 看电影，32% 听广播。只有 52. 11% 的人有读写能力（1991 年人口普查）。这些人在男性中占 63. 86%，在女性中占 39. 42%。印刷品的作用因此非常有限。受众最广泛的媒体例如电影、电视和广播可以覆盖 30%—36% 的农村成年人。与其他发展中国家和发达国家相比，印度每台电视机的人口数是非常高的。大约 60%—70% 的农村人口还没有接触过这些传媒。

认识到印度乡村的特殊情况，一个当地银行要找到解决以下四大挑战的方法（George 和 Berry，1981；Kessler，1997）：

- 乡村促销的特有工具是什么？
- 什么是最有利可图的乡村媒体组合？
- 什么是最恰当的广告信息媒介？
- 怎样才是最佳的传媒预算分配？

第一块积木——乡村促销的特有工具

乡村促销的第一个模块是使用与农村背景相关的或独特的广告和促销工具。以下是几个完全可以考虑的工具：

木偶剧

在乡下最受欢迎的娱乐形式之一是木偶剧。当木偶剧表演时，所有的人都聚集到那里。联合银行充分利用了这一媒介，排演了一个与他们自己有关的木偶剧，用充满了当地色彩的手法叙述了一个家庭在银行的帮助下解决了他们所遇到的财务困难的故事。

乡村集市

每周的集市日是印度乡村的一个共同特点。银行可以通过集市来认识当地的大商人和有影响力的团体。印度银行很有效的利用了这个媒介。一家国家银行在集市上摆出展板，给出各种商品的现价和比价，以及与降雨量有关的信息。另一家银行为来赶集的农民在集市上建了一个棚子。对银行来说，这些花费几乎可以忽略不计，但是带来的好口碑却是无价的。印度海外银行曾用麦克风在集市上很好地宣传了它们所能提供的服务。

节日大会和展览会

参加乡村节日大会和展览会可以带来令人惊异的效果。这些活动一般还能吸引邻近地区的人来参加。银行可以借此机会向更多的受众宣传他们自己。联合银行仅仅花了3000卢比就参加了喀拉拉邦一个乡村一年一度的赛舟活动。据该银行估计，受众超过30万人——没有任何一个媒介能够与之相媲美，尤其是在这样的活动中，人们都处于一种良好的心情中并且容易打动。然而，目前银行不再仅仅是坐等这样的年度活动了。他们可以发起或者赞助他们自己的活动。Baroda银行组织了一个叫做“印度农民大会（Kisan Mela）”的活动。在这儿，重点是农业融资。以名义上2500卢比的成本，银行将自己的信息发布给了超过10000个潜在的客户。

第二块积木——乡村媒体组合

乡村促销战略的第二个元素是如何达成乡村媒体传播最佳组合。乡村传播领域还没有被开垦。在一家银行成功建立自身形象或者获得任何生意之前，它必须去想办法把各种银行服务介绍给农民们。大部分村民仅仅熟悉一种形式的银行业务。如何扩大人们的认识是一个挑战。一家银行要使用传统的大众传媒，还是开发适于当地的窄波段媒体？

让我们看看与印度城市相比，传统媒体能够达到印度乡村的情况（表I.6）。

表I.6 大众媒体在印度乡村传播情况（百分比）

媒　体	城　市	乡　村
电　视	79	35
出版物	51	20
广　播	66	43
电　影	47	43
所有媒体	92	70

资料来源：印度商务（Business India）。

鉴于大众传媒有限的覆盖，独特的社会经济因素和不完善的基础设施，印度乡村依靠的是非大众媒体，也被称作窄波段媒体或者社会传播。这种媒体有一个独特的乡村偏好层级（各种信息资源的分级重要性）见表I.7。

表 I.7　印度乡村非大众传媒的分级重要性

* 五人长老会首脑（乡村首领）或者发展官员
* 回乡人员
* 教育工作者
* 社会工作者
* 店主
* 传闻与民间传说

资料来源：印度商务，商业世界，各种版本。

意见领袖

在印度乡村，意见领袖们构成了最有效的窄波段媒体中的一个。银行可以有效地利用这个媒介来吸引存款或者支出贷款，或者开展其他银行业务。乡村中的意见领袖们通常是社会工作者、学校的老师、医生、酋长、刚从城市返乡的人和宗教人士。一般来说这些乡村意见领袖非常热心，并且很高兴受到重视。银行可以与村级的意见领袖建立一种工作关系，然后赞助社会活动。在这些社会活动中，意见领袖可以引导村民了解银行业务。这些意见领袖还可以解释新开分支机构或新开办的银行产品和服务的好处，存款习惯的好处，等等。这些活动可能也结合一些娱乐以增加信息传递的效力。

招贴板和广告牌

一个银行在乡村传播中非常见效的媒介是搭建在市场、公共汽车站和火车站等地方的招贴板。简单和易记的东西总是吸引眼球的。如果用当地的语言书写、使用本地人才懂的词汇的话，效果就更好了。通过这种方式进行广告的一个有效办法可以是把这些板子放在路口。银行还可以为公共汽车棚等地定制这样的广告牌。

口碑

在乡村地区，口口相传仍热是很重要的传播方法。这种方法至今需要银行业的开发。在那些中低收入和典型低收入地区，很少有村民能辨别银行品牌。他们靠从别人那儿听来的形成对银行的印象。这里，别人是那些地主，村里的长者和放债者。另一个障碍是乡村远离外来者的传统和对大金融机构的不信任。

录像片

乡村银行的任务之一是在印度政府发布的各种不同的发展计划下开展信贷支出。人们不可能很好了解所有这些发展计划，诸如整合乡村发展计划（IRDP）、Jawahar-Rozgar Yojana（JRY）、乡村青年创业培训计划（TRYSEM）和乡村妇女儿童发展计划（DWCRA）。而且，当地的领导人们在选择这些计划的受益者方面起着决定性作用，而所选的受益者往往不是最需要帮助的个人或者家庭。这些带有政治目的的领导人取悦那些对他们的选举来说具有政治价值的人。在这个过程中，银行有时得到不适合的名字，失去调动存款人的机会。

录像短片为克服上述困难提供了巨大的帮助。与中央电视广播不同，录像片可以在潜在的受益者都在的时候在村子里放映，可以容易地与当地的青年俱乐部和农民论坛等社团组织一起组织这样的活动。接下来的讨论可以进一步澄清潜在存款人的疑问。除了使用当地语言，这些录像片还反映印度乡村现存的社会经济环境。本地的符号和文化习惯是这些短片中非常重要的元素。除短片外，电视剧、有存款人参加的谈话节目和基于乡村存款人生活的娱乐连续剧在乡村地区都是很有效的。

第三块积木——乡村媒体的信息传递形式

有了工具和媒体，银行需要以最适合的形式来传递信息。这是乡村营销、广告和促销战略的核心要素。下面的三种信息传递形式在这点上可以派得上用场。

把传统民间媒介和现代媒介相结合

乡村戏剧形式是整合民间和现代媒介的一个例子。这种广告的独创性在于把所要表达的信息以最佳状态融入这种媒介形式。例如，联合银行木偶剧就是把传统和现代形式相结合，展示了该银行如何帮助陷入财务问题的家庭走出困境的。

参与传统民间活动并在这个过程中传播信息

前面提到的集市很普通，但却是乡村生活中令人兴奋的事件。在这些场合，人们建立新关系，交换商品、观点或想法，参与团体活动。这些场合也是与当地意见领袖和先导者建立亲善关系的好时机。这种活跃欢快的气氛有利于人们接受新观念。在乡村集市上，银行可以以各种形式参与。例如，设置一个摊位，展示显示降雨信息和价格的宣传板等等。他们可以为来自邻村的参观者提供座位和服务，提供小点心，或照看参观者的行李。这些简单的小事所带来的信誉是巨大的。银行还可以使用各种媒介。精心装饰的摊位，标示清晰的展板、横幅、旗帜和展示品，大气球，免费发放的材料、海报，放置介绍银行各种计划的简单小册子的信息台，带有银行广告的火柴盒，都可以非常有效地向远方的角落传递银行的信息。

赞助活动和项目

第三种传递信息的方法是赞助社会活动。如果赞助一个受欢迎的乡村娱乐活动，银行可以为他们自己赢得相当大的声誉。在印度丰富多彩的乡村生活中，银行可以发现无数这样的机会。在人们头脑中强烈的对愉快活动的联想可以转化为对银行特定广告项目的积极反应。

第四块积木——媒体预算的分配

乡村促销的第四块也是最后一块积木是媒体预算在各种乡村促销中的分配。银行不可能像产品公司那样自由地在广告上花大把钱。他们也不会在促销名单的前列。他们仍然可能从最近时期的年度平均乡村存款中提取一定比例的资金作为广告费用。然后他们根据目标责任制寻找广告资金的额外分配。银行促销的特殊目标可能是发布特别活动或发动促销战役，开发新的地区，或者达到新的领先地位。

乡村促销的障碍

实际上，使用广告和促销在银行自身还是个不到 10 年的新现象。因此，银行业经受着各种限制和障碍。在乡村背景下，这个问题就更明显了。怀疑论是可能阻止乡村促销战略的核心障碍。

对广告的传统怀疑论

从文化上，印度银行怀疑广告的效力。人们常常可以听到诸如“对银行服务进行广告是一种资源的浪费”这样的观点。当银行领导者对广告感到怀疑，他们视之为与整个市场组合之外的东西。然而广告是一种营销工具；它不能与营销的其他要素，如产品、价格和分销等剥离开来。

如何使乡村促销运作起来

前面的章节揭示了印度银行在传播过程中存在的许多差距。是时候银行来更有效地重新评估他们的广告和传播方法了。表 I. 8 提供了一个可以指导印度银行在乡村地区做广告的检查表。

表 I.8 如何使乡村促销起作用——一个检查表

1. 我们广告的目标是什么？
   * 销售特定的服务？
   * 教育/告知消费者？
   * 提升我们的形象？
2. 传递的信息是什么？
   * 这个信息表达的是什么？
   * 它包含了一个对消费者来说是独特的销售主张吗？
   * 它可信吗？
   * 它被设计成易于理解的文字和图表吗？
3. 目标市场是什么？
   * 信息是否被传递到目标市场？
   * 目标市场的生命周期是什么？
4. 要用哪些媒体？
   * 这些媒体能完成什么样的广告任务？
   * 在目标细分市场上，这些媒体可以达到什么？
   * 成本收益如何？
   * 可以得到什么媒体曝光频率？
5. 如何衡量广告的效果？
   * 反馈中哪些因素可以被衡量？
   * 使用什么研究方法？

综上，印度对于银行存款的广告和促销政策需要四个成分：对于广告和促销出众的创造力和想象力；灵巧地组合大众和社会传媒；初步的推动紧跟着一系列有力的强化措施以及适合当地口味的执行。一个谨记这些要素的银行定会做得很好。

参考文献

1. Anderson, Thomas W. , P. Eli Cox Ⅲ and G. Fulcher David, "Bank Selection Decisions and Market Segmentation," *Journal of Marketing*, 1976, pp. 40 – 45.
2. Boreham, Gordon F. , *Social Banking—The Indian Experience*, 1989.
3. Das, V. M. , "Marketing in India: The Rural Scene" *The Economic Times*, 26 May 1983.

4. Das, V. M. and Ghosh, S. R., "Perspectives in Rural Markets," *The Economic Times*, 13 June 1984.
5. Various Reports, *Economic Times*, New Delhi.
6. Ganguli, A. S., "Rural Marketing Strategy: Attempts to Explore New Areas" SEDME, 8 (2), June, 1983, pp. 103-113.
7. Kumar, P., "Rural Marketing: Management Perspectives," *Indian Management*, 23 (3), 1985.
8. Narayan, B., "Role of Opinion Leaders in Marketing Communication," *Indian Journal of Commerce*, January-March 1983.
9. Ramalingam, J., "Versatile Medium For Sustained Publicity and Promotion in Rural Areas," *Indian Journal of Marketing*, 6 (889): 1975, pp. 5-6.
10. Rao, Kala, "Red faces for state banks", *The Banker*, London, 146 (850), December 1996, pp. 60-64.
11. Reddy, S. D. & Zeheer, M., "Rural Banking in India," *Capital*, 1894738, 10 January 1983.
12. Reddy, "Prof. G. Ram Reddy Third Endowment Lecturer" RBI, Bombay, 1999.

专题论文 II

自由营销时代的客户导向

这篇论文追溯了从史前营销到当今时代客户导向工具的演进。本文通过对 Bajaj 汽车公司案例的剖析，提出了多种方法以供营销者发现客户导向并成为领导者。本文写于 1999 ~ 2000 年，作者是 Mohan Lal Agrawal。

“顾客是我们最重要的前提。顾客不是我们工作的障碍，而是我们工作的目标。他不是我们生意的局外人，而是我们生意的一部分。我们不是通过为他服务而给他恩惠，而是他通过给我们为其服务的机会而给我们恩惠。”

——Mahatma Gandhi

“我宁愿失去金钱，也不愿失去客户的信心。”

——Robert Bosch，德国 Bosch 集团的创始人

上述观点是几十年前的陈述。人们希望在这些言语的指导下，商业组织会更加关心他们的顾客从而会有更多满意的消费者。然而，向任何一个大街上的消费者询问他或她的消费经验，可能的回答将是：

- 商人们不关心我们；
- 他们的商品质量差；
- 商人们欺骗我们。

自然地，大量的商业组织在近年中破产或者衰落。尽管他们衰败的个体原因不同，从许可证制阶段的转换失败、行业不景气、现代化不足、缺乏竞争意识等等，他们都有一个共同的弱点，即他们采取同样的

方法对待客户。在公司失败的迷雾中，也有相当多的组织生意兴隆，这要感谢他们不懈的坚持客户导向。在像 HLL、Dabur、Videocon 和 BPL 这样的公司中，清晰而强烈的关注总是针对客户的。总之，客户导向是今天商业成功的咒语。

本文旨在：

- 确定客户导向的概念；
- 识别使客户导向成为必要的因素；
- 追溯传递客户导向信息方法的演进；
- 提供一些客户导向的策略。

基本上，客户导向可以按照组成这个词的两个单词的各自定义来理解。

谁是客户

一般来说，客户是购买商品和服务的人。然而，为了确保更集中的客户导向，有必要对这个词进行扩展。菲利普·科特勒（1999）根据消费者在购买决策中所扮演的不同角色，确定了下列具体化的消费者：

- 发起者；
- 影响者；
- 决策者；
- 购买者；
- 使用者；
- 监督者。

显然，为了对客户需求快速反应，一个组织要更广泛地搜寻客户，并且尽可能地包括组织内外的社会上的各种人，而这些人可能根本与这个组织没有业务关系。但是，他们可能有利害关系。关于这种利益相关者的例子可以是消费者保护机构或者生态保护人士。因此，著名的人权主义者 Medha Patkar 女士与一家电厂支付电费的客户差不多。问题是如何平衡不同阶层人的权利和义务。

什么是导向（Focus）

《韦氏新世界词典》（1998）把“导向（focus）”定义为“聚光灯”或“任何注意力或活动的中心”。把客户这个词与此意义相联系，我们可以得出，客户导向的意思就是把客户放置于组织注意力或者活动的中心。客户可能逐渐成为一个组织三个层次上的活动的中心：

- “使命表述”层次；
- “战略构建”层次；
- “业务行动或执行”层次。

一个客户导向的使命表述确保在最高层次上对消费者的关注，承诺用组织的所有资源来服务消费者。下面是使命表述的一个样本，来自于 Amtrex Applicances 公司（现在的日立公司）。

“我们应该关心有辨别能力的客户，使他能第一次就辨别和完善我们估计的承诺……我们每个人都应该识别我们内部和外部的消费者并不断致力于有效满足消费者的需要。这将在‘100% OK 运动’之下得以实现。”

在稍低一些但是仍很重要的层次，客户导向就是公司围绕消费者利益和喜欢制定公司战略。因此，当 Tata 钢铁公司的市场副总裁忠告他的部属确保“只能是消费者回来，不能是钢铁”时，正是基于他的市场上的竞争优势和利益只能来自消费者满意的战略。

最有形的客户导向体现在营销实施计划和行动上，也叫做执行。就像那句“惟有吃才能证明布丁存在”的谚语说的那样，只有消费者在与日常接触中明白地感到自己受到重视才能说明真正的客户导向。因此，只有当 Titan 公司的每一个经销商、销售员和助理把客户当作他们的注意力和活动的中心的时候，才能说 Titan 公司是客户导向的。如果消费者在等候而 Titan 商品陈列室的工作人员却没有做什么来减轻他们的不便时，无论 Titan 的使命怎么强调顾客至上，都不能说 Titan 是客户导向的。只有当组织言出必行的时候才是真正的客户导向。

客户导向的传播渠道

说明客户导向由什么组成以及如何传播，很受印度营销人士的关注。因此，Tata 钢铁公司把客户导向解释为关注当地社会发展和更好的企业内部业绩（记住“我们也生产钢铁!”），而印度钢铁权威（SAIL）则宣布他们的客户导向是提高人均钢铁消费和扩大分销渠道（“钢铁无处不在”）。同样地，Telco 把快速本地化和相应降低生产成本吹嘘为客户导向，而 Ashok Leyland 说它的高水平客户服务就是客户导向。

许多上述说法很快就落伍为史前观念。另一方面，一些具有前瞻性的公司转化成后现代顾客至上观念的拥护者。史前顾客至上观念涉及了较低层次的顾客期望，目的在于满足顾客的功能性需求。后现代顾客至上的标志是致力于满足顾客的未来期望，通过每一次接触给顾客留下深刻印象。在这两种极端观念之间，还有中世纪和现代观念。表 II. 1 总结了顾客至上观念的演进过程。

表 II. 1　传播顾客至上——从史前到后现代

顾客至上观念类型	大概时期（从～到）	与消费者有关的词汇
史前观念	直到 70 年代中期	可国产化，供需匹配，分销效率
中世纪观念	1975 年到 1985 年	成本效率，产品质量，准时发送
现代观念	1985 年到 1995 年	品牌，产品支持，反应灵敏，有效的投诉处理
后现代观念	1995 年开始	客户关系计划，无缝客户服务，全球技术与名望

显然，上述各阶段被主观地概念化了。他们反映了独立后的印度经济和政治改革的分水岭。因此，史前阶段持续到 1975 年。那时实行政府保护，消费者的选择很有限，需求大于供给。那时进行的改革仅仅是加强了对印度民族工业的保护，不管其中的一些企业效率多么低下。自然地，当企业满足了人们生存和功能性需要的时候，就可以宣称自己是顾客至上的了。

70 年代中后期的政府和执政党更迭标志着客户导向中世纪阶段的到来。改革虽然开始但步伐很小。大多数行业仍需要许可证。即使本国企业大幅亏损、不关注顾客，印度政府还是对他们进行保护。但是，在这个阶段，印度企业的产品质量和后勤得到了显著提高，在管理观念也受到准时发送和全面质量管理等日本企业的管理方式的影响。

拉吉夫·甘地成为新一任印度总理是客户导向进入现代阶段的标志。在这个时期，消费者真正成为企业活动的中心。1991 年当 Narasimha Rao 和 Manmohan Singh 博士提出的大量自由化计划出台，客户导向的探险达到了顶点。印度消费者突然可以从印度本国和国外生产者提供的众多产品中进行选择了。消费者的期望自然也飞快增长。在这个客户导向的现代阶段，商人们表现出对产品支持和客户服务的高度关注。顾客投诉也第一次在印度被认真地看待。

客户导向的后现代阶段紧随印度第一代经济改革而来。改革的内容包括贸易和经济自由，公关财产私有化和印度产品和市场的全球化。在这个阶段，曾是企业目标的顾客满意很快就被企业最低限度的生存需求所取代了。

在全球化市场时代，消费者愉快体验更多地被视为一个必要的市场目标。营销者寻找与消费者建立能带来更多利益的关系，也致力于留住那些有利可图的客户。在后现代客户导向时代，印度消费者享受到一种全新的购物体验。

对于上述主观性的解释需要进行一些说明。首先，尽管上述描述从各种研究报告和文献中找到了论据，这些分类仍是个人观点且需要进一步研究证实。其次，这只是一个一般的分类，因此可能不能完全反映某一个特定行业的演进历程。因此，当印度旅行车行业已经进入客户导向的后现代阶段时，重型卡车行业可能还停留在中世纪阶段。类似地，印度零售银行已经进入后现代阶段而人寿保险行业则刚刚从它的中世纪阶段走出来。

最后一点需要说明的是：当从客户导向角度分析一个公司的时候，我们要明确“内部聚焦”和“客户导向”组织的区别。内部聚焦公司的组织结构像一座金字塔，高层管理者在最上层，中层经理在下一层，主管们在经理的下面，前线员工在最底层。这样的组织是典型追求利润、收入和成本控制等财务目标的，通常在公司顾客和高层管理者之间几乎没有联系。这样的组织管理风格一般是独裁式的，经理人员不把他们的员工当作客户，不直接接触外部顾客的部门也不认为他们自己与顾客满意有关。

相反，客户导向的组织既关注消费者满意也关注企业利润，但是他们把利润看成是消费者满意的产物。高层管理者与外部客户有经常性的接触，管理风格咨询式的、参与式的和支持式的。在这样的组织中，员工把注意力放在满足顾客需求上，管理层则致力于给与员工必要的支持，不直接与外部顾客的部门认为他们与内部顾客满意有关。

BAJAJ 汽车公司案例——一个变迁的传奇

Bajaj 汽车公司是 Bajaj 集团公司下属的旗舰公司。圣雄甘地的知己好友 Jamnalal Bajaj 先生于 1926 年创建 Bajaj 集团。他的儿子 Kamahnayan Bajaj 和 Ramakrishna Bajaj 壮大了公司的业务，也培育了基于公平商业实践的公司文化。集团下属的每个公司都致力于自己的核心业务领域。今天，这家集团公司跻身印度十大商业机构，年营业额大约为 15 亿美元（650 亿卢比）。一位非常受尊敬的企业家，Rahul Bajaj，领导着这家集团和 Bajaj 汽车公司。在 1961 年和 1962 年之间，Bajaj 开始批量生产小型摩托车。表 II.2 概括了该公司从 1977 年（代表客户导向的史前阶段）到 1999 年（代表客户导向的后现代阶段）的财务状况。

表 II.2　Bajaj 汽车公司：财务状况快照　（单位：百万卢比）

	1976～1977	1986～1987	1999～2000
销售	529	6077	42156
税前利润	87	82	9705
税后利润	29	61	6349
资本	47		1142
准备金	60	1844	30847

市场自由化之前

直到 80 年代中期，印度还实行许可证制度。外国技术输入和投资都在政府的严格管控之下。80 年代的印度汽车行业在政府的管理下开始有选择地放开。市场开放的前景和印度潜在的消费市场吸引了不少世界汽车巨头。Honda、Yamaha、Suzuki 和 Piaggio 纷纷在印度设立了合资公司生产小型摩托车和摩托车。Bajaj 最初从意大利进口 Piaggio 小型摩托车到印度经销。然而，Bajaj 很快就开始自行生产了。当时该公司的指导思想是对产品进行改进以便提供低价但实用的交通工具。Rahul Bajaj 意识到公司的未来取决于经济规模，只有实现规模生产才能保证公司以经济实用的价格向消费者销售产品，同时进行产品研发以使产品真正实现价廉物美。在客户导向史前阶段，印度消费者对该类产品的需求可以划分为以下四个主要方面：

- 省油；
- 能载全家而不仅仅是一个人；
- 足够结实，能适应印度路况；
- 服务和维修费用低。

那时印度消费者不需要高科技或者优美的外形，这当然帮助 Bajaj 存活了下来。另外，Bajaj 也得益于两轮车市场先行者的位置，它是市场中无可争议的垄断者。在这种背景下，Bajaj 的客户导向表现在生产价格合适、适于印度路况的最好小型摩托车。

市场自由化之后

从 1991 年开始，汽车行业取消了许可证制。外资可以毫不受限制地占有 51% 股份，在特定情况下甚至可以超过 51%。中央摩托车管理条例要求新的安全和排放标准——世界上最严格的标准之一。1992 年后期 Bajaj 经历了痛苦的转变。两轮车行业也陷入大衰退。Bajaj 的营业额当年下跌了几乎 50%，利润也大幅受创。Bajaj 正面临来自 Honda、Yamaha、Suzuki 和 Piaggio 的激烈竞争。消费者挑剔而缺少品牌忠诚。当时该公司的市场份额仍有 48%。公司决定勇敢地面对新环境，努力降低成本，提升产品质量。在针对新的消费者的新产品方面，Bajaj 完全没有进行任何创新。在后现代阶段 Bajaj 确定了以下客户导向的工具：

- 降低现有产品的油耗；
- 针对细分市场生产新产品；
- 推出新型的三轮设计。

在客户导向的后现代阶段，Bajaj 汽车公司正兴奋地进行形象革新，要成为具有全球竞争力的公司。公司年轻的新领导人，更加求变的 Rajiv Bajaj（Rahul Bajaj 的长孙）为公司注入了新的激情。研发和设计部门正在开发时髦的新模型。然而，公司的步子还不够大。来自市场的反馈使公司开发新产品还不够快，没能对后现代时代消费者的新需求做出反应。

Bajaj 汽车公司的故事是一个现实中的传奇，反映了印度商业组织客户导向概念的演进。当 Bajaj 刚开始生产的时候，市场是不同的，一切进展顺利。小型摩托车是由 Bajaj 引进印度市场的新概念产品。在当时那个牌照统治的年代，公司最大限度地利用了它的生产牌照。由于购买公司产品的消费者都是付不起大钱买车的中低收入者，消费者的需求是功能性的。他们主要关心就是性价比、产品寿命，尤其在印度道路上使用情况下的寿命，以及产品油耗。后现代时期的消费者在产品的特点、设计、消费者服务方面期望更多，还希望在 Bajaj 的销售厅拥有美好的购车体验。公司发现跟上这种变化不是那么容易；只有时间能告诉我们这家公司是否能够走向成功。

客户化的冒险

保证做到客户导向对一家公司来说是不容易的。这需要持续的艰苦的努力。在没有破坏其他可能途径的价值的情况下，这一节描述了以下五个客户导向的关键途径：

- 途径 1：内部客户化；
- 途径 2：联合创造；
- 途径 3：消费者互动；
- 途径 4：关键措施；
- 途径 5：折中方法。

把员工重新定义为客户

这种途径假定当一个组织把它的员工当作客户的时候，客户导向是最有保证的。内部客户化是外部客户化的前奏。表 II. 3 讲述了这种途径的核心步骤。

表 II. 3 通过内部客户化实现客户导向

* 把每一个岗位看做上一个岗位的客户和下一个岗位的供应商
* 建造内部客户化的多样化链条
* 把这些链条与外部客户连接起来
* 沿着这些链条追踪观察直到外部客户
* 监察内部客户满意度
* 在业绩评价中加入内部客户满意度指标
* 交叉分析内部客户满意度

联合创造

这种途径假定当组织中的每一个员工都参与到客户导向的工作之中时，才能得到最佳的客户导向成果。表 II. 4 总结这种途径的步骤。

表 II. 4 通过员工参与实现客户导向

* 使每个员工意识到合理化的重要性
* 设定足够灵活的个人目标以保证解决问题和创新成为可能
* 授权给员工去劝慰不高兴的消费者
* 追踪消费者反馈
* 以能够增加客户价值作为尺度来测量所有合理化建议

消费者互动

这种途径在日常交往中增进了信任，并强调客户沟通在保证一个更好的客户导向方面的重要性。表 II.5 总结了其实施步骤。

表 II.5　通过消费者互动来实现客户导向

* 确保所有员工与客户进行互动
* 允许客户与相关员工和部门更多的接触
* 把每一次接触转变为互动
* 让客户参与（再）设计
* 安排供应商与消费者见面

关键措施

第 4 种途径是六个公司客户化关键措施的组合。表 II.6 总结了这六个关键措施。

表 II.6　客户导向：六个关键措施

* 自上而下的承诺
* 测量和反馈
* 沟通，教育和培训
* 服务标准
* 善待客户的系统
* 奖励和表扬

折中方法

第 5 种也是最后一种客户导向的途径是下表中的客户导向的十条诫律，如表 II.7 所示。

表 II.7　客户导向：十条诫律

* 经常计划与回顾
* 明白罗马不是一天建成的
* 灌输有效执行与负责精神
* 讲述鼓舞人的自己与别人的故事
* 保持士气高昂
* 投资信息技术和管理信息系统
* 使培训成为必需——包括精神修炼
* 吸引和留住人才
* 向一线授权
* 让市场小组领导和组织

在客户导向道路上的可能障碍

不论是所有的宣言，容易记住的广告口号和宣传，客户导向在印度还只是最近一些年才部分地得到改进。正像哈佛商学院 Rosebeth Moss Kanter 教授所说的那样，"尽管媒体把消费者加冕为上帝，许多消费者还将维持平民身份……今天的大多数公司说他们为消费者服务，实际上，他们是在为他们自己服务。"

每一个国家的组织都在谈论客户导向的进展。他们其中的许多甚至可能不知道客户导向到底是什么。他们没有准备好把他们的组织从内到外的转变过来。他们满足于在一线员工的脸上涂上快乐的微笑。他们把客户导向干涉看做次要的东西，拒绝把它作为他们核心战略的一部分。表 II. 8 总结了可能阻碍在公司核心战略中采用和改进客户导向的因素。

表 II. 8　阻碍客户导向的因素

* 外部行业环境
* 公司内部环境
* 思想倾向
* 有效能力
* 缺乏管理信息系统
* 没有善加利用管理信息系统
* 执行
* 沟通
* 测量与评估
* 缺乏奖励

审计客户导向

如何辨别一家公司是否是客户导向的？一家客户导向公司有哪些能客观地衡量的特点？基于作者 20 多年在印度及海外制造和服务行业的经验，绘制了如下一张评估一家公司目前是否在这个领域的蓝图。更重要的是，这张图也能引导我们采取必要的措施改进一家公司的客户导向（表 II. 9）。

表 II. 9 客户导向公司的特点

* 它反映了付款的消费者的预期
* 它也反映了内部客户的预期
* 它致力于缩短反馈时间
* 它把非市场化功能也客户化了
* 它有充分授权的小组，而不是官僚管理
* 它奖励合理化建议、创新和变革
* 它追求中长期收益

死亡游戏

客户导向并不只是说说而已，它是一个战略性的死亡游戏。一家客户导向的公司是从外部来进行管理的，这就意味着新的产品和服务不只是由市场和销售人员来推动的，消费者作为活跃的合作伙伴也参与到研发活动中。在一家客户导向的公司，没有一个人会说一家市场领先的电脑公司的高级管理者曾经说过的话，“如果消费者不喜欢我们的电脑，那就说明他们有问题。”公司的所有员工而不仅仅是一线员工要与外部客户互动。他们在线追踪消费者的动态需求。他们也最终判断他们的行动如何帮助或者阻碍了这些需求的满足。当然需要投资市场和销售部门以带来新的客户，但是不是以留住现有客户为代价的。

经商很像打网球：那些不能发好球的人以失败告终。在《商业周刊》最近的一次访谈中，通用电器的董事长总结了现代组织所面临的挑战，“各个公司提供的产品基本是一样的。我们的想法取得巨大突破，跳到竞争对手前面去。惟一的办法就是更透彻地了解我们客户的全部需求，并能比其他人更快地满足这些需求。”

参考文献

1. Berry, Leonard L. , *Discovering the Soul of Service*. The Nine Drivers of Sustainable Business Success, New York, Free Press, 1999.
2. Chambers, D. , “Setting Your Sights on the Customer”, *Bank Marzketing*, February 1993, p. 404.
3. Gerson Vickim. “Courting the current customer”, *Bank Marketing*, Washington, May 1999, Vol. 30 (5), 1998, p. 22 – 26.